기초이론에서 실무 통변까지 **한**번에 끝내기

왕초보 사주명리

초보탈출

왕초보 사주명리 초보탈출上-기초에서 실무 통변까지 한번에 끝내기

초판발행 2023년 05월 01일

지은이 김 정 안
펴낸이 김 민 철

등록번호 제 4 -197호
등록일자 1992.12.05

펴낸곳 도서출판 문원북
주 소 서울시 마포구 토정로 222 한국출판콘텐츠센터 422
전 화 02-2634-9846
팩 스 02-2365-9846
메 일 wellpine@hanmail.net
카 페 cafe.daum.net/samjai
블로그 blog.naver.com/gold7265

ISBN 978-89-7461-500-0
규 격 152mmx225mm
책 값 25,000원

초보탈출

왕초보

사주명리

기초이론에서 실무 통변까지 한 번에 끝내기

문원북BOOK

머/리/말

현재 우리가 접하고있는 명리를 자평명리로 알고있지만, 명리는 크게 삼명법과 자평법으로 구분 할 수있다. 자평법은 "팔자용신 전구월령八字用神 專求月令"이라하여 월지를 중심으로 용신을 구하는 것과, 오행의 생왕고사절生旺庫死絶을 취하여 사주팔자의 중화이치를 기본으로하여 년간을 녹祿 년지를 명(名) 년주를 납음오행을 신身으로 하는 간명법하는 삼명법三命法이 있다.

본 왕초보 사주명리 1권'초보탈출'은 자평법으로 일간을 중심으로 육친(십성)의 팔자구조를 구별하며 또, 육친의 상호관계 즉, 형, 충, 합, 사주체상의 음양관계, 간지의 음양관계를 통해 명命을 간명하고, 2 '실력쌓기'는 년주를 주체로 하여 신살로 명命을 간명하는 삼명법으로 유튜브 강의를 통해 상세히 가르쳐주고 있다.

또한 운세를 볼 때 먼저, 자평법인 십성의 상호관계로 먼저 발생되는 기운을 돌출시키고, 다시 삼명법으로 보조하여 간명을 해야 정확한 운세를 파악할 수 있다. 결국에 두 간법을 혼용하여 사주를 추리할 수 있다는 것을 오랜 공부 끝에 깨닫게 되었다.

나는 왜 명리 공부를 하였을까? 무엇 때문일까?

그 시작은 자아를 찾기 위해서인데 많은 시간 동안 온 갖 이론을 다 공부하여 찾아다녔지만 찾지 못하고, 삼명통회를 3번째 읽어 해독한 후에야 겨우 지금의 삼명명리를 세워 마침내 내 자아를 찾을 수 있는 기초를 마련하게 되었다.

과연 그 이론은 기묘하고 심묘하게 잘 맞았다.

그 후에 이론을 더 보충하기 위해 헤매다가 마침내 연해자평에서 더 깊은 원리를 접하게 되었다. 그 내용을 아래에 첨부한다.

연해자평 보법實法 **제일**第一**에서 말하기를**

"서산역감 선생이 취한 통변을 보면 대부분 10격으로 구분하여 그 중 6격을 중요시하였다. 관官, 인印, 재財, 살煞, 식신食神, 상관傷官인데 영고, 성쇠가 증험되지 않는 것이 없었다. 관官을 설명하면 재財를 살피고, 살煞을 만나면 인印을 찾고, 인印을 만나면 관官을 보고, 이는 참으로 오묘한데 법이 전해지지 않았다. 네(印, 官, 財, 食傷) 자를 취하여 편중되지 않고, 기울지 않고, 생극제화生剋制化를 취하여야 하고, 깨어짐을 만나고, 체體가 수囚되면 운명이 밑바닥이 되고, 생生에 있고, 거去가 되면 복이 되고, 도움이 있고, 벗겨지면 화禍가 되고, 그 이치가 매우 깊다. 자세히 살펴 취하면 사리에 꼭 들어맞는다. 몽매하지 않고 떳떳한 술사가 되려면 열심히 숙독하여 익히면 행운이 있게 될 것이다."하였다.

《一實法 第一 》

『西山易鑑先生得其變通, 將十格分爲六格爲重, 曰官, 曰印, 曰財, 曰殺, 曰食神, 曰傷官, 而消息之, 無不驗矣. 其法曰, 逢官看財, 逢殺看印, 逢印看官, 斯有奧妙不傳之法. 取四者不偏不倚, 生剋制化, 而遇破體囚爲下運, 有生有去爲福, 有助有剝爲禍. 其理深長, 最宜消詳切當, 不昧庸術, 宜熟讀幸加勉焉』

섬채蟾彩 김정안

목 차

제3장 물체의 발생

제4장 간지의 조화

제6장　삼명 자평명리 간법

제7장

성격 간법

부 록

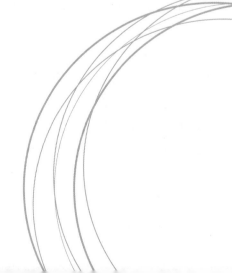

들어가기 전에 필독

본 삼명명리는 세상에 유행하는 수많은 이론을 거의 다 버리고 실제 사주를 추리하는 데 있어서 삼명통회에 기록되어 있는 내용 중에서 꼭 필요한 원리와 요소를 간결하게 하여 이해하기 쉽고 외우기 쉽게 재편집하여 서술한 책입니다.

삼명명리는 자평법과 삼명법 2권으로 나누어져 있습니다.
자평법은 일간을 주체로 하여 오직 십성으로 팔자의 구조 체상을 구별하고, 또 십성의 상호 관계로서 命을 추리 통변합니다.
십성의 상호관계라 함은 형, 충, 합과 또 사주체상의 음양관계 간지의 음양관계, 간지와 간지 사이에서 발생하는 무형의 기운을 말하는 것입니다.
삼명법은 년주를 주체로 하여 신살로써 명을 추리 간명하게 되는데 먼저 주체가 되는 자평법으로 추리한 결과에 대해 보조 역할을 취하지만 간혹 주체가 될 때도 있습니다.
삼명법은 먼저 사주 체상(격국)의 향배에 대한 방향에 도움을 받게 됩니다. 자평법으로 체상을 결정한 후 삼명법인 신살을 통해 확정하게 된다는 것입니다.

운세도 마찬가지로 자평법인 십성의 상호 관계로 먼저 발생되는 기운을 돌출시키고, 다시 삼명법으로 보조하여 결과물을 만들게 됩니다.
그러므로 결국에 가서는 이 두 간법을 혼용하여 사주를 추리의 결과물을 돌출 시키야 한다는 것입니다.

본서는 실제 현장에서 상담할 때 필요한 글들이 주체가 되다 보니 신비한 어떤 혼몽한 글보다는 보다 현실적인 내용, 고객과 상담할 때 필요한 내용, 실제 사용되는 이론을 주로 논하고 기록하였습니다.
즉 세간에 유행하는 진흙탕 같은, 말만 있고 실제가 없는 불필요한 원리와 내용은 제외하거나 길게 설명하지 않았고, 배제하였습니다.

자평自評하면 본 서를 가지고 사주 공부를 택한 사람은 천운을 내려받은 선택된 분이라고 할 수 있습니다.

당 삼명명리는 필자가 12년간 삼명통회 및 연해자평을 연구 해독한 결과물로 세상에 유행하는 음양오행의 원리와 또 간명 논법에 사용하는 기초 원리 등이 상당 부분 상이하니 유의하셔야 합니다.

그러하므로 본 서를 공부하고자 선택되어진 분이, 만약 타 이론으로 음양오행 및 사주 간법에 대한 학습을 조금이라도 하셨다면, 타 이론을 다 버리시고 새롭게 학습하셔야 참된 명리의 심오한 원리를 얻게 될 것입니다.
아마도 버리시는데는 상당한 고통이 따르겠습니다.
그렇지만 얻는 기쁨은 그보다 훨씬 클 것입니다.

단언하는데 본 서는 글자를 보고 글자만 해석하여 글자를 위주로 하여 글자를 만든 책이 아니고, 자연의 소식消息에 틀림없이 적용된 글이고, 임상하여 적중된 논리로 만들어진 책이라는 것을 감히 공언합니다.

제1장   삼명법의 간명 요소

제1장
명리학의
기본 개념

1. 사주명리학四柱命理學 이란?

육십 갑자로 네 개의 기둥柱을 세워 음양오행을 기초로 하여 인간의 삶을 추리하는 것이 사주명리학이다.

그리스의 철학자 소크라테스가 너 자신을 알라 하였듯이, 그렇다 사주팔자로 나 자신을 알아 사회에 동화 흡수 당하고, 또는 동화 흡수시켜 사회와 융합하여 조화를 이루어 살아갈 수 있는 정신을 북돋아 행복한 삶을 추구하는 것이 사주 명리학이다.

음양오행은 자연으로, 자연을 형성하는 구성요소로, 우주의 모든 사물은 음양오행의 이치를 피할 수 없다.

현세에 퍼져 있는 모든 종교도 음양오행의 이치에 걸맞게 된 것으로 역시 음양오행의 이치를 피할 수 없다.

불교에서 인연을 말한다. 사람의 육체도 각 구성요소들이 모여 하나의 체를 이룬 것이라 하여, 인연이 있어 모여 몸체를 구성한 것이라고 한다. 인연에 의해 구성된 몸체에 태어나면서 기氣(영혼)가 몸체에 기생하므로 나我라는 것으로 인식하게 되어 비로소 인간이 형성된다.

자동차를 관찰하여 보면 음양과 오행이 구성되어 각 위치에 적용된 부속들이 상호 인연으로 맺어져 하나의 자동차가 형성되고, 최종 사람이 타서 운전을 하게 되는데, 사람이 자동차에게는 영혼에 해당하지 않겠는가? 그렇다 자연도 이렇게 구성되어 각 상象을 이루니, 곧 음양오행일 뿐이다.

삼명통회 원조화지시에 말하기를 천지에서 기氣가 교감하므로 사람과 물질이 생하였으니 그 교감하는 곳을 관찰해보면 어떤 종류의 기가 나타나는지 알 수 있다 하였다. 천기가 땅에 교감해서 사람으로는 남자가 되고 물질로는 수컷이 된다.

지기地氣와 天이 교감해서 사람으로는 여자가 되고 물질로는 암컷이 되어 남과 여, 암컷과 수컷이 스스로 교감하여 생하고 생하게 되고 변하고 변하게 되니 무궁하다.

인간과 물질이 태어난 후에는 천지에서 기가 승강함에 인간 혹 물질이 이에 교감하게 되니 사람은 천지의 중화中和된 기를 얻어 사방의 모든 기와 감응되지 않을 수가 없고, 물질은 천지의 편기(偏氣:치우친 기운)를 얻게 되어 각자 자기에 맞는 기만 감응하게 된다.

그래서 천지天地 기氣가 교류하는 것을 관찰하면 인물의 초생初生이 어떠함을 알 수가 있고, 천지기가 감응하는 것을 관찰하면 인간과 물질의 살아가는 본질을 알 수 있는 것이니, 태어난 시간을 알게 되면 그 사람의 됨됨이를 알 수 있고, 계속하여 이어져 들어오는 기운을 관찰하면 그 사람이 살아가는 운명을 알 수 있는 것이 아니겠는가?

주자朱子가 이르기를 건乾의 도道는 남男을 이루고 곤坤의 도道는 여女를 이루는데, 조화의 초初는 응체凝體한 이기二氣(건곤, 음양:乾坤, 陰陽)가 교감하여 변화를 이루게 되니 만물이 탄생하고, 조화된 후에는 유행하게 되는데 이러한 이치는 항상 있게 되는 것이라 하였다.

"응체한 이기는 인간으로 말하면 아기씨를 말하는 것이고, 식물로 말하면 꽃가루를 말하는 것이고, 조류로 말하면 알(卵:알난)을 말하는 것이고, 조화된 후에 유행하게 되는 것은 물체가 탄생되어 이루어진 후 계속 이어져 들어오는 기운을 말한다."

인간과 물질에 태胎가 맺어지는 것은 처음 태어나 형체를 받는 시초가 되고, 정기精氣가 모이게 된 이후에 완전한 물질이 있게 된다.

주자朱子가 이른바 음陰 정精 양陽 시氣가 모인 후에 물질이 나타나게 된다고 하였다. 기는 양이고, 형체는 음으로 결국 음양 아니고서는 무엇에서도 나타날 수가 없어 탄생되지 못한다.

명命은 음양에서 내려받는데, 생하는 초初에 사람의 힘으로 내려받아지는 것을 바꿀 수 없고, 바꾸지 말아야 하고, 바꾼다 하여도 당사자는 바꿀 수가 없다. 태어남에 있어서 부유한 자, 가난한 자, 수명이 긴 자, 일찍 죽는 자, 또 가난하고 천한 자, 또 인간 이하가 된 자, 수명이 길게 부여받았지만 일찍 죽는 자, 또 태어날 때 요절한 명인데 오래 사는 자 이 모든 것은 업보에 말미암아 자연히 간여되고 또 성性에 말미암아 자연히 간여된다.

업보에 적선積善을 많이 한 자는 가난한데 부유하게 되고, 천한데 귀하게 되고, 요절인데 수명이 길게 된다. 예전에 사람이 하늘을 능가할 수 있다고 하였는데 성품을 닦음으로 이 또한 가능하다.

부귀한 자는 끝까지 부귀하고, 빈천한 자는 끝까지 빈천하고, 요절하는 자은 요절하게 되는 이를 두고 예전에 이르기를 명은 바꿀 수 없다고 하였지만 오직 그러한 것은 아니다. 업보로 인하여 그렇게 된 것이면 성품으로 바꿀 수 있다.

업보에 의거하여 운명에 내려진 부富, 귀貴, 수壽, 요夭, 빈貧, 천賤의 어떠함이 있게 되고, 또 성품에 의거하여 부, 귀, 수, 요, 빈, 천의 어떠함이 있게 된다.

그래서 사람에게 업보도 중요하고 성품도 중요한 것으로 후생을 위하여 적선을 하고, 또 현생을 위하여 성품을 닦아야 한다. 명은 바꿀 수 없다고 하여 마냥 앉아서 기다리는 것은 옳지 않다.

명命은 생生하는 초에 부여받는다 하였는데 명확한 말이다.

어느 사람이나 천지 중에서 태어나니 어느 누구나 오행 팔자가 똑같이 있게 되는데, 어찌 부 귀 빈천 수요가 한결같지 않게 되는가 하면, 음양의 두 기가 교감할 때 진정眞精이 묘합妙合한 기를 받아서 응결凝結하여 태胎가 되어 남자를 이루고 여자를 이룬다. 천지와 부모와 일시日時와 기후를 만난 그 어떠한 품질에 의해서 내려받은 것이 맑고 깨끗한 자는 지혜가 되고, 또 어질게 되고, 내려받은 것이 혼탁하고 사악한 자는 어리석고 품성이 좋지 않게 된다.

지혜가 있는 자와 어진 자는 이것에 말미암아 부유하고, 귀하고, 수명을 길게 얻게 되고 덕德이 풍부하여 복을 획득하게 된다. 어리석은 자와 품성이 좋지 않은 자는 스스로 어리석음과 좋지 않은 품성에서 벗어나지 못하고, 날로 더욱 혼폐昏蔽해 지고 빈천과 요절을 면하기 어렵게 되는데 이른바 어리석고 못난 것을 인간은 능히 바꿀 수 있는데 종내 바꾸지 못했기 때문이다.

부귀가 양전兩全한 자는 원래 내려받은 것이 청경淸輕한 기가 되고, 또 월령月令에서 얻고, 재관財官이 형통하게 나타나 있고, 녹마祿馬가 왕상하며, 운運 한계가 매우 길고, 매우 상서로워 설령 다소 막히게 되더라도 혼잡하게 걸리지 않은 자가 된다. 빈천한 자는 원래 내려받은 것이 탁한 기운이 많고, 실령失令한 때 태어났고, 형충刑沖으로 혼잡하고, 치우쳐있고, 순수하고, 아름다움은 조금도 없는 자다. 비록 재앙이 침투하지 않는다고 하더라도 막히고 고생하는 것을 면하기 어려워서 앞으로 나아가지 못한다.
또 부유한데 가난하게 되고, 가난한데 부유하게 되고, 귀한데 천하게 되고, 천한데 귀하게 되고, 수명이 긴데 요절하고, 요절하는 운명인데 수명이 길게 변하는 자, 어질고 지혜가 있지만 가난하고 천한 자, 어리석고 체면이 없는 자가 도리어 부귀하게 된 자, 이렇게 하늘과 땅 사이에는 이렇게 많은 사람이 있지만 전부 똑같지는 않는 것은 사계절 오행들의 편偏, 정正, 득得, 실失의 향배와 기가 깊고 얕은 이유에서 그러하다.

당시에 원기元氣가 있어 내려받은 것이 경청輕淸하지만 생시가 쇠패衰敗한 때가 되고, 행운에서 휴수休囚한 곳을 만나면 부유한 자도 재원에 손실이 있고, 귀한 자는 관직이 박탈되어 퇴위되고 수명은 요절하여 사망하게 된다.

또 원기를 중탁重濁하게 내려받았다 하더라도 그 사람의 생이 중화中和의 령슈가 되고, 행운이 왕상旺相하면 가난하여도 가난하게 끝나지 않고 부유하게 되고, 천하여도 천하게 끝나지 않고 귀하게 되고, 요절이 요절로 끝나지 않고 장수한다.

이러하니 사람이 닦아 다스리면 하늘의 도道를 이길 수 있다. 성품이 받은 명을 중화시키고, 또 적선積善하여 공덕을 쌓으면 자신도 복을 누리게 되고, 자자손손 영창이달榮昌利達하게 된다. 이것이 자연의 이치로 마땅히 그러한 것이다. 명의 값이 편고偏枯한데 성품으로 인한 적악積惡이 더해져지게 되면 자신의 재화뿐만 아니라 자자손손 하천한 인간으로 떨어지는데 보은을 행하지 않으면 그렇게 된다는 말이다. 비록 명이 관계되지 않더라도 적선積善한 사람과 적선하지 않은 사람이 있는데, 역경에 말하기를 선을 쌓는 집안은 반드시 경사가 있고 선을 쌓지 않는 집안은 반드시 재앙이 있다 하였다.

경야자가 이르기를 천天은 일기一氣뿐으로 기가 화하여 수水를 낳으니 수중水中의 탁한 찌꺼기가 쌓여 토土를 이루고 수水가 떨어지니 토가 나타나게 되어 산과 내를 이루게 되는데, 토 중에서 강한 자는 돌과 금金이 되고, 토의 유연한 자는 목木을 생하여 화火가 태어나 오행이 갖추어져 만물이 태어나니 그 변화가 무궁하다 하였다.

준천자가 이르기를 천지의 초에는 오직 음양 두 개의 기만 있었다. 양은 화가 되고 음은 수가 되고 찌꺼기가 지地를 이루니 토가 이루어지게 된 것인데, 어찌 天의 오방(五方:사방과 그 가운데)이 토를 생한다 하는가? 수, 화, 토가 천지에서 대화大化되니, 금, 목은 이 삼물三物에서 스스로 태어나고, 금석金石의 질質은 반드시 오랫동안 쌓인 후에 맺혀지게 되는 것이다. 사람이나 물질이나 반드시 동일한 이치로 태어나는 것이다. 일컬어 금에서 생한 기를 사람이 얻은 것이 아니겠는가!

하늘과 땅 사이에 원기原氣의 소행이 아닌 것이 없으니 그 성性, 그 씨種는 이미 각각 태시太始에서 먼저 갖추게 된다.

금의 곳은 금의 씨가 있고, 목이 있으면 목의 씨가 있고, 사람이 있으면 사람의 씨가 있고, 물질이 있으면 물질의 씨가 있어 각각 완전하게 갖추어져 가차假借하지 않고 서로 능범凌犯하지 않는다. 그러므로 서로 갈마들어(번갈아) 상생相生하지 않겠는가? 하였다.

인간이 태어나면서 기를 받게 되는데, 그때 형성된 기가 체體에 밀접한 영향을 끼치게 되어 하나의 격이 되는 체상을 이루게 되고, 이렇게 이루어진 체상의 음양오행이 왕성한 자가 있고 쇠약한 자가 있게 되니 결국 이것이 명이 된 것으로 운명의 고저가 있게 된 것이다.

현대의 과학으로 보면 참 아이러니하다고 하겠지만 사실이 그러하다. 사주 팔자의 음양오행을 살펴보면 그 사람이 태어난 지형을 알 수도 있다. 또 성격도 알 수 있고, 운명도 알 수 있다. 비록 상象이지만 그렇다. 믿기지 않을 수도 있겠지만 알게 되면 자연에 숙연해질 수밖에 없다.

그래서 사주명리학은 음양오행陰陽五行 학學이고 자연과학이다.

그리고 나 자신을 아는 학문이고, 나를 알면 운명도 고쳐나갈 수 있지 않겠는가?

2. 삼명명리三命命理 란?

삼명명리학은 사주팔자를 삼명법으로 추리하는 간명看命방법으로 현재 유행하는 억부법과 격국법, 또 신살법과는 다른 명리학이다.

삼명명리학은 중국 춘추전국시대 락록자의 삼명소식부에 의거하여 발전해 왔는데, 송나라 선비들의 자평법 논리에 밀려 그 명맥이 실종된 바, 그러나 중국 명나라 때 [1]『성학대성』을 저술한 육오 만민영선생 께서 삼명통회로 남겼다.

당세에서 삼명통회의 삼명법을 어느 누구도 해독해 내놓지 못하였다. 아마도 많은 학자님들이 근세에 유행하는 자평법에만 몰두하여 그 내용이 감히 자평법에 어긋나는 내용이라고 생각하지 못하여 그러한 것이 아닌가 한다.

삼명법은 각 오행의 생왕고사절生旺庫死絶을 취하여 사주팔자 체상의 중화 이치를 기본으로 하여 년간年干을 녹祿, 년지年支를 명命, 년주年柱의 납음 오행을 신身으로 하여 간명한다.

오행五行으로 체상의 구조와 중화中和를 보고, 납음納音이 사주 체상에 어떻게 작용는가?.
납음이 신살神煞에 어떻게 작용하는가?
신살이 사주 체상에 대해 어떠한 역할을 하는가?

이상으로 추리하는데 곧 **오행, 신살, 납음을 삼명**三命이라고 하고, 또 녹祿, 명命, 신身도 삼명이라 하고, 천원, 지원, 인원도 삼명이라고 한다.

삼명법은 격국의 강약을 살피거나 일간日干의 강약으로 논하지 않는다. 각 십성十星(십신)의 왕쇠를 논하고, 납음오행이 얼마만큼 보완해 주는가를 논하고, 최종 납음과 신살의 상호 관계로 운명을 논한다.

오행가五行家들이 금이 수를 생한다 하는데 그 종류는 격차가 심하고, 그 이치가 가지런하지 못한 부차적인 것을 잃은 전도된 것이다.

목은 **화**로 인하여 기氣가 있게 되고, **수**로 인하여 크게 되고, **토**로 인하여 택宅이 있게 되어 뿌리를 내리는 것이 천지자연의 도道가 되는 것이다. **수**가 **목**을 생한다 하는데, **토**가 없으면 장차 어떤 곳에 **목**이 뿌리를 내려 생할 수가 있겠는가! 또 **수**가 많으면 **화**가 멸滅하고, 또 **토**도 무너져 **목**이 죽게 되는 것을 왜 알지 못하겠는가! 무릇 어찌 생이 가능할 수가 있겠는가?

주자는 오행가 말을 미심쩍어 말하기를 오기五氣가 순포順布하여 사시四時를 행해서 그렇다! 태양의 진퇴를 알지 못하겠는가! 이에서 한서寒暑가 있고, 한서의 분평分平이 있고, 이에 사시四時가 이루어지는 것으로, 어찌 오기가 분포되어 더불어 하지 않겠는가! 하여 그들이 말한 춘목, 하목, 추금, 동수라고 한 것을 모두 합당하지 않는 것으로 논하였다.

토가 사계에 적합하게 들어가 한곳에 짝하지 못한 것은 토는 천지의 내전부가 되는 것이기 때문이다. 왜 태양은 **토**와같이 어떤 곳에나 있지 않고, 또 어찌 계월季月에 시들어져 유행이 그치게 되고, 계월에 항상 시들어지게 되는 것이고, 맹월孟月에 시작되어 끝나고 끝나면 어떤 곳으로 되돌아가고, 오고, 또 머물러 명이 되는가!

하늘은 처음으로 **수**를 생한다는 것은 위서緯書의 말로 선비들이 취하여 경經에 넣은 것이다. **수, 화**는 음양이 처음 나타난 묘한 물건으로 처음 화化하여 **화**가 되니 태양이 되었고, 다시 화化해서 **수**가 되니 우로가 되었다. 다시 말하면 천天은 一로 **수**가 생生하고, 지地는 二로 **화**가 生하는 것은 조화본연造化本然의 묘에 이른 것이라 할 수 있지 않겠는가?

그들은 주자가 사계절에 유행하는 기를 오행으로 했고, 천지를 홀과 짝수로 논하고, 오행은 태극도에서 양이 동하여 음과 합하여 수, 화, 목, 금, 토가 생한 것, 이것을 곧 오행으로 논한 것을 꺾었고, 그들은 오행이 사계절에 배정된 것을 꺾었다.

가령 오행가들은 사계절의 각 주主는 하나라고 하여 봄에는 **목**만 머문다고 한다면 수, 화, 토, 금의 기는 어느 것이 절멸하고, 가을에 머무는 것이 **금**만 된다면 수, 목, 화, 토의 기는 어느 것이 머물고, 토는 사계절에 왕旺하다고 하는데 남은 월의 기는 누가 잡아서 운용되지 못하게 하겠는가?
또 어찌 금일에 **목**이 되고 명일에 **화**가 되고 또 명일에 **토**가 되고 **금**이 되고 **수**가 된다는 것인가! ²낙록자가 말하기를 유有가 있는 까닭이로다! 이것은 무無로 말미암아 유가 세워지는 것이고, 유는 무가 있기 때문이로다! 하였다.

하늘에 드리워진 모양을 문文으로 보면 대저 천의 수상垂象은 일日, 월月, 오성五星, 삼원三垣, 28숙宿의 상象이다.
천문을 회통會通하여 점치는 것도 그 세운 이름의 분야가 사람의 행위일 뿐인데, 상象이 의義에 부합하여 재상점복災祥占卜에 이른 것이 되고, 또 어떤 일이 있는지 어떤 방법으로 하면 되는지, 어떤 연월일에 응하게 되는지, 등을 좌계左契로 더듬어 찾기도 한다.
천도가 비록 아득하게 멀다고 하지만 인사人事는 오행의 범주에서 벗어나지는 못한다.

음양가는 오행으로 10개의 천간과 12개의 지지로 나누었다.
태양이 천체를 운용하여 1년이 되고, 한 달은 날 수가 쌓여서 한 달이 되고, 일은 30일이 있고, 시는 12시진이 있다.
이로써 사람이 태어난 연월일시로 ³간지干支를 만들어 사주를 세워 일생의 길흉을 추리하는데 이 또한 자연의 이치에 적합한 것이다.

왕씨가 봄은 **목**에 속한다고 하는데, 그러면 **토**는 어디에 있는가!
오행의 왕상사휴수旺相死囚를 알지 못하겠는가!

각 주체는 당시當時와 부당시不當時, 용사用事와 불용사不用事로 설명하는 것이 옳은 것으로 춘목春木이 왕旺하다고 土가 없는 것은 아니다. 10천간과 12지지를 착종錯綜하여 60갑자가 되어 주기가 있게 되니 복시復始하는데 그 안배는 거짓이 아닌 조화가 존재하고 있는 것이다.

금일은 木에 속하고, 명일은 火에 속하는 것은 옳지 않은 것으로 곧 천도天道인 자연에 적합한 것이 아니다.
사람의 생각이 아닌 천을 좇아서 세워야 하고, 사람의 감응이 하늘에 응하여야 하는 것이다. 곧 천의 상을 입명한 분야의 옳음은 천과 사람이 합일한 도가 되어야 하는 것이지 "사람은 사람대로 생각하고, 하늘은 하늘대로 행하여서는 안 된다."오직 문자를 가지고 자연에 비교하여 자연에서 그 원리의 답을 얻어야지 문자에서 문자를 만들어 문자로 원리를 만들어 문자로 말하면 안 된다."
하루를 관찰해 보면 조오안만무午晏晚으로 나아가는데 자연히 온량한열溫凉寒熱한 기후가 있는 것으로, 이것이 금, 목, 수, 화, 토로 하루 중에 구비되어 있는 것이다. 이렇게 오행은 서로 떨어지지 않고 동주하는 이러한 이치가 된다.
"하루도 하나의 몸체로 그 안에 금, 목, 수, 화, 토가 모두 구비되어 있는 것인 것으로 하나의 객체일 뿐이다. 하루에서 다음 하루가 평면적이 아니고 하루가 하루 자체의 원 주기를 가진다. 그래서 하루의 체가 다음 날 하루의 새로운 체를 생성하여 인연으로 연결되어 이어진다. 이를 생하는 것은 음양으로 오행이 아니다."
그러므로 금일은 木, 명일은 火라고 일컫는 것을 또한 어찌 옳지 않다고 하겠냐만 천도인 자연은 아니다!

간지와 오행도 자체에 天地가 있어 그 이치가 있다. 그 이치로 인하여 사람이 태어난 것이니 사람과 천은 하나가 되는 것으로 사람을 벗어나서 하늘을 말하거나 하늘을 벗어나서 사람을 말하는 것은 모두 거짓이다.

[4]복희의 획괘는 위를 숭상하여 관찰하고 아래를 굽혀 살피고 멀리를 헤아리고 가까운 데서 취하여 천지 인간과 물질의 이치를 얻어 말미암은 바로 이와 같은 팔괘八卦를 만들게 된 것이다.

이제 음양을 말하는 자는 오직 천지의 변화를 궁극하여, 인간과 물질의 미묘함을 탐색하고, 지난 일을 밝히고, 장래를 살펴 득이 되게 하고, 나타난 원인으로 자질구레한 것까지 알아 천지와 더불어 합하면 덕이 되고, 일월과 더불어 합하면 밝음이 있고, 사시四時와 더불어 합하면 질서가 있고, 귀신鬼神과 더불어 합하면 길흉을 알게 된다. 또 어찌 간지오행 외에 다른 조화가 있어 천지 인물의 존귀함을 다 할 수 있겠는가! 하였다.

---

[1]성학대성 성학대성星學大成은 五星을 오로지 논한 것으로 만민영萬民英의 작품인데, 호는 육오산인育吾山人다.

[2]낙록자 후한(後漢, 25)에서 당초(唐初, 619)의 인물. 삼명소식부(三命消息賦)저자.

[3]간지干支 10간과 12지를 조합한 말. 10간은 갑·을·병·정·무·기·경·신·임·계이며, 12지는 자(쥐)·축(소)·인(호랑이)·묘(토끼)·진(용)·사(뱀)·오(말)·미(양)·신(원숭이)·유(닭)·술(개)·해(돼지)이다.

[4]복희 태호 복희씨(太皞伏羲氏) 또는 포희씨(庖犧氏)는 중국 삼황 중 하나이다.

3. 사주 명리의 역할

▶ YouTube 99강

모든 사람들이 미래의 운명에 대한 관심을 갖게 되는데, 사주 명리로는 그 사람의 운명 중에서

1) 출세와 재물에 관해서 뿐만 아니라

2) 성격을 추리하여 아름다운 대인 관계를 유지하게 조언하고,

3) 적성에 맞는 직업을 권하여 사회생활을 보다 더 즐겁고 보람있게 보낼수 있게 하도록 조언한다.

4) 또한 심리의 내면세계를 추리하여 사람들로 하여금 건전하고 건강한 생활을 할 수있게 하고,

5) 자신의 건강에 대한 이해와 질병으로부터 예방에 기여한다.

6) 또 자기 자신에 맞는 건강한 환경도 조성할 수 있도록 한다.

위의 6가지와 같이 타인을 상담하여 행복하고 아름다운 삶이 되게 조언하는 것도 하나의 명리를 공부하는 목적이겠지만, 본인이 공부하여 자아를 실현 하는 것 또한 좋은 삶의 방편이 아니겠는가.

제2장
사주의 구성

1. 오행五行의 상호 관계

▶ YouTube 2강

구 분	내 용			
五行오행	木목 火화 土토 金금 水수			
10天干천간	甲갑 乙을 丙병 丁정 戊무 己기 庚경 辛신 壬임 癸계			
12地支지지	子자 丑축 寅인 卯묘 辰진 巳사 午오 未미 申신 酉유 戌술 亥해			

▶ 제3장에서 구체적으로 학습합니다.

(1) 오행의 생과 극

오행五行은 상호 생生하기도 하고 극剋하기도 한다

- 생生 : **金**은 **水**를 생하고, **水**는 **木**을 생하고, **木**은 **火**를 생하고, **火**는 **土**를 생하고 **土**는 **金**을 생한다. 돋다, 생기다, 태생의 잠재, 역량을 증가, 순행, 삶을 유지하여 기르는 특성이다.
- 극剋 : **金**은 **木**를 극하고, **木**은 **土**를 극하고, **土**는 **水**를 극하고, **水**는 **火**를 극하고, **火**는 **金**을 극한다. 이기다, 억제, 제어, 단절, 제약, 역량을 감소, 삶을 억제하여 저장하는 특성이다.

오행의 생과 극은 물질에 비유하여 궁리하면, 쉽게 그 이치를 얻을 수 있다. 물水은 나무木를 살리니 생이 되고, 나무로 불火을 피울 수 있으니 생이 되고,

흙土속에서 금을 캐게 되니 생이 되고, 그릇金은 흩어진 물水을 담게 되니 생이 되고, 불火은 흙土을 따뜻하게 하여야 만물이 자라게 된다.

도끼는 나무를 찍을 수 있으니 극이 되고, 나무는 흙에 뿌리는 내리니 극이 되고, 흙은 물을 혼탁하게 하고 흐름을 막으니 극이 되고, 물은 불을 끄게 하니 극이 되고, 불은 쇠를 녹이니 극이 된다.

반면에 햇볕이 있어야 나무가 자라니 생이 되고, 불이 있어야 쇠를 불릴 수 있으니 생이 되는 이러한 이치로 오행을 생극生剋이치를 관찰하면 우리는 쉽게 그 원리를 이해할 수 있을 것이다.

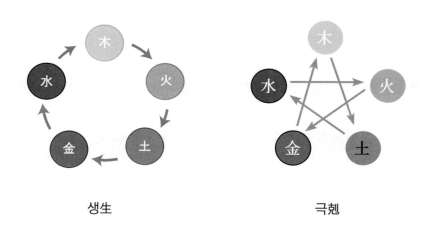

생生   극剋

▶ 제3장 오행 편에서 구체적으로 학습합니다.

(2) 오행의 생극제화　▶ YouTube 4, 70강

오행의 상생	금생수	수생목	목생화	화생토	토생금
오행의 상극	金극木	木극土	土극水	水극火	火극金
오행의 상제相制 극받는 오행에 생을 받아 극하는 오행을 극	火극金 金생水 水극火	金극木 木생火 火극金	木극土 土생金 金극木	土극水 水생木 木극土	水극火 火생土 土극水
오행의 상화相化 극하는 오행에 생을 받아 극받는 오행을 생	水극火 水생木 木생火	火극金 火생土 土생金	金생水 水생木 木생火	木극土 木생火 火생土	土극水 土생金 金생水

● 생生은 곧 상생인데 생하기도 하고 생하지 않기도 한다.
● 극剋은 곧 상극인데 극하기도 하고 극하지 않기도 한다.
● 제制는 곧 가령 **수**는 **화**를 극하는데 **토**가 **화**에 생을 받아 **수**를 제하여 **화**를 보호하는 것이 제가 된다.
● 화化는 곧 **수**는 **화**를 극하는데 목이 **수**를 흡수하여 **화**를 보호하여 살려준다.

나무가 물을 먹고 살지만 햇볕이 없으면 자라지 못하고, 물이 많으면 나무뿌리가 썩게 되고, 불은 나무가 있어야 살아 붙지만 나무에 치이면 도리어 불이 살아나지 못한다.

이러한 이치가 음양오행陰陽五行인 자연의 이치가 되니 단순하게 화생토火生土, 토생목土生木, 목생화木生火등의 생生으로 팔자를 추리하는 것은 적중률이 많이 떨어지니 사용하지 않아야 한다.

▶ 제3장 오행 및 오행생극 제화에서 구체적으로 학습합니다.

(3) 간지의 배치　▶ YouTube 2강

甲 … 천간天干	
子 … 지지地支	

天干 : 甲, 乙, 丙, 丁, 戊, 己, 庚, 辛, 壬, 癸
천간 : 갑 을 병 정 무 기 경 신 임 계

地支 : 子, 丑, 寅, 卯, 辰, 巳, 午, 未, 申, 酉, 戌, 亥
지지 : 자 축 인 묘 진 사 오 미 신 유 술 해

천간 지지는 또한 음양으로 구분되며, 천간은 양陽이 되고 지지는 음陰이 되니 부부의 도에 의해서 구성된다. 그래서 둘이 붙으니 갑자甲子가 되고, 갑甲은 **천간**天干, 자子는 **지지**地支라 하고, 합쳐진 것을 주柱 또는 **간지**干支 또 **간지**干地라 한다.

음양	양	음
천간	甲, 丙, 戊, 庚, 壬	乙, 丁, 己, 辛, 癸
지지	子, 寅, 辰, 午, 申, 戌	丑, 卯, 巳, 未, 酉, 亥

양간은 양지에 붙고, 음간은 음지와 짝을 이룬다.
인간의 남녀와 같은 형상이 되므로

양의 간지 (남男)	甲子, 甲寅, 甲辰, 甲午, 甲申, 甲戌
음의 간지 (여女)	乙丑, 乙卯, 乙巳, 乙未, 乙酉, 乙亥

이렇게 되어 60개의 간지干支를 이루게 60갑자가 생기게 되었다.

▶ 제3장 10천간 12지지에서 구체적으로 학습합니다.
▶ 제4장 60갑자편에서 구체적으로 학습합니다.

2. 사주팔자 세우기

 YouTube 5, 6강

(1) 사주의 배정

사주팔자는 8개의 글자와 연월일시가 각 간지로 구성하여 4개의 기둥을, 주柱라 하고, 이 기둥이 4개이므로 사주라고 한다.

그래서 사주팔자가 된다.

태어난 년월일시를 가지고 **만세력**을 사용하여 년월일을 찾고 다시 시주 조견표를 사용하여 시를 찾아서 배열하면 사주가 완성된다.

❖ 만세력으로 사주 찾기

〈예시 1〉 양력 2011년 4월 30일 13시 20분(음력 3월 28일)

① 년주年柱

만세력 상단을 보면 **辛卯**년이 되어있다. 이를 년주年柱라고 한다.

양력으로 예를 들었는데, 음력으로 하여도 만세력에 표시되어 있기 때문에 관계없다. 그런데 절기節氣가 기준 되니 음력보다 양력이 절기와 잘 일치하기 때문에 양력으로 예시하였다.

시	일	월	년
○	○	○	辛
○	○	○	卯

② 월주月柱

만세력의 양력 4월을 찾아보면 양력 30일에 **乙卯**가 있다.

이때의 월은 절기가 지나야 그 달이 되는데, **청명**淸明은 4월 5일로 이미 지나가 진辰월(음력 3월)에 속하게 된다.

辛卯년의 辰월은 **임진**壬辰월이 되고, 이를 월주月柱라 하고, 사주에 배치하면 아래와 같이 된다.

시	일	월	년
○	○	壬	辛
○	○	辰	卯

▶ 〈표1〉 둔월 조견표 참조 p40

❖ **월별 절기 명칭(음력)**

월	1월	2월	3월	4월	5월	6월	7월	8월	9월	10월	11월	12월
지	寅	卯	辰	巳	午	未	申	酉	戌	亥	子	丑
절기	입춘	경칩	청명	입하	망종	소서	입추	백로	한로	입동	대설	소한

③ 일주日柱

다음은 앞에 찾은 乙卯가 日이니 일주日柱라고 하고 사주에 배치하면 아래와 같다.

시	일	월	년
○	乙	壬	辛
○	卯	辰	卯

▶ 년, 월, 일, 시 아래 만세력 보기 참조(37page)

④ 시주時柱

다음은 시를 찾아야 되는데 13시 20분으로 시는 만세력으로 찾을 수 없으니 아래에 있는 조견표를 사용하거나 원리를 알아 계산하여 세워야 한다.
본서 둔시遁時 조견표에 있으니 참조하면 되는데, 왼쪽 시간 난에서 태어난 시간을 적용하고, 또 일주日柱 乙卯의 천간은 乙이 되니 상단 일주日主에서 乙을 찾아 적용하면 壬午가 된다.

시	일	월	년
壬	乙	壬	辛
午	卯	辰	卯

▶ 아래 둔시遁時 조견표 예시 참조(37page)

이렇게 하여 사주四柱가 완성되었다.

년, 월, 일, 시 만세력으로 보기

서기 2011年   太歲辛卯 ●──▶ 辛卯년

3월 壬辰 ●──▶ 壬辰월

乙卯일

음력 陰曆	1	2	3	4	5	6	7	8	9	10	11	12	13	14	15	16	17	18	19	20	21	22	23	24	25	26	27	28	29
일진 日辰	무	기	경	신	임	계	갑	을	병	정	무	기	경	신	임	계	갑	을	병	정	무	기	경	신	임	계	갑	을	병
	자	축	인	묘	진	사	오	미	신	유	술	해	자	축	인	묘	진	사	오	미	신	유	술	해	자	축	인	묘	진
양력 陽曆	4.3	4	5	6	7	8	9	10	11	12	13	14	15	16	17	18	19	20	21	22	23	24	25	26	27	28	29	30	5.1
대운 大運 남	10	10	10	9	9	9	8	8	8	7	7	7	6	6	6	5	5	5	6	6	6	7	7	7	8	8	8	9	9
여	1	1	1	10	10	10	9	9	9	8	8	8	7	7	7	6	6	6	5	5	5	4	4	4	3	3	3	2	2

둔시遁時 조견표 예시

戊 癸		丁 壬		丙 辛		乙 庚		甲 己		일주	시간
子	壬	子	庚	子	戊	子	丙	子	甲	子	금일00시30분 ~ 01시30분 금일23시30분 ~ 24시30분
丑	癸	丑	辛	丑	己	丑	丁	丑	乙	丑	금일1시30분 ~ 03시30분
寅	甲	寅	壬	寅	庚	寅	戊	寅	丙	寅	금일3시30분 ~ 05시30분
卯	乙	卯	癸	卯	辛	卯	己	卯	丁	卯	금일5시30분 ~ 07시30분
辰	丙	辰	甲	辰	壬	辰	庚	辰	戊	辰	금일7시30분 ~ 09시30분
巳	丁	巳	乙	巳	癸	巳	辛	巳	己	巳	금일9시30분 ~ 11시30분
午	戊	午	丙	午	甲	午	壬	午	庚	午	금일11시30분 ~ 13시30분
未	己	未	丁	未	乙	未	癸	未	辛	未	금일13시30분 ~ 15시30분
申	庚	申	戊	申	丙	申	甲	申	壬	申	금일15시30분 ~ 17시30분
酉	辛	酉	己	酉	丁	酉	乙	酉	癸	酉	금일17시30분 ~ 19시30분
戌	壬	戌	庚	戌	戊	戌	丙	戌	甲	戌	금일19시30분 ~ 21시30분
亥	癸	亥	辛	亥	己	亥	丁	亥	乙	亥	금일21시30분 ~ 23시30분

壬午시

※乙에서 午시에 속하는 11:30~13:30의 좌측 壬을 찾아 壬과 午로 시주 壬午를 세운다.

❖ 절기 시각에 의해 월이 바뀌는 절기일

庚寅월							
辛 卯 年							
절기			입춘				
음력		一일	二일	三일	四일	五일	六일
양력	2月	3일	4일	5일	6일	7일	8일
일진		己丑	庚寅	壬辰	癸巳	甲午	乙未
절기시각			未初				

미未 시가 지나야 입춘이 된다.

상기 만세력의 辛卯년 庚寅월 庚寅일의 절기인 **입춘 시각은** 未(13:30~
15:30)초로 되어 있다.

2011년 2월 4일 **07:50분**의 출생은 아직 未時(13:30 ~15:30)가 되지지
않은 辰(07:30 ~ 09:30)시이니 庚寅년 己丑월 庚寅일이 된다

즉 未時 초가 월이 바뀌는 기준점이 된다는 말이다.

그래서 **양력 2011년 2월 4일 07:50분 생**은 입춘이 아직 되지 않아 庚寅
년, 己丑월, 庚寅일, 庚辰시가 되고,

만약 **양력 2011년 2월 4일14:40분**에 태어났다면 辛卯년, 庚寅월, 庚寅일,
癸未시가 된다.

❖ 자정의 야반시에 따라 일이 바뀌는 子시

▸ 하기42page 야자시 조자시 참조

24시인 자정은 오늘과 내일이 바뀌는데, 子시는 오늘과 내일에 속하는 23:30~01:30시 사이이니 오늘인지 내일인지 분별이 모호하다.
23:30~0:30은 오늘에 속하고, 00:30~01:30은 내일에 속한다.

〈예시 3〉 양력 2011년 3월 9일 23:40분 출생 (음력2월5일)
23:30분~01:30분에 속하여 일자가 애매모호한 경우

辛卯월		辛卯年					
절기							
음력		一일	二일	三일	四일	五일	六일
양력	3월	5일	6일	7일	8일	9일	10일
일진		己未	庚申	辛酉	壬戌	癸亥	甲子
절기시각							

양력 2011년 3월 9일 23:40분 출생했다면 출생시간이 23시 40분으로 子시인 23:30분~01:30분에 속하여 일자로는 9일인지 10일인지 애매모호하다.

이 경우는 00:30분 이전은 9일로 00:30분 이후는 10일로 적용한다.
이 사주의 경우 출생시간이 23:40분이니 9일 癸亥일에 속하여 癸亥일의 둔시를 사용한다. 그래서 아래와 같이 된다.

❖ 9일 23시 40분 경우

시	일	월	년
壬	癸	辛	辛
子	亥	卯	卯

❖ 10일 00시 50분인 경우

시	일	월	년
甲	甲	辛	辛
子	子	卯	卯

❖ 둔월遁月 조견표〈표1〉

월	地	절/기	甲己	乙庚년	丙辛년	丁壬년	戊癸년
1월	寅	입춘/우수	丙寅	戊寅	庚寅	壬寅	甲寅
2월	卯	경칩/춘분	丁卯	己卯	辛卯	癸卯	乙卯
3월	辰	청명/곡우	戊辰	庚辰	壬辰	甲辰	丙辰
4월	巳	입하/소만	己巳	辛巳	癸巳	乙巳	丁巳
5월	午	망종/하지	庚午	壬午	甲午	丙午	戊午
6월	未	소서/대서	辛未	癸未	乙未	丁未	己未
7월	申	입추/처서	壬申	甲申	丙申	戊申	庚申
8월	酉	백로/추분	癸酉	乙酉	丁酉	己酉	辛酉
9월	戌	한로/상강	甲戌	丙戌	戊戌	庚戌	壬戌
10월	亥	입동/소설	乙亥	丁亥	己亥	辛亥	癸亥
11월	子	대설/동지	丙子	戊子	庚子	壬子	甲子
12월	丑	소한/대한	丁丑	己丑	辛丑	癸丑	乙丑

❖ 둔시遁時 조견표〈표2〉

시간	일주	甲己	乙庚	丙辛	丁壬	戊癸
금일00:30 ~ 01:30 금일23:30 ~ 24:30	子時	甲子	丙子	戊子	庚子	壬子
01:30 ~ 03:30	丑時	乙丑	丁丑	己丑	辛丑	癸丑
03:30 ~ 05:30	寅時	丙寅	戊寅	庚寅	壬寅	甲寅
05:30 ~ 07:30	卯時	丁卯	己卯	辛卯	癸卯	乙卯
07:30 ~ 09:30	辰時	戊辰	庚辰	壬辰	甲辰	丙辰
09:30 ~ 11:30	巳時	己巳	辛巳	癸巳	乙巳	丁巳
11:30 ~ 13:30	午時	庚午	壬午	甲午	丙午	戊午
13:30 ~15:30	未時	辛未	癸未	乙未	丁未	己未
15:30 ~ 17:30	申時	壬申	甲申	丙申	戊申	庚申
17:30 ~ 19:30	酉時	癸酉	乙酉	丁酉	己酉	辛酉
19:30 ~ 21:30	戌時	甲戌	丙戌	戊戌	庚戌	壬戌
21:30 ~ 23:30	亥時	乙亥	丁亥	己亥	辛亥	癸亥

※ 분 단위에 대한 것에서 예를 들어 21:30~의 30분은 30분 지난 후에 해당하고,
　~23:30의 30은 30분이 된 때까지임. 001일 초라도 지나면 다음 시진이 됩니다.

❖ **야자시와 조자시** ▶ YouTube 6강

요즘 유행하는 조자시, 야자시는 자연의 원리에 맞지 않는 논리이니 사용하지 않는 것이 맞다.

• 만약 양력 2011년 3월 9일 23:50분 출생의 사주이라면
辛卯年, 辛卯月, **癸亥日**이, **甲子時**(원래는 壬子時)가 되고.

양력 2011년 3월 10일 01:00 출생한 사주도
辛卯年, 辛卯月, **甲子日**도 **甲子時**가 되기 때문에 日은 다른데 시가 甲子로 같게 된다. 곧 자연의 이치에 맞지 않는다.
두 쌍의 부부가 완전히 똑같은 甲子 자식을 낳을 수 없다.

❖ **조견표 없이 월주와 시주를 구하는 법**

천간의 합에 의하여 화化한 오행을 사용하는데, 월주는 化한 오행을 생하는 천간이 寅의 천간이 되고, 시주는 化한 오행을 극하는 천간이 子의 천간이 된다.
예를 들면 甲己월은 합하여 土가 되며, 이 土를 生하는 丙이 천간이 되고, 즉 寅의 천간이 되어 丙寅월이 되어 각 월에 따라 계속 이어진다.
예를 들면 乙庚일은 합하여 화化한 오행은 金이 되며, 이 金을 극하는 丙이 子의 天干이 되어 丙子가 乙 혹은 庚일의 자시의 시주가 되어 시에 따라 차례로 이어진다.

▶ 화化와 화한 오행은 5장의 천간상합편 191page에서 공부합니다.

(2) 궁위宮位의 육친명칭

시	일	월	년
라	다	나	가
마	바	사	아

궁 위치	각 궁의 의미
가	조상궁
나	부모궁, 혹 부친
다	자기 자신
라	자식궁, 혹 아들
마	자식 궁, 혹 딸
바	처 혹은 남편궁
사	부모궁, 혹 모친
아	조상궁

TIP

십성도 중요하지만 겸해서 궁위의 상황을 같이 추리하면 한 결 잘 맞는다.

예를 들면

- 年이 월령月令을 충沖하면 고향을 떠나서 객지 생활한다.
- 일日에 상관이 있으면 처첩의 근심이 있고, 시時에 상관이 있으면 자손이 대를 잇지 못한다.
- 일日에 양인과 칠살이 있으면 처는 반드시 출산하다 사망하고, 시時가 고허孤虛한 곳이면 자식의 품성이 좋지 않다.

(3) 사주팔자의 자리의 명칭

〈예시 4〉 양력 2011. 06. 25 巳時 (음력 5월24일)

시	일	월	년	
癸	辛	甲	辛	건乾,(곤坤) → ①
巳	亥	午	卯	당當: 丁 → ②
水	金	金	木	→ ③

76 66 56 46 36 26 16 6 → ④

丙 丁 戊 己 庚 辛 壬 癸

戌 亥 子 丑 寅 卯 辰 巳

① 번은 성별을 나타내는 자리로 남자는 건乾은 남자, 곤坤은 여자로 표시한다.

② 번는 당령當令을 적는 곳으로 태어난 당 月에 해당하는 지장간地藏干을 적는다.

▶ 참조 아래표3(46page) 월령분야月令分野 일람표

태어난 달이 음력 5월 24일로 여기 10일, 중기 10일이 지나 정기에 해당하므로 당령은 丁에 속한다.

▶ 지장간에 대해서는 4장 142page에서 자세히 공부하기로 한다.

③ 번 각 주柱의 오행은 납음오행納音五行으로 표시한다.

　辛卯년 이년『庚寅, 辛卯 송백목』으로 납음오행은 木이된다

　甲午월 이면『甲子, 乙丑 해중금』으로 납음오행는 金이 된다.

　辛亥일 이면『庚戌, 辛亥 채천금』으로 납음오행는 金이 된다.

　癸巳일 이면『壬辰, 癸巳 장류수』으로 납음오행은 水가 된다.

▶ 납음오행의 압기법, 원리에 대해서는 4장에서 자세히 공부하기로 한다.

❖ 납음오행納音五行 일람표〈표3〉

甲子, 乙丑 해중금	丙寅, 丁卯 노중화	戊辰, 己巳 대림목	庚午, 辛未 노방토	壬申, 癸酉 검봉금
甲戌, 乙亥 산두화	丙子, 丁丑 윤하수	戊寅, 己卯 성두토	庚辰, 辛巳 백납금	壬午, 癸未 양류목
甲申, 乙酉 정천수	丙戌, 丁亥 옥상토	戊子, 己丑 벽력화	庚寅, 辛卯 송백목	壬辰, 癸巳 장류수
甲午, 乙未 사중금	丙申, 丁酉 산하화	戊戌, 己亥 평지목	庚子, 辛丑 벽상토	壬寅, 癸卯 금박금
甲辰, 乙巳 복등화	丙午, 丁未 천하수	戊申, 己酉 대역토	庚戌, 辛亥 채천금	壬子, 癸丑 상자목
甲寅, 乙卯 대계수	丙辰, 丁巳 사중토	戊午, 己未 천상화	庚申, 辛酉 석류목	壬戌, 癸亥 대해수

❖ 월령분야月令分野 일람표(지장간)〈표4〉

	여기餘氣	중기中氣	정기正氣
子	壬 10日 5分	癸 20日 7分	
丑	癸 9日 3分	辛 3日 1分	己 18日 6分
寅	戊 7日 2.5分	丙 7日 2.5分	甲 16日 3.5分
卯	甲 10日 5.5分	乙 20日 6.5分	
辰	乙 9日 3分	癸 3日 1分	戊 18日 6分
巳	戊 5日 1.5分	庚 9日 3分	丙 16日 5分
午	丙 10日 3.5分	己 10日 3.5分	丁 10日 3.5分
未	丁 9日 3分	乙 3日 2分	己 18日 6分
申	己 7日 1.5分 戊 3日 1.5分	壬 3日 1.5分	庚 17日 6分
酉	庚 10日 5.5分	辛 20日 7.5分	
戌	辛 9日 3分	丁 3日 2分	戊 18日 6分
亥	戊 7日 2.5分	甲 5日 0.5分	壬 18日 6分

▶ 연해자평 기준

(4) 대운 세우기 ▶ YouTube 7강

인간의 한평생의 일생 주기는 북극성의 기운을 받아서 120년이 된다. 그래서 인간도 여지없이 12수數에 적용된다.

자연이 그러하기 때문이다.

그래서 辰월에 태어났다면 子에서 흐른 기운이 辰월까지 도달한 것이 되고, 辰에서 사람으로 태어나니 그 기운이 태어난 그 사람에 미치게 되어서 그 사람의 사주로 배이게 되어, 그 사주가 그 사람의 기운이 된다.

이렇게 되었지만 흐르던 기운은 없어져 소멸되지 않고 계속 흐르게 되니, 곧 다시 巳에서 시작되어 午, 未, 申…로 흐르게 되어 12진을 연속적으로 잇게 된다.

그래서 다음인 巳의 기운이 사주 체상에 미치게 되어 그 사람의 운運을 발생시킨다.

이에 한 개 성星의 즉 巳가 작용하는 기간은 10년이 된다.

다시 10년이 지나면 다음인 午의 기운이 사주 체상에 미치게 되어 운명을 발생시켜 10년 지속하다가 10년이 다되면 다시 未로 넘어가게 되고, 또 다음으로 계속 연이어져 나아간다.

이러한 연유로 12수는 물질의 1주기 흐름인데 12地支의 흐름과 같다.

운運은 이와 같이 자기 자체의 흐름에 의한 기운과 또 매년 들어오는 기운 두 가지가 있다.

자기 자체의 흐름에서 생긴 運을 대운大運이라고 하고 매년 들어오는 기운을 유년流年 혹은 세운歲運이라고 한다.

유년流年은 올해가 辛卯년이면 辛卯가 되어 바로 적용하면 되지만 대운大運은 절기를 사용하여 계산을 하여야 한다.

❖ 대운 산출 방법

> 대운은 년간을 기준으로 하여
> 양남음녀陽男陰女는 순행하고, 음남양녀陰男陽女는 역행한다.

대운 산출은 남녀 사주에 따라 각 다르게 산출한다.

산출의 기준은 사주의 년간이 되고, 대운은 월주가 기준이 되어 월주의 앞 뒤의 간지(주柱)부터 대운이 시작하게 된다.

만약 남자 사주의 년간이 陽이면 월주의 다음 주柱에서 시작하여 순행하게 되고, 陰이면 월주의 뒤에 있는 주柱부터 시작하여 곧 역행하게 된다.

만약 여자 사주의 년간이 陽이면 월주의 뒤에 있는 주부터 시작하여 역행하고, 陰이면 순행하다.

10천간의 음양표

양의 천간(양간)	甲 丙 戊 庚 壬
음의 천간(음간)	乙 丁 己 辛 癸

순역표 〈표2〉

丁 戊 己 庚 辛 壬 癸 甲 乙 丙 丁 戊 己 庚 辛 壬 癸 甲 乙 丙
亥 子 丑 寅 卯 辰 巳 午 未 申 酉 戌 亥 子 丑 寅 卯 辰 巳 午

(음남양녀)역행 ← ─────●───── → 순행(양남음녀)

〈예시4〉에서 辛卯년이 음간에 해당하고 월주가 갑오甲午인 경우[남자사주로 역행]

2009년은 己丑년으로 己의 음양은 陰에 속한다.
그리고 남자 사주니 역행한다. 즉 음남양녀는 역행한다.

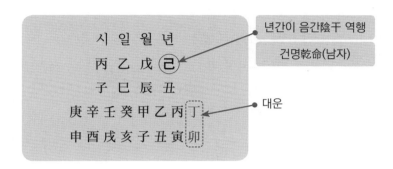

사주의 월주月柱인 戊辰에서 뒤로(역행)나아가게 된다.
戊辰에서 앞으로 나아가면 다음이 己巳, 庚午, 辛未, 壬申 ……
이렇게 나아가게 되는데 이것을 순행이라 한다.
戊辰에서 뒤로 나아가면 丁卯부터 丙寅, 乙丑, 甲子, 癸亥 ……
이렇게 나아가게 되는데 이것을 역행이라한다.
즉 60십갑자를 거꾸로 적어나가면 된다.
그러므로 이 사주에 대운을 丁卯부터 시작하여 뒤로 나아가는 즉 역행하니
丙寅, 乙丑, 甲子, 癸亥, 壬戌, 辛酉, 庚申으로 기록하였고, 운의 흐름도 이렇
게 흐르게 된다.

庚 辛 壬 癸 甲 乙 丙 丁 戊 己 庚 辛 壬 癸 甲 乙 丙
申 酉 戌 亥 子 丑 寅 卯 辰 巳 午 未 申 酉 戌 亥 子

(음남양녀)역행

〈예시 6〉 예시 5의 출생한 사람이 여자 라면
여자 양력 2009년 4월 30일 01:04

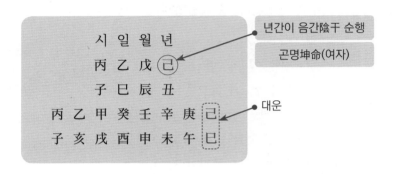

	년간이 음간陰干 순행
	곤명坤命(여자)

시 일 월 년
丙 乙 戊 ㉒
子 巳 辰 丑
丙 乙 甲 癸 壬 辛 庚 ㉒ ← 대운
子 亥 戌 酉 申 未 午 巳

여자 사주의 년간이 己로 이는 陰에 해당하므로
양남 음녀는 순행에 해당한다.
순행에 해당하니 戊辰에서 앞으로 나아가면 다음이 己巳가 된다.

▶ 위10천간 음양표1, 순역표2 참조[page48]

그래서 戊辰 다음부터 己巳, 庚午, 辛未, 壬申, 癸酉, 甲戌, 乙亥, 丙子로 순행
하게 되는 것이니, 대운을 상기와 같이 기록하였다.

대운은 기운이 흐르는 방향이 되고, 운명도 이 흐름에 의해서 호불이 있게
되고 또 결정되게 된다.

운명이 이렇게 결정되고 이러한 운명은 전생의 업보에 의해서 결정되니 적
선을 많이 하면 후세에는 복받을 것이다.

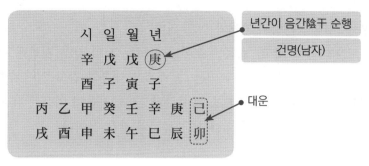

년간이 庚으로 양陽에 속하여 순행한다.(양남음녀는 순행)

남자 사주이고 년간이 양간이므로 순행하니 戊寅 다음인 己卯부터 시작하여 대운을 적어나간다.

〈예시 8〉 예시 7이 여자 사주라면

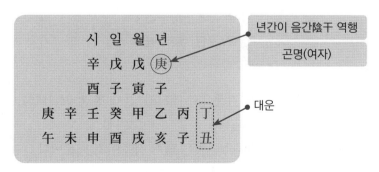

여자 사주의 년간이 庚 양간이므로 戊寅월 뒤에 있는 60갑자 丁丑부터 뒤로 즉 역행의 순서로 대운을 세운다. (음남양녀는 역행)

❖ 대운 기간 세우기

대운은 월지에 근원을 두고 있다. 월은 운원運元이 되어 이것으로부터 흐르는 기운에 의해서 운명의 고저가 있게 된다.

코스모스가 여름에 피고, 보리는 초여름에 익는 것과 같은 것인데, 보리라는 물체는 사주와 같고 보리가 익는 그 계절은 대운과 같고 익어 수확하는 것은 유년운과 같다. 또 코스모스는 사주와 같고, 가을의 기운은 대운과 같고, 코스모스의 씨앗이 맺게 되는 것은 유년과 같은 것이다.

> **대운기간** 산정은 만세력에서 태어난 날을 기준한다.
> **양남음녀**은 앞의 절기까지 헤아린 수로서 산정하고,
> **음남양녀**는 태어난 날로부터 지난 절기까지 헤아려 수로 산정한다.
> **공히 3으로 나눈 값이 사용된다.**

> **〈예시 9〉 양력 2009년 4월 30일 01시 10분**(음력 4월 6일) **남자**

건명乾命

시	일	월	년
丙	乙	戊	己
子	巳	辰	丑

태어난 날 양력 4월 30일을 기준으로 지나간 **절기 청명**(양력4월5일0시 34분)까지 날짜를 헤아리면 26이 된다.
지나간 청명의 절기까지 헤아리는 것은 남자 사주이기 때문이다.
남자 사주의 년간이 **음**陰에 해당하는 己이기 때문이다.
즉 음남 양녀는 **역행**에 해당한다.

양력 2009년 4월 30일 생

청명 4/5	6	7	8	9	10	11	12	13	14	15	16	17	18	19	20	21	22	23	24	25	26	27	28	29	30	1	2	3	4	입하 5/5
庚辰	辛巳	壬午	癸未	甲申	乙酉	丙戌	丁亥	戊子	己丑	庚寅	辛卯	壬辰	癸巳	甲午	乙未	丙申	丁酉	戊戌	己亥	庚子	辛丑	壬寅	癸卯	甲辰	乙巳	丙午	丁未	戊申	己酉	庚戌

음남양녀는 역행하므로 4/30에서 청명까지 헤아린다. 26일이됨

26를 3으로 나누게 되는데 나누면 8하고 2가 남는다.

3으로 나누어,

1이 남으면 4개월이 되고, 2가 남으면 8개월이 된다.

허세로 하지 않고 만으로 하여야 한다.

1년은 대운의 10년이 절제된 것이다.

즉 月의 1달이 대운 10년에 해당한다.

10년이 1달이니 3일이 1년이 된다.

8은 만 8세부터 대운이 들어와 바뀌게 되고,

그전은 대운이 오기 전으로 사주와 유년운流年運으로 추리하면 된다.

그러므로 8하고 2가 남아서 만8세하고 8개월 지나서 교운交運된다.

1일은 4개월에 속하니 그렇다.

그래서 대운의 시작은 8세 후 8개월 지난 후부터 丁卯 운이 시작하여 계속
10년 단위로 丙寅, 乙丑, … 으로 이어지면서 바뀌게 된다.

78 68 58 48 38 28 18 8 + 8
庚 辛 壬 癸 甲 乙 丙 丁
申 酉 戌 亥 子 丑 寅 卯

〈예시 9〉가 만약 여자아이라고 하면

양남음녀이므로 순행하여 乙巳일로부터 오는 절기인 입하(양력5월5일 17시 51분)까지 6일의 기간이 되니 3으로 나누면 2가 되고 남는 것은 없으니 만 2세 생일부터 교운이 시작된다.

72 62 52 42 32 22 12 2
丙 乙 甲 癸 壬 辛 庚 己
子 亥 戌 酉 申 未 午 巳

청명																															입하
4/5	6	7	8	9	10	11	12	13	14	15	16	17	18	19	20	21	22	23	24	25	26	27	28	29	30	1	2	3	4	5/5
庚辰	辛巳	壬午	癸未	甲申	乙酉	丙戌	丁亥	戊子	己丑	庚寅	辛卯	壬辰	癸巳	甲午	乙未	丙申	丁酉	戊戌	己亥	庚子	辛丑	壬寅	癸卯	甲辰	乙巳	丙午	丁未	戊申	己酉	庚戌

양남음녀는 순행하므로 4월 30일에서 입하까지 헤아린다. 6일이됨

2. 운명추리의 기초 이해

1) 체상體象을 알아야 한다.

사주는 체體가 되고, 대운은 체를 변화 시키는 기운으로 마치 나무가 봄이 되면 새싹이 솟아나고, 여름이면 잎이 무성해지고, 가을이 되면 열매를 맺게 되고, 겨울이 되면 잎이 떨어지는데, 사주팔자로 이러한 이치를 알아야 한다.

체는 나무와 같은 것이고 나무를 변화 시키는 것은 계절로 곧 대운이 된다.

나무 종류가 소나무 참나무 오리나무 등등 수많은 종류가 있듯이 사주팔자도 나무와 같이 각각 음양오행의 상호 관계에 의해서 다른 상象을 가지는데 이를 체상體象이라고 한다.

그래서 사주 간명看命은 사주에 체상體象이 어떻게 구성되어 있냐를 찾는 것이 가장 중요하다.

어떤 것이 어떤 위치이고 그 변화가 어떻게 되는가를 찾아야 한다.

나무의 싹은 봄에 나고, 잎은 여름에 완성되고, 또 꽃은 봄에도 피고, 여름에도 피고, 가을에도 피고, 겨울에도 피는 나무가 있고, 과일도 봄, 여름, 가을에 따라 각 열매가 맺는 것이 다르다.

이러한 이치는 사주에도 동등하게 그대로 적용된다.

왜냐하면 자연이 그렇기 때문이고, 자연의 범주를 벗어날 수는 없는 것이고, 만약 벗어난다면 추명의 결과가 오류에 지날 것이다.

새싹, 꽃, 과일 등이 팔자에 구성되어 있는 요인으로 이것을 십성十星 또는 십신, 육신이라 하여 재財, 관官, 인印, 식상食傷이 된다.

▶ 십성(십신 육신)에 대해서는 5장 152page에서 자세히 공부하기로 한다.

이 십성이 "나무가 어떠한 장소에 존재하는 것과 같이" 사주도 어떠한 환경으로 존재하여 있으니 그 존재하는 품등의 등급을 알아내야 하고, "나무가 계절이라는 기운에 따라서 각 그 발하는 정도가 다르듯이" 사주에 있는 **재財, 관官, 인印, 식상食傷**이 대운의 기운과 유년의 작용에 의해서 그 발하는 정도가 다르게 된다. 곧 사주는 나무가 되고 나무가 각 조건이 다르듯이 사주도 각각 조건이 다른 것으로 나무가 계절을 만나야 열매가 익듯이 사주도 대운에서 기운을 만나야 재물을 얻게 된다.

그런데 자칫 착각하기 쉬운데 열매는 열매를 보아야지 나뭇잎을 열매로 보아서는 안 된다. 사주에서 재물을 추리한다면 재물성인 재성財星을 주主로 하여 이에 관련된 3수數를 관찰해야 한다. 결코 나뭇잎이나 줄기 뿌리를 마구 적용해서는 안 된다.

요즘 학인學人은 단순한 하나의 용신用神에 집착하여 이러한 구분을 하지 못하는 경향이 너무 많고, 또 없는 용신을 찾으려 학습에 많은 고초를 겪고, 없는 용신을 찾으려 허송세월 보내고 있어 단순한 하나의 용신에만 집착하지 말기는 바라는 마음에서 특별히 의견을 기록하는 바이다.

삼명통회에서 이르기를

"오행은 상생相生하고 또한 상극相剋하는데 그 이치는 밝고 뚜렷하여 10간干과 12지支, 오운五運, 육기六氣, 세월일시歲月日時가 모두 여기에서부터 세워져 갱상更相하여 사용되는 것으로, **천天**에 있는 것은 **기氣**가 되는 **한서조습풍**寒署燥濕風이 되고, **지地**에 있는 것은 **형形**을 이룬 **金, 木, 水, 火, 土**가 되어 **형形**에 **기氣**가 서로 감응하여 만물에 변화가 나타나게 되는 것으로 이것이 조화생성造化生成의 대기大紀가 되는 것이다 하였다."

즉 **팔자八字의 체상體象이 기氣을 받으므로 변화하고 또 체상體象이 자기의 기氣를 발산시켜 사건을 일으키게 된다.**

TIP **기상편 중에서**

요즘 사주를 세워서 오행을 취하고, 일운一運을 정하고, 一運은 10년이 관련되고, 청淸, 탁濁, 순純, 박駁 등 만 가지가 가지런하지 않으니, 좋고 나쁨의 이치를 완전하게 분별하는 것을 잡기가 매우 어려우나, 옛날에는 命을 논 할 때 정밀하고 자세하게 연구하여 체體에 말미암아 용用을 갖추어 논했다.

요즘에 命을 논하는 것은 격국에 빠져들어 가짜에 집착하니 진실을 잃어버리게 되었으니 필히 먼저 기상氣象의 규모를 관찰하여 이에 부귀빈천을 강령綱領*으로 하고, 차론으로 용신用神의 출처를 알게 되면 사생궁달이 정미하게 도달함을 알게 될 것이다.

모름지기 팔자는 변화를 요하지 않고, 오행이 화기하기를 요하는 것이다. 삼원三元, 六甲으로 그 흐름을 지칭하기도 하는데, 누가 만 가지의 실마리와 천 가지의 단서를 알 수 있겠는가?

그러므로 학자는 노력하여 숨어 있는 현묘한 이치를 갈고리로 끌어내고, 그 뿌리를 찾아 널리 드러내어 세상에 알리고, 허를 찾아 실로 향하게 하여 무에서 유을 창조하여야 한다.

비록 命의 이치가 적다고 말하는 사람이 과반이 된다고 하여도 큰 바다도 물 한 잔으로부터 모인 것이다,변變은 곧 화化하여 점차 나아간다. 이 같이 학문의 마땅한 곳을 심도 있게 살피게 되면 곧 한 줄기 빛에 해동解凍하고, 삼복의 더위에 찬바람이 있는 것과 같이 命의 이치가 어렵다 하지만 그 진리를 찾게 될 것이다.

** 노양老陽 : ① 陽氣를 다함 ② 주역에서 九의 數를 일컫는 말

** 강령綱領 : 일의 으뜸이 되는 큰 줄거리.

제3장 물체의 발생

제3장
물체의 발생

음양陰陽은 지구의 자전 축이 공전괘도선에서 직각으로 올린 교차선에서 23.5도 기울여진 상태에서 공전하므로 주기가 발생하게 되어 춥고 따뜻하고 덥고 시원한 변화가 있게 된다.

그래서 음양은 동정이 발생하게 될 수밖에 없게 되고, 또한 세상의 모든 사물은 음양의 동정(動靜 : 움직임과 고요함)에 의해서 태어났다 소멸하게 된다.

음양의 주기발생도

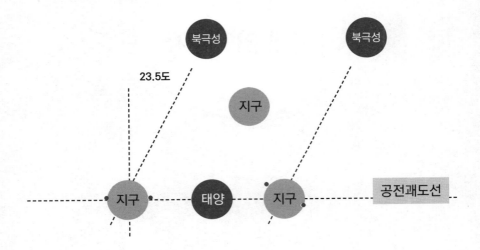

음은 정적인 것으로 고정되어 있으면 양의 동적인 것이 움직여 음의 정적인 것을 찾아서 융합하여지므로 물질이 발생되어 우주의 모든 사물이 태어나 존재한다. 먼 우주를 찾기 전에 먼저 우리들 주위에 있는 자연 형상 중에서 탄생을 관찰하면 그 명확한 이치를 알게 될 것이다.

먼저 인간에 비유하면 남자는 양으로 움직여 여자를 찾게 되고, 또 남자의 씨가 열을 받으면 나아가가게 되어 여자의 난卵에 침입하여 들어가게 되는데 여자의 난은 남자의 씨보다는 움직이지 않고 제자리에 있어 즉 정靜한 것이 되고 남자의 씨는 움직여 여자의 난에 들어가는 것이 되니 동動한 것이 된다.

이쁜만 아니라 또 다른 예를 들면 꽃의 수술에 있는 꽃가루가 움직여 암술에 들어가므로 인하여 교합이 되어 또 다른 하나의 생명체가 발생하게 된다. 이러한 현상은 사람과 식물의 꽃에서만 이루어지는 것이 아니고 우주에 있는 모든 사물은 이러한 현상으로 이루어져 발생하여 탄생한다.

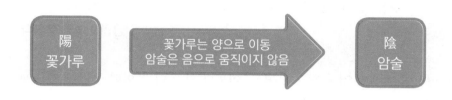

하루라는 날日도 태양이 우리가 보이지 않는 지구의 정 반대쪽에서 반쪽을 넘어감으로 인하여 즉 태양인 양이 캄캄한 음인 밤에 침투하게 되어 그때로 자정을 넘겨 하루라는 날日이 발생하게 되는 것이고 1년도 동지에 태양즉 양이 남방 한계선을 넘어서 되돌아 오므로서 1년이 발생한다.
그런데 처음 상태는 아직 기氣만 있을 뿐으로 아직 질적인 형체는 없는 것으로 이를 또한 혼동을 하여서는 안 된다.

여기서 우리는 양陽은 움직여 나아가는 동적인 것을 알 수 있고
음陰은 정지되어 고정된 정적인 것을 알 수 있다.

1. 태극太極

▶ YouTube 150강

태극은 물질이 형체를 이루는 태초의 형상에서 수명을 다하여 소멸되는,
곧 삶의 일생인 상象일 뿐이다.

태임하여 발생된 것이 태초가 되고, 이보다 앞선 아직 어떤 구별이 없는 때
는 혼돈으로, 혼돈된 이때의 징조가 태초이면서 또 마지막인 종료의 단계
와 상존하게 된다.
주기를 돌아 마지막이 된 것은 극으로 곧 다한 끝이 되고, 다시 양이 움직
이기 시작하면 이때는 처음으로 태가 된다.

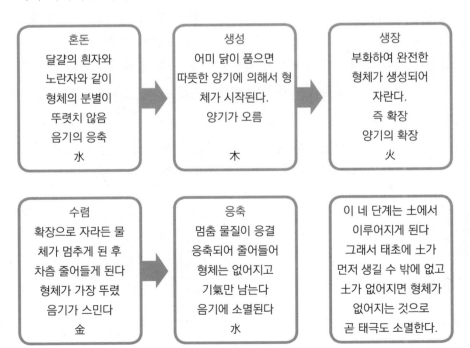

혼돈
달걀의 흰자와
노란자와 같이
형체의 분별이
뚜렷치 않음
음기의 응축
水

생성
어미 닭이 품으면
따뜻한 양기에 의해서 형
체가 시작된다.
양기가 오름

木

생장
부화하여 완전한
형체가 생성되어
자란다.
즉 확장
양기의 확장
火

수렴
확장으로 자라든 물
체가 멈추게 된 후
차츰 줄어들게 된다
형체가 가장 뚜렷
음기가 스민다
金

응축
멈춤 물질이 응결
응축되어 줄어들어
형체는 없어지고
기氣만 남는다
음기에 소멸된다
水

이 네 단계는 土에서
이루어지게 된다
그래서 태초에 土가
먼저 생길 수 밖에 없고
土가 없어지면 형체가
없어지는 것으로
곧 태극도 소멸한다.

1. 태극은 물질의 생성해서 소멸될 때까지 일생의 주기이다.
2. 오행의 土가 결국 태극일 수 밖에 없다.
3. 태극의 생장소멸은 음양이 주관한다. 음이 강해지면 양은 차츰
   약해지고 음이 약해지면 양은 차츰 강해지는 연유에서 발생한다.

인간에 비유하면 아기씨와 난卵인 상태가 태초의 극한 생태의 혼돈이 되고, 양인 아기씨가 움직여 음인 난卵과 융화가 될 때가 형상의 시작이 되어 즉 태극이 발생되어 변화가 시작되는 태초가 된다.

이 변화가 이에서 태초가 되어, 모母에서 태생하고 자라서 다시 사망하게 되는 주기를 갖게 된다.

그러므로 태극은 처음과 다하여 끝나는 마지막까지의 주기로, 곧 물체의 발생과 소멸까지의 일생이 태극이다. 또 다다르게 된 태초를 태극이라고도 말할 수 있으나 자연의 어떤 실체를 견주어 생각하게 되면 처음과 끝의 한 주기인 물체의 일생이 태극의 본체라고 말하는 것이 옳다.

그래서 태극이라고 하는 것은 우주의 어떤 탄생되기 전의 혼돈 상태만 말하는 것이 아니고, 우리들 주변 자연에서 일어나는 모든 이치를 말한다. 우주 상의 존재하는 어떠한 모든 사물 단 한 개도 빠짐없이 이렇게 음과 양으로 인하여 어떤 형체가 탄생하게 되고, 이 형체는 또 하나의 주기를 갖게 되고 그 형체는 음양의 기에 의하여 변하게 된다. 이 변화는 주기를 형성하고 이러한 주기가 결국 태극이다. 그러므로 우주 공간뿐만 아니라 우리들이 존재 하는 이 지구상의 어떤 물질과 정신과 사상과 기운에도 태극이 존재한다.

아기씨도 태극이 존재하고 아기란卵도 태극이 존재하고, 봄도 태극이 존재 하고, 여름도 태극이 존재하고, 1월도 태극이 존재하고, 12월도 태극이 존 재하고 지금 글을 쓰고 있는 필자의 생각도 태극이 존재한다.

삼명통회의 원조화지시原造化之始와 논음양생사론陰陽生死에서 이 부분을 거듭하여 하기와 같이 논하였다.

"천지가 세워지기 전에는 도가 천지의 근원 되고 천지가 세워진 후에는 **태극의 이치가 흩어져 만사에 존재하게 된다**"

"이 같은 연유로 오행이 생성되어 오행과 음양이 하나의 몸체가 되니 5개의 같지 않음과 2개의 본질이 남거나 모자람이 없이 딱 맞게 몸체에 주어지게 된다 하였다.

> 부천지미립　도본천지　천지기립　즉태극지리산재만사　유시이오행생언
> 夫天地未立. 道本天地. 天地旣立. 則太極之理散在萬事. 由是而五行生焉.
> 오언일음양오수이실　무여흠야
> 五行一陰陽. 五殊二實. 無餘欠也.

"또 그러므로 태극은 소리도 없고 냄새도 없다는 것은 옳은 말로 태극 본체의 특성은 그러한 것이다."

> 지어소이위태극자　우무성취지가언　이성지본체연야
> 至於所以爲太極者. 又無聲臭之可言. 是性之本體然也.

"그리고 오행에는 각각 특성이 있는데, 그 특성이라는 것도 또 각각 하나의 태극을 갖추게 된다. 계절은 자연적인 순서가 있고 이른바 운용運用도 하나의 태극이 된다.

> 고오행각일기성　소위각구일태극야　시자유기서　소위운용일태극야
> 故五行各一其性. 所謂各具一太極也. 時自有其序. 所謂運用一太極也.

"오행이 사계절을 주기적으로 복시(復始 : 거듭 시작)하여 행하는데 이것도 소위 총체적으로 하나의 **태극이 되니 태극의 특성은 있지 않는 곳이**(무소부재無所不在)**없다. 또한 올바른 견해이다.**"

오 행 사 시　적 이 복 시　소 위 통 체 일 태 극 야　이 성 지 무 소 부 재　우 가 견 의
五行四時. 週而復始. 所謂統體一太極也. 而性之無所不在. 又可見矣.

"또 공자가 말하기를 태극에서 양의兩儀가 생生한다 하였고, 주자周子가 말하기를 陽이 움직여 陰과 합하여 水火木金土를 낳는다고 하였고, 주자朱子가 말하기를 만물은 각각 **하나의 태극을 갖춘다** 하였다.

이와 같은 삼자의 말은 모두 오행의 추유樞紐는 즉 만물은 각각 하나의 태극을 갖춘다는 설명으로 木이 물物이 되면 하나의 태극을 갖춘 자란 것을 알 수 있는 것이다.

공 자 왈　태 극 생 양 의　주 자 왈　양 변 음 합　이 상 수 화 목 금 토
孔子曰. 太極生兩儀. 周子曰. 陽變陰合. 而生水火木金土.
주 자 왈　만 물 각 구 일 태 극　차 삼 언 자　개 오 행 추 유　즉 만 물 각 구 일 태 극 지 설
朱子曰. 萬物各具一太極. 此三言者. 皆五行樞紐. 卽萬物各具一太極之說.
즉 목 지 위 물　역 구 일 태 극 자 가 지 의
則木之爲物. 亦具一太極者可知矣.

요즘 우리들이 인식하고 있는 태극은 마치 우주가 태초에 탄생될 때만 존재한 어떤 존재라는 것에서 벗어나 올바른 태극의 의미를 깨달아야 한다.
태극의 진실한 의미가 여기에 있다는 것을 또한 인식하여야 할 것이다.

2. 음양陰陽

 YouTube 2, 3강

(1) 음양의 생성 소멸

공空은 어두운 것으로 어두운 것은 **음陰의 상象**으로, 하루라고 하는 시간을 살펴보면 밤은 캄캄하고, 인간들도 집안으로 들어가 잠을 자고, 또 인간뿐만 아니고 세상의 먼지도 밑으로 내려오고, 문을 닫고 문이 닫히고, 고요하게 되고, 조용하게 되고, 어두워 분간을 할 수 없다. 즉 빈空것 일 수밖에 없는 것인데 자정을 넘기게 되면 태양이 지구의 반대쪽에서 넘어 회귀하게 된다. 이것이 하루라는 아기씨가 움직動여 하루를 잉태하는 것이다.

(2) 음양의 동정

1년도 이와 마찬가지로 겨울에는 하루의 밤과 같이 세상의 모든 사물이 거두어 감추어지고, 문을 닫고 일부 동물들도 겨울잠을 자게 되고, 하루의 밤이 춥듯이 겨울은 춥고 어두운 편이다. 즉 빈空것 일 수밖에 없는 것이다. 동지를 지나면서 태양이 남방 한계선을 넘어 다시 되돌아오게 된다. 곧 양陽은 밝은 象으로 태양이 움직여 동動하여 1년을 잉태하게 된다.

> 음陰은 움직이지 않는 고요한 정靜이다
> 양陽은 움직이는 것으로 움직이는 동動이 된다.

양은 움직이는 동으로 음이 동하는 양의 기운을 받아서 변하게 되는 것이 자연의 이치로 세상의 모든 사물은 이렇게 변하게 되어 생기게 되고, 이루어지게 되고, 다시 소멸하게 되고, 또다시 생기게 되어 반복하게 된다. 변화한다는 것은 기운이 들어오므로 어떤 변화가 생긴다는 것이다. 그곳에는 종말의 다다름이 있어 여기서 다시 시초가 있게 된다. 즉 끝이 있으면 다시 시작이 발생하는 것이 자연으로 그 시초는 음양에서 발생한다.

(3) 음양에 의한 물질의 생성

陽이 동動하여 陰을 움직여 변화시키므로 비로소 물질이 생성되어 體로 나타나게 된다. 그 나타난 체가 오행인 木火土金水로 이것이 土에 묶여 고정되므로 몸체가 되니 질質이 생성된다.

이 質은 또한 陰과 아주 유사한 닮은 것이다. 또 이러한 닮은 것을 **상**象이라고 하여 즉 **양의생사상**兩儀生四象이라 하여 오행을 오행이라고 하지 않고 **사상**四象이라고 역易을 고대에서 정의하였고 또 음양이라고 확실한 값으로 정의하지 않고 **양의**兩儀라고 정의하였다.

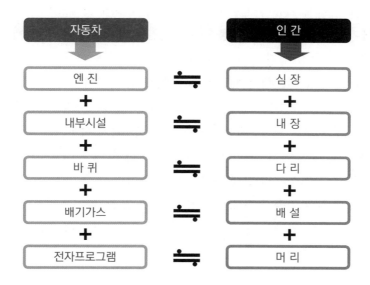

(4)물질의 상적象的 개념 음양오행은 상象일 뿐이다

이와 같이 자동차의 엔진은 인간의 심장과 같다고 할 수가 있다.

실제 하위 차원으로 내려오면 다르다고 할 수 있지만 상위 차원에서 그 본질적 형태를 결국 같은 것일 수밖에 없지 않은가. 그래서 상象일 뿐인 것이다.

인간이나 자동차나 각 그 요소가 서로 인연이 되어 하나의 물체를 형성하게 된다.

이 또한 결국은 음양오행의 각 특성에 해당하여 물체를 이룬다.

일 년도, 하루도 木火土金水가 인연 되어 하루를 이루고 일 년을 이룬다. 이 또한 그 구성요소는 木火土金水로 같다고 할 수 있고, 다만 일 년이란 기간과 하루라는 기간만 다를 뿐이다.

그래서 상象이며, 곧 **확률**이라고도 할 수 있다.

(5) 음양에 의한 물질의 생성

다시 이를 사물에 비유하면 암컷과 수컷에서 수컷이 움직여 암컷과 교감하여 태극이라는 것이 형성되는 동시에 오행인 水가 생기는데, 인간에 비유하면 신장(水)이 먼저 생기는 것과 같이, 이렇게 생기어 심장(火)이 생기고 간(木)이 생기고 폐(金)가 생겨 체體를 이루게 된다. 이 또한 부분적인 한 구역을 이루게 되니, 즉 신장, 심장, 간, 폐는 중앙에 있는 위와 대장에 연결되어 고정되게 되고, 신장은 水에 속하고, 심장은 火에 속하고, 간은 木에 속하고, 폐는 金에 속하고, 위와 비장은 土에 속하여 네 개가 위와 비장인 土를 주主로 하여 고정되어 있게 된다.

또 인간 신체의 바깥을 살펴보면 다리가 두 개 있고, 팔이 두 개 있고, 이 네 개가 몸통에 붙어 있다. 몸통은 土가 되고 네 개는 木火金水가 된다.

구역별로도 또 음양과 오행 7개가 있어서 이루어지게 되고 이 음양오행이 얼마나 힘 있게 건강한 가에 따라서 고등이 되느냐 하등이 되느냐가 결정되는 것으로 모자라면 나무가 되고 동물 등등이 되고 음양오행이 잘 갖추어져 있으면 인간이 되고 더 중화가 된다면 신선이 되고 신神이 된다.

(6) 음양의 특징

① 겨울은 음의 기운으로 어둡다.
② 이면이고, 제도권이 아닌 비 제도권에 속한다.
③ 정당하지 못한 사도가 된다.
④ 낮고, 음습하고, 구석진 곳이다. 정적이다.
⑤ 움츠리고, 수축하여 감추어지고, 낮은 곳을 지향한다.
⑥ 부드럽고, 약하다.
⑦ 상대적으로 작고, 상대적으로 끈기가 있다.
⑧ 우울하고, 물의 상象을 가진 상이 음에 속한다.
⑨ 서늘하고 춥다.

① 여름은 陽의 기운으로 밝다
② 넓게 퍼지고, 높게 오른다.
③ 따뜻하고, 덥다. 동적이다.
④ 명료하고, 밝은 곳에서는 도둑질하기 힘드니 정당한 것이 된다.
⑤ 개방되고, 확산한다. 평면적이다.
⑥ 겉으로 드러난 제도권에 속한다.
⑦ 거칠고 강하다.
⑧ 쉽게 변하고 가볍다.

⑨ 상대적으로 크고 끈기가 없다.

⑩ 확 올랐다 금방 사그라진다.

⑪ 명랑하고 불火의 象을 가진 象이 陽에 속한다.

⑫ 남자가 여자보다 수명이 짧은 것도 陽의 특성이다.

(7) 음양 기질의 구분

음양은 서로 상반된 것이니 서로 대비 추정하기 바란다.

> 질質은 음의 상象이다
> 기氣는 양의 상象이다.

삼명통회 원조화지시原造化之始에 보면

오행의 질質은 **地에서 갖추어지고 기**氣는 **天에서 운행하는데**

質로 말하면 그 生의 순서는 **水火木金土**이고 **水木**은 陽이고 **火金**은 陰이다.

氣로 말하면 행해지는 순서는 **木火土金水**로 **火木**은 陽이고 **金水**는 陰이라 하였다.

> 오 행 질 구 어 지   이 기 행 어 천   이 질 이 어   이 생 지 서   즉 수 화 목 금 토   이 수 목 양
> 五行質具於地. 而氣行於天. 以質而語. 其生之序. 則水火木金土. 而水木陽
> 지   화 금 음 야   이 기 어 어   기 행 지 서   즉 왈 목 화 토 금 수   이 화 목 양 지 야   수 화 금 야
> 也. 火金陰也. 以氣而語. 其行之序. 則日木火土金水. 而火木陽也. 水金陰也.

質과 氣를 확실히 구분하여야 한다.

> 質의 순서는 水火木金土가 되고
> 氣의 순서는 木火土金水가 된다.

(8) 기질의 특징

① **氣**는 木火土金水로 대치 고정되지 않고 양단을 유행하는 것으로 한서조습풍寒署燥濕風이 된다.

② 봄, 여름, 가을, 겨울인 氣가 된다. 이렇게 한 계절은 고정되어 있지 않고 움직여 변화되어 오고 가는 것이다.

③ 움직여 변화를 유도한다.

④ 느낌은 있지만 눈에 보이지 않고 움켜잡아도 잡히지 않는다.

⑤ 기는 질을 변화시킨다. 기는 움직이게 한다.

⑥ 물가에 가면 시원한 물기운, 인간의 생각, 숲속에 가면 느낄 수 있는 나무의 기운 등.

⑦ **木火는 陽이고 金水는 陰이다.**

① **質**인 水火木金는 대치 고정된 것으로, 동서남북이 중앙을 기점으로 고정되어 대치되어 있는 어떤 물체이다.

② 형성된 사물의 형체로 즉 몸체인 물체로 보이는 형상이다.

③ 자동차, TV 등 물질로 음양오행의 역할을 하는 부속이 연결되어 하나의 물체가 만들어져 항상 같은 위치에 고정되어 있다.

④ 지구를 기준으로 동서남북은 고정되어 있다. 즉 지구와 대기권까지는 질에 속한다.

⑤ 기를 받게 되면 움직이게 되고 또 질에 의해 변화한다.

⑥ 눈에 보이고 움켜잡으면 잡힌다.

⑦ **水木은 陽이고 火金은 陰이다.**

(9) 음양의 체용 그리고 상象

이에서 氣를 받아서 몸체가 변하는 것으로 자연에 비교하면 나무가 봄의 기운을 받게 되면 싹이 나오고, 여름의 더운 기운을 받게 되면 잎이 넓게 펴지고, 줄기가 굵어지고, 가을이 되면 껍질이 단단하여져 열매가 익게 되고 겨울에는 잎이 떨어지게 되어 변화를 맞게 된다.
곧 어떤 기운을 받아서 체體인 質이 바뀌게 된다.
또 고정되어 있는 것은 體가 되고 움직여 사용할 수 있는 것은 氣가 된다. 이것이 사용하는 것이니 용用이 된다.

> 또 역학易學으로 즉 변화는 것을 아는 학문이 역학이다.

陰, 質, 體는 같은 象일 뿐이고, 陽, 氣, 用도 또한 같은 象일 뿐으로 陰에는 陽이 사용되고, 質은 氣를 사용하고, 體는 用이 또한 있게 된다. 음양이 서로 상대가 되고, 기질氣質이 서로 상대가 되고, 체용體用이 서로 상대가 될 뿐으로 그 개념이 아주 다른 것이 아니어 거의 동등한 닮은 것이 되지만 또한 100% 같은 것은 아니다.
1년과 하루도 같은 구조를 가진다. 하루는 12시진, 1년은 12달, 봄은 아침과 유사하고, 여름은 한낮과 유사하고, 겨울은 밤과 유사하고, 이렇게 하나하나의 각각의 객체는 결국 서로 닮아 있다. 또 그 생사 주기도 거의 같게 되는 것이 자연이 되므로 고대 신선이 이러한 것을 象이란 문자로 나타내어 역학의 원리를 말한 것이다.
즉 하루는 12시진 1년은 12개월로 기간만 다를 뿐 이들 내용인 아침 정오밤과 봄, 여름, 겨울로 같은 氣가 되어 즉 12시진과 12개월에서 시진과 개월이란 글자만 빼면 12만 남게 되는데, 이 12의 본질이 아주 유사하므로 즉象이다.

(10) 음양에 대한 성인들의 의견

음양과 기질에 대해 삼명통회에서 말하기를 기는 질이 되고 질은 기가 되고
또 바꾸어 말하면 동動은 양이고 정靜은 음이다 하였다.

> 즉 기 양 이 질 은 야   우 착 이 언 지   즉 동 양 이 정 음
> **則氣陽而質陰也. 又錯而言之. 則動陽而靜陰.**

음양과 오행은 절대적인 값이 아니고 항상 상대적인 값이 되는데 이것을 상이
라 한다. 높은 산과 낮은 산이 있으면 높은 산은 양이고 낮은 산은 음이 된다.
하지만 낮은 산과 언덕이 있으면 낮은 산은 양이 되고 언덕은 음이 된다.

절대적인 값이 주어진다면 낮은 산은 절대 양이 될 수가 없는 것인데 음양오
행학에서는 이렇게 상대적인 값이 통용되는 것으로 아인슈타인의 상대성 원
리와 동등하다.
그래서 선인先人이 사상에서 상象이란 글자로 표현하여 절대적 값이 아닌 것
을 나타내었다.

태극이 만사에 흩어져 형성되니 음양이 그 안에 존재하게 되어 동정이 발생
하여 자연은 소식에 의해 무궁하게 발생했다 다시 잠재하고 하여 윤회를 하
게 된다.
인간도 매한가지로 동등한 이치를 따르게 된다. 인간이기 전에 자연에 속해
있는 한 물질일 뿐이다.

대개 오행의 변화는 궁窮하게 되지 않는데 궁하게 되지 않는 것은 음양의
도道에 의해서 그러한 것이다.

소이 그 음양이란 자, 또한 태극의 본연이 아니면 이루어지지 않게 된다 하였다.

개 오 행 지 변　지 불 가 궁　연 무 적 이 비 음 양 지 도　기 소 이 위 음 양 자
蓋五行之變. 至不可窮 .然無適而非陰陽之道. 其所以爲陰陽者.
즉 우 무 적 이 비 태 극 지 본 연 야
則又無適而非太極之本然也.

백제하자가 이르기를 오행과 음양은 하나이고 음양과 태극은 하나라 하였다. 주자가 말하기를 태극은 음양의 범위를 벗어나지 못하고 음양은 오행의 범위를 벗어나지 못한다 하였다.

백 제 하 자 왈　오 행 일 음 양　음 양 일 태 극　주 자 고 위 태 극 불 외 호 음 양
柏齋何子曰. 五行一陰陽, 陰陽一太極. 周子固謂太極不外乎陰陽.
음 양 불 외 호 오 행 의
陰陽不外乎五行矣.

황제내경에 이르기를 음양이란 천지의 도로 만물의 강기綱紀이며 변화의 부모이고, 생살生殺의 본시本始며, 신명神明의 마을이다 하였다.

천지의 도라는 것은 음양이 만물을 다스리는 것을 말한 것이고, 강기는 음양의 역할을 말한 것이고, 변화는 만물이 태어나 자라서 소멸되는 것을 말한 것이고, 생살의 본시는 양은 태어나게 하는 것을 말하며, 음은 사라져 없어지게 하는 것을 말한 것이다.
그러하니 신명 즉 하늘과 땅의 신령이 아닐 수 있겠는가?

3. 오행五行

 YouTube 8강

(1) 오행의 생성

> 열 왈 역 유 태 극   시 생 양 의   양 의 생 사 상   사 상 생 팔 괘   팔 괘 정 길 흉
> 易曰. 易有太極. 是生兩儀. 兩儀生四象. 四象生八卦. 八卦定吉凶

"변화를 설명하면 변화에는 태극이 있고, 이것에는 두 개의 거동이 있어 이 거동에서 네 개의 象이 태어나고 네 개의 象에서 여덟 개의 괘卦가 있게 되어 여덟 개의 괘卦로 길흉을 정한다."
역에서 이렇게 말하였는데 여기서 양의兩儀는 음양을 칭한 것이고 사상四象은 오행을 칭한 것이다.

오행 중 土는 세상에 없는 곳이 없고 또 모든 것은 잡아 고정시키는 것이다.
이 또한 태극과 아주 유사한 象이 되니 土는 곧 태극이 된다.
태극은 곧 土로 벌써 음양이 교감할 때부터 있게 되어 土는 말하지 않고 木火金水 네 개만 나타내어 사상四象이라고 한 것이다.

이것이 곧 음양에서 오행이 생한다는 것으로 즉 태어나는 것이라 분명히 설명하고 있다.
그런데 근대의 모든 명서命書는 火는 土를 생하고, 土는 金을 생하고, 金은 水를 생하고, 水는 木을 생하고, 木은 火를 생한다는 절대적 개념으로 논하고 있는데 이는 심히 잘못된 것이다.

사물에 비유하여 논하면 사물에는 암컷과 수컷이 존재한다. 또한 이는 음양이다.

이 암컷과 수컷이 교감하여 무엇을 이루게 되면 무조건 발생하게 되어 그 발생되는 것이 오행이다.

구석지고 습한 어떤 곳에 따뜻한 온기가 스며들게 되면 여지없이 뭔 싹인가, 아니면 어떤 곰팡이인가 생기게 된다. 곧 따뜻한 기운이 들어가지 않으면 태동이 없게 된다.

닭이 달걀을 품으면 달걀 안에서 따뜻한 기운을 받아 움직임이 일어나게 되어 뭔가 만들어지게 된다.

이렇게 만들어지는 것이 바로 오행으로 이 오행이 차례대로 만들어져 고정되면 몸체를 이루게 되어 마지막에 껍질을 깨고 나오게 되면 마지막의 氣인 혼魂을 부여받게 되어 고등인 사물에 속하는 닭이 된다.

즉 백魄에 혼이 들어감으로 비로소 닭이 되고, 또한 인간도 그러하다.

그러므로 오행은 오행에서 태어나는 것이 아니다.

음양에 의해서 오행이 태어나고 오행이 조직되어 구조를 이루어 몸체가 되면 또 음양의 기운에 의하여 변화하게 된다.

명命도 이렇게 되어 운명에 변화가 있게 되니 인간에 운명이 존재하는 것이다.

4. 오행의 특성과 유상類象

『陰陽에서 발생한 五行은 木, 火, 土, 金, 水가 되고, 각 그 특성이 있다』

(1) 개요

오행이 발생하는 이치를 가장 쉽게 우리 인간을 비유하여 앞에 설명하였는데 실제 그 발생하는 이치는 象적인 면에서는 어느 것이나 하등의 차이가 없이 같다고 할 수 있다. 그러나 세밀히 꼼꼼하게 따지게 되면 이 또한 너무나 다르게 보이는 것이 사실이다.
그래서 고대 성인들이 한 말들을 절대적인 값으로 받아들이지 않아야 하고 오직 상象적인, 곧 확률적 개념으로 이해하여야 한다.

이 음양에서 탄생하는 오행은 우리 가까운 주변의 지구의 사물만 한정된 것 또한 아니다. 우주의 생성 과정도 이와 같은 象을 가지게 되니 태양계도 이와 같은 象에 의해서 만들어진 것이다. 그래서 1년을 12개월로 나누게 되고 태양계가 북극성을 기준으로 하여 120년의 주기로 회전한다. 또 인간은 차원의 정도가 높아 북극성의 기운을 받게 되어 그 주기는 120년이다.

현대 과학적으로 음양에서 오행이 생성되는 것을 궁구하여 보면 블랙홀과 빅뱅이 이에 해당한다. 블랙홀은 빨려 들어가서 모여 응축되어 압축된다. 마치 물이 흘러 밑으로 밑으로 내려가 바다에 모이는 상象으로, 블랙홀과 水는 같은 象이 되고, 빅뱅은 폭발하여 흩어지게 되는 것인데 폭발은 최초 솟아나는 직선적인 개념이 있게 되는 것이니 이는 木의 성정이 되고, 다음으로 흩어지게 되니 이는 火의 성정이 되고, 다음 흩어지다 고정되게 되는데 이에 묶는 것은 土가 되고, 土에 묶여 체體가 되어 즉 태양계를 이루고 또 다른 우주의 하나의 계界가 이루어지는데 이것이 金이다.

(2) 오행의 수리數理 ▶ YouTube 136강

이에 근원은 ○인데 이 ○에서 발생이 있게 된다. ○은 태극에 되고 이 또한 土의 象으로 土가 기본이 되고 다음 있게 된다.

그 있는 것이 처음으로 곧 이것은 水로 그래서 水는 1이다. 陰인 水가 있으면 자연은 필연적으로 陽이 있게 되니 따뜻한 火의 기운인 陽이 있어야 일어나 나아갈 수 있기 때문에 水 다음에 火가 있어야 하므로 火가 2가 되고, 다음에 나아가는 기운이 되니 木이 3이 되고, 다음은 나아가는 힘을 태극인 土가 그 힘이 정지시켜 멈추게 한다. 그래서 멈추어 이루어지는 것이 金으로 4가 되고, 이루어져 질서가 형성되게 상호 잡아주는 것은 다시 土로 土는 5의 수數가 된다.

이 土에 묶여 다시 陽인 水가 土인 5에 묶이게 되어서 다시 이루어진 水가 6수가 되고, 火2가 土5에 묶여 火7이 이루어지고, 木3이 土5와 합하여 木8이 되고, 金4가 土5와 합하여 金9가 형성되어 마침내 몸체가 완성된다.

이렇게 발생된 수를 천간에 부여하면 이와 같다

甲	乙	丙	丁	戊	己	庚	辛	壬	癸
3	8	7	2	5	0	9	4	1	6

(3) 음양의 양단 상존

원元에는 항상 ○수인데 이는 근로 또한 태극의 수이다.
그래서 모든 수의 끝은 9가 되고 ○은 또 10으로 처음과 끝 즉 태극인 처음과 끝이 이에 해당한다.

세상에 형성된 모든 물체는 각 이와 같은 같은 상을 가지게 된다. 고인이 말하기를 태초에 태극의 이치가 만사에 흩어져서 있지 않는 곳이 없다 하였다.

어떤 형상이든 간에 존재하여 있는 형체는 음양이 그 몸체 내에 존재한다.
인간에 비유하면 남자와 여자가 있어 큰 부분으로 음양이 존재하게 되고, 남자는 양이지만 남자 자체도 또한 음양이 존재하고, 또 남자인 몸체를 이룬 어느 한 부분도 그에 따른 음양이 존재하게 된다. 왼쪽이 있으면 오른쪽이 있고, 폐도 2개가 있어 즉 음양으로 구분되고, 눈도 2개가 있고, 지구도 북극과 남극이 있어 음양으로 구분이 되게 되어 있다.

> 모든 객체에 음양이 있는데, 항상 대칭적인 형태를 유지하여 양단을 유행한다.

먼 우주의 상황을 현대 과학에서 밝혀진 부분을 활용하여 궁리하여 보았는데 다시 우리들이 피부로 직접 느낄 수 있는 1년의 주기를 살펴 오행의 이치를 궁구하여도 매 한가지가 된다.
1년은 4계절이 있다.

水

겨울은 절기로 입동, 소설인 양력 11월, 대한, 동지인 12월, 소설, 대설인 양력 1월에 속하고, 춥고, 밝은 낮보다 어두운 밤이 길고, 모든 물질들이 움츠려 들어가고, 문을 닫고, 생물이 숨겨지거나 소멸되어 감추어진 계절이 된다. 이러한 기운과 물질이 바로 水의 상象이다.

이를 대표할 수 있는 가장 근접한 象은 물로 이에 해당하고, 북방이 이에 해당하고 **소속**(所屬:모여드는 곳)하고, **윤하**(潤下:밑에 습함)하는 특성이 있다.

水는 木이 있어야 木의 나아감에 의지하여 木을 따라서 흐르게 된다. 서書에서 이를 두고 水는 동쪽으로 흐른다고 하였다. 木은 동쪽을 대표하기 때문에 그렇게 말한 것이다.

이 논리를 우리 주변의 자연에서 찾아보면 木은 진행하는 것이니 바람에 해당한다.

바람은 물을 걷어가는 자연의 현상이 있으니 이것이 水는 동쪽으로 흐른다는 증거가 된다. 또 봄이 되면 나무에 물이 오르게 되어 고로쇠나무에서 물을 채취하고, 또 버들피리도 꺾어 분다. 이러한 것이 水는 동으로 흐른다는 것의 증거가 되는 자연 현상이다.

또 水는 밑으로 흘러들어가 밑에 모이는 윤하潤下하는 특성이 있어 거슬러 올라가지 못하고 밑으로만 흐르는데 방해를 하게 되면 큰 충돌이 발생하게 된다. 또 물은 형체를 유지하지 못하여 항상 그릇(金)에 담겨야 형체를 유지하게 되기 때문에 즉 金水는 아주 밀접한 관계가 있다.

❖ 水의품성

- 전 글에 기록한 음의 특성을 가진다.
- 상대적으로 음란하다.
- 십성으로는 식상의 성정을 가진다.
- 아래로 내려져 습하게 된다.(윤하潤下)
- 모여드는 곳. (소속所屬)
- 음흉 감추려 한다.
- 혼자 움직이지 못한다.
- 바람을 따라 움직인다.
- 숨긴다.
- 저장시킨다.
- 형체를 유지하여야한다.(그릇이 필요하다)
- 氣의 상象으로 의지성이 강하다.
- 에너지를 흡수한다.
- 부드럽고 유연하다.
- 차가운 몸체가 되고, 모이게 하여 가두어 품는다.

木

봄은 절기로 입춘, 우수인 양력 2월, 경칩, 춘분인 양력 3월, 청명, 곡우인 양력 4월에 해당한다.

겨울이 지나고 따뜻한 계절이 되어 만물이 일어나게 되어 나무 싹이 돋아나고, 씨앗에서 싹이 구불구불하게 나와 바로 직선으로 펴지고, 사람들도 들로 나가 토지를 살피고, 동물들도 겨울잠에서 깨어나 나다니기 시작한다.

즉 **소발**(所發:일어나는 곳)하고, **등상**(騰上:위로 올라가는 것)하고, 또 **곡직**(曲直:굽은 것이 펴짐)의 특성이 있다.

이것이 木의 象이 되어 木이라고 문자로 표시하고 이것에 가장 가까운 물질의 象은 나무가 되고, 태양이 일어나 나타나는 곳이 동쪽이 되니 또 동東을 木으로 지칭한다.

일어나 나타나는 발생은 항상 물기가 있어 습한 곳이고 건조한 곳에서는 나타나지 않는다.

음습한 곳이라고 하여도 따뜻하지 않으면 물질이 나타나지 않는다. 그래서 水와 木은 아주 밀접한 관계가 있지만 맹목적으로 水만 있다고 하여서 생물이 탄생하지 않고, 온기가 들어와야 비로소 물질이 발생하여 生을 하게 된다.

씨앗이 습한 땅속에서 발아를 기다린다고 하여도, 추운 겨울에는 설사 얼음이 얼어있지 않더라도 발아가 되지 않고, 비닐 온상을 하여야 한다든가 혹은 따뜻한 방안에 두어야 싹이 돋아난다.

❖ 木의 품성

- 위로 타고 오르는 거침이 없다. 즉 욕심이 많다.
- 십성으로는 재성의 성정을 가진다.
- 촉발觸發 : 따뜻한 기운이 닿으면 솟아오른다.
- 등상騰上 : 위로 타오르라 올라가는 기세.
- 소발所發 : 일어나는 곳, 최초의 물질이 생장하여 움직이는 것.
- 곡직曲直 : 굽은 것이 펴진다. 굽은 것을 펴려한다.
- 나아가려 하고 나아간다. 직진한다. 저돌적이다.
- 밖으로 외출한다.
- 곧게 하려 한다. 즉 펴지려 한다.
- 水를 데리고 논다.
- 나무가 자라고, 바람이 불고 비행기가 앞으로 나아가고, 차가 달리는 등의 특성이 이에 해당한다.
- 봄에는 바람이 많다. 바람도 직선적으로 나아가는 특성이니 이 또한 木의 象이 되고, 솟아오르고, 올라가고, 물이 흐르는 象이 된다.
- 뚫고 들어가니 탐색적이다.
- 따스하고 온화한 몸체이지만 그 성품은 뻗어나가는 기상이다.
- 은어로 설명하면 아침의 영광, 즉 모닝글로리(아침의 발기)의 특성이 곧 木의 기운이다.

火

여름은 절기로 입하, 소만인 양력 5월, 망종, 하지인 양력 6월, 소서, 대서인 양력 7월에 해당하고, 노출되고, 개방되고, 넓게 되고, 퍼진다.

사람들은 옷을 짧게 입고, 방문을 전부 열고 산으로 바다로 유람 다니고, 드러나는 계절로 이러한 象에 가장 가까운 것은 불, 태양 등이 되고, 火라고 문자를 표시하고, 방향은 남방이 된다.

염상(炎上:불꽃이 퍼진 모양), **소장**(所藏:우거진 곳)의 특성이 있고, 퍼져 확산하는 평면적인 象이 된다.

여름에 나뭇잎이 퍼지고 나무의 **줄기가** 굵어지고 창문을 열고, 겨울 보다 먼지가 많이 날리고, 하는 것 이러한 것은 퍼져 확산한 것이다.

확산하고 개방되니 감추지 못하여 음흉스럽지 않고 솔직 담백하고 악과 손 잡기를 주저하는 특성이 있다.

불은 나무가 없으면 존재하지 못하여 나무와 아주 밀접한 관계가 있어 나무가 체體가 되어야 비로소 물질의 상象으로 존재할 수 있게 된다.

만약 木이 없어지면 불은 사라져버려 없어지게 된다.

불은 물과 같이 손에 잡히지 않는데, 그러나 나무나 쇠나 흙은 손에 잡히게 된다. 그래서 水火는 氣에 속하는 象이 되고, 木과 金, 土는 질質의 象이라는 것을 부정하려야 할 수가 없지 않겠는가!

❖ 火의 품성

- 전 글에 기록한 양의 특성을 가진다.
- 노출시킨다.
- 문명의 형상인 특성을 가진다.
- 십성으로는 관살의 성정을 가진다.
- 염상炎上 : 불꽃이 퍼진 모양, 곧 확산의 특성.
- 소장所藏 : 우거진 확산되어 빽빽하게 찬 것.
- 악과 손잡기를 주저한다.
- 가볍다. 떠벌린다.
- 구설수, 풍문, 개방하고 노출시킨다.
- 솔직 담백, 속내를 내보인다.
- 氣의 상象으로 의지성이 있다.
- 정치적인 성정이 있다.
- 뒤 끝이 없다.
- 모든 것을 노출시키니 정의롭게 되지 않을 수 없다.
- 널리 알려 확산 시킨다.

 TIP

불과 물은 손에 잡히지 않는다. 그러나 나무나 쇠나 흙은 손에 잡힌다. 이것은 불과 물은 氣의 象이 되고 나무, 쇠, 흙은 質의 象이 된다는 것으로 즉 水火는 氣의 象을 가지고 木金土는 質의 象을 가진다.

金

가을은 절기로 입추, 처서인 양력 8월, 백로, 추분인 양력 9월, 한로, 상강인 양력 10월로 여름의 더위에 의한 개방되고 펴져 있는 것이 차츰 닫혀 지고, 펴지지 못하게 찬 기운이 막아 억제시키는 기운이 된다.

개방과 확산이 멈추어 닫히게 되지만 아직 밑에서는 그 확산의 氣가 남아있게 되어 물질 안에서는 퍼지려 하고 밖에서는 차가운 기운이 눌러 수축시키려 하는 현상이 발생하게 된다.
연장을 담금질할 때 불에 달구어져 열나 있는 칼을 차가운 물에 넣게 되는데, 그러면 칼날이 더욱 단단해지게 된다. 이렇게 되는 이치가 가을의 이치가 되고 윤택한 金이 된다.

金은 다른 오행과는 달리 독특한 원리가 있는데 안은 퍼석하고 겉은 조밀하여 딱딱한 특성을 가진 3차원 공간이 金에 속한다. 지구도 내부는 용암으로 火가 있게 되고 표면은 딱딱한 흙과 돌로 이루어져 있고, 나무도 겉은 단단하지만 속으로 갈수록 퍼석하여 火의 象을 가지게 되고, 과일도 껍질은 단단하지만 씨가 있는 내부는 퍼석하여 火의 기운이 있다. 이러한 것이 金의 象이다.

金 기운은 확산을 뒤집어 버리는 특성이 있으므로 **종혁**(從革:고침, 바꿈)이 되고, 또 **침하**(沈下:밑으로 수축시켜 머무르게 함), 또 **소별**(所別:구별, 판별이 있게 되는 곳)로 물건이 물건으로 확실하게 이루어져 구분되게 된 것이 金이다.

❖ 金의 품성

- 숙살의 기운으로 만물을 억제시켜 살殺한다.
- 십성으로는 비겁의 특성을 가진다.
- 강하고 독립성이다.
- 무엇을 하지 못하게 한다.
- 마음을 노출시키지 않고 닫는다.
- 완성(이루어진것)된 것이니 자만을 가진다.
- 판정한다. 구분하다. 판사, 검사, 경찰, 군인, 운동선수.
- 변화를 유도한다.
- 종혁從革 : 고침, 바꿈, 변혁시킨다.
- 침하沈下 : 밑으로 수축시켜 머무르게 한다.
- 소별所別 : 구별, 판별한다.
- 주체를 가지고, 완성 시킨다.
- 金은 陰의 움츠리는 기운으로 안에서는 팽창하는 것을 밖에서는 더 이상 커지지 않게 눌러 억압하는 상으로, 곧 물질의 양기를 억제하여 귀근(歸根:뿌리로 되돌아감)하게 하는 즉 술살지기(肅殺之氣:살해하는 기운)가 된다.
- 금기金氣가 도래하면 압축이 발생하게 되어 단단하게 된다. 단단한 것은 쇠, 보석, 암석으로, 이것이 金의 상이다. 즉 단단하고 견고한 象이 金이다.

土

중앙은 모든 사물의 본원으로 중앙에 자리를 잡아 기준을 만들어 다음을 있게 된다.

이렇게 된 후에 이 중앙에 모든 사물이 붙어져 존재할 수 있다.

계절에서 겨울이 영원히 계속 지속되지 못하고 어느 한계에 도달하게 되면 더 이상 지속되지 않고 변하게 되는데, 궁리하여보면 陽인 태양의 따뜻한 기운이 남방한계선을 지나서 들어오면 이 기운이 지속되는 氣를 변화시킨다.

이러한 기는 토와 유사한 상으로 한 계절이 계속 지속되는 것을 묶어 막아 잡는 밧줄과 같은 기운이다. 겨울에서 봄으로 가는 사이에 있고, 봄이 여름으로 가는 사이에 있고, 여름이 가을로 가는 사이에 있고, 가을에서 겨울로 가는 사이에 있게 된다.

머리 들어서 하늘을 보면 동서남북이 각 네 곳으로 분포되어 있다.

만약 각 방향도 고정시키는 기운이 없게 되면 우주로 달아나 그 기운이 소멸해 버려져 방향도 없어지게 된다.

흙이 없으면 사물의 어떠한 것도 의지하여 고정되지 못하게 되어 공중에 뜨게 될 것이다.

지구 원의 둘레에 공기가 존재하고 그 중앙에 지구인 흙 즉 土가 있어 인력으로 공기가 우주로 달아나지 않게 고정시키게 된다.

이렇게 고정시켜 모든 사물이 의지하여 존재하고 기거하게 하고, 저장되는 象이 土로 흙이 이와 가장 가까운 象이다.

이렇게 모든 사물이 의지하니 그 성질은 중후하고 공평하고 후덕한 象을 가진다. 그래서 무상無常이고, **소중**(所中:중앙의 장소)이 된다.

❖ 土의 품성

- 중용을 지향한다.
- 종교성이 풍부하다. 특히 불교에 관심이 많다.
- 십성으로는 인성의 성정을 가진다.
- 공평을 지향한다.
- 중심을 잡아 지킨다.
- 고정시킨다.
- 공명정대하다.
- 타인을 바뀌게 한다.(종교적)
- 무상無常 : 고정된 계절이 없다는 것. 봄은 늘 봄이고, 여름은 늘 여름이고 이렇게 항상 고정되어 있는 것이 아니라는 것. 통례가 아니다.
- 소중所中 : 중앙의 장소, 중용의 특성.
- 후덕하고 모든 물질의 바탕이 되려 한다.
- 치우치지 않게 중개仲介를 잘한다.
- 화해시킨다.
- 도망가고 달아나지 못하게 잘 잡는다.

(5) 오운육기

하늘은 높아서 육기인 풍風, 서署, 열熱, 조燥, 습濕, 한寒이 선회하여 사계절을 이루게 되고, 지地는 두텁고 본원이 깊으니 오행이 태어남으로써 만물을 이루게 되어 가히 이르자면 무궁하고 측정할 수가 없어 묘하다.

❖ 오행의 발생과 대연수

水는 북방이고 자子의 위치가 되고 자는 양의 초初로 1에 해당하고 양수다.
火는 남방이고 오午의 위치가 되고 오는 음의 초로 2에 해당하고 음수다.
木은 동방에 거주하고 동은 양이 되고, 3은 홀수로 그래서 또한 양이 되어 木은 3수에 해당한다.
金은 서방에 거주하고 서는 음이 되고, 4는 짝수로 그래서 또한 금은 음이 되고 4수에 해당한다.
土가 해당하는 곳은 서남장하(西南長夏:긴여름, 음력6월[未월])가 되고, 5는 홀수로 양에 해당하여 토는 양이고 5수이다.

水는 1에서 생하여 천지가 나누어지기 전에 만물이 이루어지지 않은 초로 水보다 먼저 태어난 것은 없어 1이 된다.
영추경에 이르기를 태을(太乙:태초의 새 것)은 水의 존호尊號로 처음은 천지의 모母가 되고 후에는 만물의 근원이 된다 하였다.
사물로는 초목의 씨앗과 열매가 아직 싹을 나오기 전과 사람과 벌레의 태胎. 란卵이 잉태한 것으로 이것이 모두 水에 해당하는 것이다. 그러니 어찌 1이 되는 것이 아니겠는가!
그 水의 무리에 어떤 작용이 생기게 되면 형질로 변하게 되는데, 곧 陽의 따뜻한 기운이 들어와 음양의 氣가 갖추어져야 형질이 이루어진다. 그래서 물질은 작을 때 맛이 쓴 것은 火陽의 조짐이 되고, 물질이 익으면 달고, 土의 빛깔이 되고, 단 맛이 극에 이르면 도리어 담백하게 되어 담백한 것이 맛의 근본이 된다.

그러므로 인간으로 내려받는 것은 부모陰陽에서 생성되어서 화化하여 먼저 2개의 신장을 만든다. 좌의 신장은 水이고, 우의 신장은 火에 속하고, 火를 말하면 명문으로 즉 火는 수로 말미암아 후에 나타나게 된다.

火는 다음으로 2의 수數가 된다. 초목의 씨앗과 열매가 비록 크기가 다 다르더라도 그중에는 모두 두개(음양)가 있어 합하게 되는 것으로 사람의 신장도 이와 같은 이치와 동등하다. 또한 음양의 징후로, 이러한 까닭에서 만물이 음양의 합체가 아니고서는 생화生化가 불가능한 것으로, 이미 음양의 합체 후에 봄에 태어나고 가을에 이루어지게 된다.

木은 3이고, 다음 4는 금이 된다.

그래서 水는 소속所屬, 火는 소장所藏, 木은 소발所發, 金은 소별所別이다. 모두 土에 기인하지 아니한 것은 없고 기인한 후에 이루어지게 되니 土는 5가 된다.

木은 동東, 金은 서西, 火는 남南, 水는 북北에 거주하고 土는 중앙에 거주하여 4개의 밧줄을 펴 사계절이 묶여 의지하게 한다.

그래서 木火金水도 모두 土를 기다렸다 후에 이루게 된다.

그 土의 수와 합(겸兼) 함으로써 이루게 되는 즉 水는 6, 火는 7, 木은 8, 金은 9, 土는 항상 5로써 수을 생하는 것이 되어 10에 이르는 것은 불가하여 土는 10이 이루지는 것을 기다리지 않는다.

이렇게 생성生成되는 수는 모두 5에게 합습하게 되니 대연大衍의 수가 갖추어지게 된다.

이런 연유로 정해지게 되니 만물이 어찌 수를 피할 수 있겠는가!

삼음(三陰:조燥, 습濕, 한寒)과 삼양(三陽:풍風, 서署, 열熱)이 올바르게 변한 자는 근본을 따라서 생수(生數:1, 2, 3, 4)가 되고, 대응하여 변화하는 자는 사물의 끝으로 성수(成數:6, 7, 8, 9)을 이루게 된다.

TIP

① 선천수陰陽數

甲1, 乙2, 丙3, 丁4, 戊5, 己6, 庚7, 辛8, 壬9, 癸10.

② 후천수五行數

생수生數 : 壬1, 丁2, 甲3, 辛4, 戊5

성수成數 : 癸6, 丙7, 乙8, 庚9, 己10

③ 태현수太玄數:〈납음수納音數〉

만물이 발생하는 봄(寅, 艮)과 만물이 조령하는 가을(坤, 申) 사이의 數를 취하는데 1, 2, 3은 만물이 생성된 數로 이는 취하지 않는다.

甲己 子午 : 9.　　　乙庚 丑未:8.　　　丙辛 寅申:7.

丁壬 卯酉 : 6.　　　戊癸 辰戌: 5.　　　巳亥: 4

④ 대연수大衍數

天1+3+5+7+9=25.　　　　地2+4+6+8+10=30.

천지, 음양 합수合數는55. 地1, 天4는 팔괘에서 취하지 않고, 50에서 다시 1을 버려 49를 사용한다. 주역에서 많이 사용하는 數다.

(6) 오행의 특질

木은 곡직曲直으로 벌써 굽은 것을 바르게 되돌려서 펴진다.
金은 종혁從革으로 온전한 종혁은 스스로 되돌리지 못한다.
火水는 염상炎上과 윤하潤下가 되어 음양이 더불어 승강하는 것으로, 土를 득하지 못하면 제어가 되지 않는다.
土는 물질의 시작을 이루고 끝(완료)을 이룬다. 또 땅은 물질들이 변화를 이루어 완료하게 되고, 또 水火가 승강하고, 또 모든 물질이 몸체를 이루는 곳이 되어 떨어지지 못하는 자가 된다.

오행은 상생相生하고 또한 상극相剋한다.
그 이치는 밝고 뚜렷하여 10간과 12지, 오운五運육기六氣, 세월 일시가 모두 여기에서부터 세워져 이어지게 되니 쓰임이 있게 된다.
天에 있는 것은 氣로 한서조습풍寒暑燥濕風이 되고, 地에 있는 것은 형체를 이룬 金木水火土가 된다.
형체에 氣가 감응하여 만물에 변화가 나타나게 되는데, 이것이 조화가 생성되는 존귀한 밑바탕이 되는 상생, 상극의 이치가 된다.
상생相生 : 서로 삶을 유지시켜 살아간다. 태어나게 하는 본질, 바탕이 된다.
상극相剋 : 상호 억제시키거나 억제하여 제거시킨다. 억제하는 본질, 바탕이 된다.

木은 동쪽의 왕王으로 봄에 응하고, 木은 **촉觸**으로 설명한다. 양기陽氣이고 닿으면 움직여 땅에서 무릅쓰고 태어난다. 水의 흐름이 동으로 달리는 까닭에서 木을 생하게 된다.
木은 상발上發하고 부하覆下하게 되어 그래서 자연의 **질質**이 된다.
상발上發 : 나무줄기가 위로 올라감.
부하覆下 : 나무뿌리가 아래로 퍼짐

火는 남쪽의 주인으로 여름에 응하고 화火는 화化로 설명하게 되는데 화염이다. 양은 위에 존재하고 음은 밑에 존재하고, 불꽃은 즉 왕성하게 하는 것으로 만물을 변화 시킨다.

木을 잘라서 火가 취하니 木에서 소생하게 된다. 그래서 火는 올바른 몸체가 없고 몸체는 木이 근본이다. 만물이 응하여 나타나고, 다 되면 되돌아 들어가는 것으로 그래서 자연의 이理가 되는 것이다.

화化 : 모양이 바뀌다. 즉 火는 체體가 없는 불꽃이다.

　　　불꽃은 일정한 체가 유지되지 않고 모양이 바뀐다.

金은 서쪽이 주체가 되고 가을에 응한다. 金은 금(禁:억제)으로 설명하여 음기가 시작하여 만물이 무엇을 하지 못하게 거두어 모은다. 모래를 헤집고 金을 줍게 되니 土에서 소생하여 土에서 생하고 土에서 헤어지는 것으로, 그래서 자연의 **형**形이 된다.

水는 북쪽이 주체가 되고 겨울에 응한다. 水는 윤潤으로 설명하여 **陰氣**가 유윤濡潤하게 되어 만물을 기른다. 水는 서에서 인연하여 동으로 흐르고 水는 흘러 굽고 꺾이나 역으로 흐르지 않고 밑으로만 흘러 도달한다. 그래서 자연의 **성**性이 된다.

윤潤 : 젖다, 적시다.

유윤濡潤 : 물이 배어 듦.

土는 중앙이 주체가 되고 겸해서 남서에 위치하고 여름에 응한다.

土는 **토**吐로 설명하여 만물을 함토含吐하게 된다.

무릇 장차 생한 자는 나타나고 사死한 자는 다시 뒤돌아가는 만물의 집이 된다. 그러므로 긴 여름의 끝에 있게 되어 火가 土를 生하는 곳이 된다.

土는 水를 이기나, 도리어 水가 土를 거슬리게 하니 자연의 **의**義가 된다.

함토含吐 : 머금고 드러나게 함, 자유자재로 출입하게 함

(7) 오행의 생극제화

오행의 상극相剋은 아들이 어머니의 복수를 하는 것이다.

木이 土를 극하면 土의 아들 金은 木을 극하여 복수하고, 木의 아들 火는 金을 극하여 木의 복수를 하고, 金의 아들 水가 火를 극하여 金의 복수를 하고, 火의 아들 土가 水를 극하여 火의 복수를 하고, 水의 아들 木이 土를 극하여 水의 복수를 한다.

서로 상생相生을 하는 곳에서 그것은 시작되고, 서로 상극相剋을 하는 곳에서 그것은 끝이나니 모두 나타난 것은 天의 바탕性이다.

황제내경 소문 편에서 말하는 水는 木을 生하고 木은 다시 火를 生하는 이러한 것은 火가 木의 기氣를 훔쳐 가니 水가 노하여 火를 剋하는 것으로 즉 손자가 자식의 氣를 훔쳐 가니 어머니가 이에 힘으로 대항하여 귀상鬼傷을 입게 되는 아들을 구원하게 되는 것이라 하였는데 그 뜻이 동일하다.

강함이 약함을 공격할 수 있으니 土가 木을 득하면 소통하게 되고, 실實은 허虛를 이길 수 있으니 水가 土를 득하면 절絶되고, 음은 양을 소멸시킬 수 있으니 火가 水를 얻으면 멸하고, 열烈은 강剛에 대적할 수 있으니 金이 火를 득得하면 이지러지고, 단단한 것은 부드러운 것을 억제할 수 있으니 木이 金을 얻으면 벌목伐木된다. 이러한 각 법칙을 따라서 각 사용하게 됨으로 이루어지게 된다. 모든 것은 자연의 도道일 따름이다.

> 곧 이것이 생극제화生剋制化의 이치가 된다.

(8)오행의 품성

오행은 천지 사이를 왕래하는 궁하게 되지 않는 자로 그래서 이것을 일컬어 행行이라 한다.

북방은 음극陰極으로 한寒을 생하고 한寒은 水를 생한다.

남방은 양극陽極으로 열을 생하고 열熱은 火를 생한다.

동풍은 양이 흩어짐으로 인하여 풍風을 생하고 풍風은 木을 생한다.

서방은 음이 멈추게 하고 거두어들임으로 건조하게 되어 조燥는 金을 生하게 된다.

중앙은 음양이 교차(교류) 하여 습濕을 생하여 습濕은 土를 生한다.

이에 상생相生하므로 상유相維하게 되고, 이에 상극相剋하므로 상제相制하게 된다.

상생相生, 상유相維는 서로 잘 살아가게 유지시켜준다는 말이다.

상극相剋, 상제相制는 더 자라지 못하게 다스려 억제시킨다는 말이다.

상생相生, 오행 사이에는 서로 생겨나고 서로 촉진하는 작용이 있다는데,
　　　　이것이 상생이 된다. 또 일반적으로 사물 간에 서로 연계된 것을 지칭하기도 한다.

이것을 윤倫으로 설명하면

火는 태양太陽으로 **염상炎上**의 성질을 갖는다.

水는 태음太陰으로 **윤하潤下**의 성질을 갖는다.

木은 소양少陽으로 **등상騰上**의 성질을 갖고 머무르지 않는다.

金은 소음少陰으로 **침하沉下**의 성질을 갖고 머무르는 곳이 있다.

土는 무상無常한 성性이 되어 사계절에 각각 일정한 장소를 타서 나타나게 된다. 서로 구제하고자 하여 사용이 있고, 얻는 바가 있게 되니 태과하거나 불급하게 되지 말아야 한다.

오행의 성질의 각각 그 사용을 궁구하면

水의 성질은 智지,

火의 성질은 禮예,

木의 성질은 仁인,

金의 성질은 義의

土의 성질은 信신의 성질로 중후重厚, 관박寬博하다.

중후重厚 : 태도態가 점잖고 마음씨가 너그러움.

관박寬博 : 관대하고 도량이 넓다.

장소와 모양이 없는 곳이 없는 것이 土로써 水가 붙어서 행하고, 木은 의탁하여 살아가고, 金은 土를 얻지 못하면 스스로 나타남이 없고, 火는 土를 얻지 못하면 스스로 되돌아가지 못하여 반드시 통할 수 있는 바탕이 손실되고 밝게 되는 것이 허虛하게 된다.

그러므로 모든 오행은 土의 힘을 입는다.

각 오행의 색은

水는 흑,   火는 적

木은 청,   金은 백

土는 황

색으로 각 올바른 색이 된다.

그 수數로는 水는 1, 火는 2, 木은 3, 金은 4, 土는 5, 이고 생왕하면 배가 되고, 사절되면 반감하게 되는 것으로 추리하는 것이 옳은 것이다.

(9) 오행의 특성

만물은 부음負陰하고 포양抱陽하여 氣가 충함으로 화목하게 되는데, 이에서 발생된 과한 것과 미치지 못한 것에 대한 모든 이치를 헤아리게 되니 높은 자는 눌러 평평하게 하고, 낮은 자는 들어 높여야 하고, 혹 미치지 못하면 더 해주어야 하고, 혹 태과太過하면 덜어 내어야 하고, 귀貴도 절충折衷하여 중도 中道로 되돌려, 없고, 있고, 남고, 부족 등이 중첩되어 있지 않아야 한다.

절충折衷 : 어느 편으로 치우치지 않고 이것과 저것을 취사하여 알맞은 것을 얻음.

金은 지음至陰의 체體에 가운데는 지양至陽으로 정(精:세밀)이 되어 견강하게 되는 즉 가운데는 양이 되고 몸체의 표면 음에 되어야 견강하다. 다른 여러 물질과는 차이가 있는 독창성이 있어 만약 음만 있으면 견고하지 못한 즉 빙설과 같고 양만 만나면 곧 부서지게 되어 金을 제련하지 못하여 그릇을 만들지 못한다.

金은 음과 양이 중화가 잘 이루어진 것이다.
과일의 표면은 딱딱하지만 속은 퍼석한 이치를 말한 것으로 외부는 조밀한 것 곧 음이 되고, 속은 퍼석한 것 곧 확산된 기운으로 양을 말한 것이다.

木의 성품은 위로 타고 올라서 거침이 없는데 그 위로 오르는 강한 기氣즉 욕심을 金이 맡아서 다스리니, 木에 있어서 金은 높음을 지향하는 木의 생 각을 거두어들이는 덕을 도모하게 한다.
土가 두터우면 서린 뿌리를 깊게 고정시켜 좋고 土가 적은데 가지가 무성하 게 되면 뿌리가 위태롭게 되어 근심이 생긴다.
원래 水의 생에 힘을 입는데 적으면 木이 윤택하여 불어나지만 많으면 물에 떠서 흘러 다니게 된다.

木은 바람에 속하는데, 한 여름의 열대야는 습도가 아주 많은 밤이 된다. 이 때는 한점의 바람도 없다 곧 바람인 목기木氣가 뜬 것이 된다. 곧 습도는 水가 많은 것으로 木이 흩어진 연유다.

水 하늘은 서북으로 기울여져 있어, 亥는 水가 나오는 방향이 되고, 땅은 동남이 가라앉아있어 辰은 납수納水하는 곳집이 된다.

역류하여 申(서남서)에 도달하면 소리를 지르게 되니 水는 서西로 흐르지 못한다.

水의 성품은 윤하潤下가 되어 순順하면 곧 모양이 온전하게 된다. 12지지를 순행順行하고 순응하게 되니 주主는 도량이 있고 길신이 도와주면 귀격이 되고, 거스르면(역류) 신음하게 된다.

12진을 역행逆行하는 것으로 곧 거슬리는 것이 되는 것이다.

격에 든 자는 귀貴하고 명성이 있다. 형충刑衝을 꺼리는데 가로로 흐르기 때문이고, 자사自死 자절自絶은 좋아하여 길하다.

火 이글이글할 정도로 매우 더운 참된 火의 그 위치는 남방이 된다. 그러므로 火는 밝은 이치가 아닌 것이 없는데, 불꽃이 오래가지 않으니 온전하게 복장伏藏되어 있기를 원하게 되고, 그렇게 되면 밝음은 없지만 멸하지 않는 象이 된다.

火에게 木은 몸체가 되어 木이 없으면 불길이 오래가지 못한다.

火에게 水는 용용用이 되어 水가 없으면 火는 혹독하게 된다.

土 오행의 土는 4개의 밧줄로 흩어져 존재함으로 金木水火가 의지하여 象을 이루게 되니 4계절에 모두 사용되는데 꺼리는 곳은 火가 사死되는 酉와 水의 왕지旺地인 子水가 된다. 그리고 土는 火 인성印星에 의지하게 되니 火가 사지死地에 이르면 土는 휴수休囚가 된다. 土는 재성財星水를 기뻐하나 水가 왕旺하면 土는 허虛하게 된다.

(10) 오행의 태과불급 ▶ YouTube 9강

오행은 과하게 많거나 과하게 적은 것은 흉하다.

金은 土가 生하는데 土가 많으면 金은 매몰된다.

土는 火가 生하는데 火가 많으면 土는 그을린다.

火는 木이 生하는데 木가 많으면 火는 활활 타오른다.

木은 水가 生하는데 水가 많으면 木이 표류한다.

水는 金이 生하는데 金이 많으면 水가 탁해진다.

金은 水를 生하는데 水가 많으면 金이 가라앉는다.

水는 木을 生하는데 木이 왕성하면 水는 줄어든다.

木은 火를 生하는데 火가 많으면 木은 타 없어진다.

火는 土를 生하는데 土가 많으면 火는 꺼지게 된다.

土는 金을 生하는데 金이 많으면 土는 변變한다.

金은 木을 剋하는데 木이 단단하면 金은 이지러진다.

木은 土를 剋하는데 土가 단단하면 木이 꺾어진다.

土는 水를 剋하는데 水가 많으면 土는 유실된다.

水는 火를 剋하는데 火가 불꽃이 되면 水는 뜨겁다.

火는 金을 剋하는데 金이 많으면 火는 식熄게 된다.

金이 쇠약한데 火를 만나면 반드시 쇠 덩어리가 녹는다.

火가 약弱한데 水를 만나면 반드시 식멸熄滅된다.

水가 약한데 土를 만나면 반드시 진흙에 막힌다.

土가 쇠약한데 木를 만나면 반드시 경함傾陷하게 된다.

木이 약한데 金을 만나면 반드시 베여 꺾어진다.

강한 金이 水을 얻으면 날카로움이 꺾어지게 된다.

강한 水가 木을 얻으면 그 기세가 새어나간다.

강한 木이 火를 얻으면 완둔하게 된다.

강한 火가 土를 얻으면 불꽃이 멈추게 된다.

강한 土가 金을 얻으면 그 재앙이 제거된다.

식멸熄滅 : 불이 꺼져 없어짐. 자취도 없이 없애 버림.

경함傾陷 : 나쁜 꾀로 남을 어려운 처지에 빠지게 함.

 TIP 재미 있는 오행 사용법

오늘은 어떤 칼라가 좋을까?

내일 시험을 치는데 어떤 색깔의 옷을 입고 가면 좋을까 할 때는 만약 내일이 乙卯 日이라면 三合을 사용하게 되는데 내일 卯日은 三合으로 亥卯未가 되고 亥卯未는 木으로 청색이 되니 청색을 입고 가거나 내일모레는 丙辰日이 되니 三合으로 申子 辰이 되고 水에 속하니 水의 색깔인 흑색을 입고 가면 합격에 도움이 된다.

오늘과 어제의 색깔은 후퇴되는 것으로 좋지 않으니 피하여야 한다.

寅午戌은 적색, 巳酉丑은 백색이 된다.

❖ 五行의 배속 일람표

오행	木	火	土	金	水
계절	봄	여름	사계四季	가을	겨울
기질	나아감	퍼짐	고정	수렴收斂	수축흡수
방위	동	남	중앙	서	북
天干	甲乙	丙丁	戊己	庚申	壬癸
地支	寅卯	巳午	辰戌丑未	申酉	子亥
5색	청	적	황	백	흑
숫자	3, 8	2, 7	5, 0	4, 9	1, 6
오상五象	동량棟梁	노치爐熾	산안山岸	금철金鐵	해포海浦
오기五氣	木氣	火氣	土氣	金氣	水氣
오상五常	인仁	예禮	신信	의義	지智
오상五象	곡직曲直	염상炎上	가색稼穡	종혁從革	윤하潤下
성격	진취적	화려함	중후함	세밀함	은밀성
기후	풍風	열熱	습濕	조燥	한寒
기능	시작	발전	중개	결실	저장
오장五臟	간담肝膽	심장心臟 소장小腸	비위脾胃	폐肺 대장大腸	신장腎腸 방광膀胱
질질質質	陽	陰	陰陽	陰	陽
기기氣氣	陽	陽	陰陽	陰	陰
괘괘卦卦	진震	리離	건곤손간 乾坤巽艮	태兌	감坎
맛味	신맛	쓴맛	단맛	매운맛	짠맛
냄새	누린내	탄내	단내	비린내	썩은내
사상	소양少陽	태양太陽	무상無常	소음少陰	태음太陰

5. 10 천간天干

▶ YouTube 2강

> 양 의 생 사 상 　 사 상 생 팔 괘
> **兩儀生四象. 四象生八卦.**

"음양에서 오행이 발생하여 있게 되면 이에서 다시 8괘가 생한다고 하였다"
오행인 木火(土)金水가 다시 음양으로 나누어져 8개의 상象을 이루어 비로
소 자연의 형체가 완성된다. 생수生數에서 성수成數가 이루어짐으로 우리들
이 살아가는 자연인 3차원이 존재하게 된 것이다.

(1) 10천간의 생성

그래서 木은 다시 木의 암컷과 수컷으로 분리되어 수컷은 陽으로 **甲갑**이 되
고, 암컷은 陰으로 **乙을**이 된다.

동등한 이치로 火는 陽은 **丙병,**　陰은 **丁정**
　　　　　　　金의 陽은 **庚경,**　陰은 **辛신**
　　　　　　　水의 陽은 **壬임,**　陰은 **癸계,**
　　　　　　　土의 陽은 **戊무,**　陰은 **己기**

이것을 문文으로 표시하여 자연의 기운을 대신하게 된다.
곧 **甲 乙 丙 丁 戊 己 庚 辛 壬 癸** 10개의 天干이다.

이 문자는 자연의 氣를 대신하는 부호, 기호, 부적 등이 된다. 한문은 단순한 소리글자가 아니고 하나의 형상을 문자로 글을 만든 것으로, 그 속에는 단순한 의미가 아닌 아주 깊은 형상적 의미가 들어있고, 또 깊은 기운이 들어 있다.

하늘의 기운은 갑간甲干에서 비롯하고 땅의 기운은 자지子地에서 비롯한 것으로 성인들이 연구하여 음양의 경중을 등용하니 그 작용이 뚜렷하게 나타나, 그 일들을 표하는 이름을 세우게 되었으니 자子와 갑甲을 서로 짝으로 하여 시초로 하고 먼 시운의 60년을 통괄하여 묶고 가까운 일日은 12시진으로 만들게 되었다.

이것으로 세운歲運의 차盈고 비虛고, 기령氣令의 빠르고 늦고, 만물의 생사 등을 고대의 증험을 통해서 지금과 장래를 알 수 있게 되었고, 또 이뿐만 아니라 장차 미래의 그 세세한 화복의 싹을 알 수 있게 되었다. 그 용도는 밝고 명료하여 생사의 길을 살필 수 있게 되어 작은 뜻에서 바름을 얻으니 그야말로 큰 옳음을 찾을 수 있게 되었다.

(2) 10천간 소속

동방은 甲乙,
남방은 丙丁,
서방은 庚辛,
북방은 壬癸,
중앙은 戊己로 그 위치를 정하게 되었다.

(3) 10천간의 글자 의미

甲乙은 木의 위치로 봄의 령令을 얻는다.

껍질(甲)은 봄의 따뜻한 기운을 받아 陽의 기운으로 솟아 나오지만 아직 陰이 많이 포함되어 있기 때문에 초목이 껍질 속에서 아직 나오지 못하고 굽(曲)은 상태인 것에서 甲이 된다.

乙은 양력 2월로 陽이 지나가는 중이므로 아직 陽의 올바른 곳이 되지 못하여 꾸불꾸불, 삐걱삐걱(軋) 하다. 즉 만물이 모두 스스로 껍질을 벗고 싹이 삐걱거리면서 구불구불하게 나오니 乙이 된다.

丙丁은 火의 위치로 여름의 령令을 행한다.

丙은 상은 陽이고 하는 陰이 되고 내는 음이고 외는 양이다.

丁은 양이 강한데 이에 음기가 대적이 가능하여 음양이 서로 대등하게 같이 있다. 또 밝음, 빛, 불꽃 등인 병炳에서 丙이 되고, 만물이 모두 분명한 모양이 나타나 보이게 되고 강대해진다.

戊己의 위치는 土로써 사계절을 두루 행한다.

戊는 陽土로 만물이 生하여 나타나게 되고, 만물이 죽으면 들어가 멈추어 쉬게 된다.

己는 陰土로 일정한 위치가 없다. 사실 이미 얻은 것으로 있지 않은 곳이 없는 자이다.

戊는 무성茂함에서 나온 戊가 되고, 己는 일어남起에서 나온 글자다. 즉 무성한 것은 이루어진 것이 되고, 일어나는 것은 처음으로 그 수는 5,0으로 戊己가 된다.

土는 사철의 마지막 달이 되고, 만물의 끝을 싸서 억굴抑屈하고, 다시 일으키는 작용을 한다. 즉 土는 계절의 끝에서 지나는 계절(혹은 물질)을 눌러서 새로운 계절을 일으키는 역할로 변화를 주도한다. 즉 물질이 번창하면 가

두어 더 번창하지 못하게 함으로써 변화를 유도한다.

庚辛은 金 위치로 가을의 령令을 행한다.
庚은 곧 陰의 본체로 陽이 변경되어 이어지는 것이다.
辛은 도리어 陽이 아래에 있고 陰은 위에 있는 것으로 아래는 내부를 의미하고 위는 껍질을 의미하는 것으로 과일이 속은 퍼석하고 외부의 껍질은 단단한 의미이다. 즉 酉월이 되면 만물이 결실이 되는 것을 의미한다.
陰은 陽의 본체가 극極되는 것으로 곧 庚이 변경되어 辛이 되니 새롭게新됨에서 辛 자가 된다.
庚辛은 모두 金으로 金의 맛은 매운 것으로 물질이 이루어지고 난 후에 있는 맛이다. 만물이 숙연(肅然, 엄숙) 하게 다시 고쳐지게 되어 즉 빼어난 열매가 새롭게 이루어지는 의미가 있다.

壬癸는 水의 위치로 겨울의 령令을 행한다. 壬은 임妊으로 설명한다. 壬은 陽이 生하는 위치로 壬은 잉태가 되니 만물은 壬에서 잉태하고 子도 같은 뜻이 된다.
癸는 규(揆:헤아릴규, 꾀, 계략, 멸망)에서 나온 문자이다. 하늘의 명령으로 만물이 닫혀서 감추어지고, 그 아래서 회임하니 이러한 법에서 사물의 시초가 된다. 이것이 하늘의 도가 된다.
▶ 부록의 십간분배천문 p443, 간지의 원류 p422등에서 더 공부하도록 했습니다.

❖ 10 天干의 성정과 배속 일람표

五行	木		火		土		金		水	
天干	甲	乙	丙	丁	戊	己	庚	辛	壬	癸
음양	陽木	陰木	陽火	陰火	陽土	陰土	陽金	陰金	陽水	陰水
형질	死木	生木	死火	生火	死土	生土	死金	生金	死水	生水
형상	송백 강목 천둥	화초 습목 바람	태양 해볕 광선	별달 달빛 별빛	산야 강토 노을	전답 유토 원기	금철 강금 숙살	보석 유금 정기	담수 만수 구름	유수 샘 우로
계절	봄	봄	여름	여름	사계	사계	가을	가을	겨울	겨울
십성	偏財 편재	正財 정재	偏官 편관	正官 정관	偏印 편인	正印 정인	比肩 비겁	劫財 겁재	食神 식신	傷官 상관
건록	寅	卯	巳	午	巳	午	申	酉	亥	子

 TIP 水土의 특별한 특성

水土는 사절死絶을 싫어하지 않는데 天地 사이는 水土로 차 있기 때문에 사시四時를 나누지 못하니 어찌 사절의 이치가 있겠는가! 다만 경중을 분별하여야 하는데 가령 물을 많은 무리의 土에 방울방울 떨어트리면 마르게 되고, 많은 무리의 물 중의 土는 흩어지니 마땅히 다과多寡를 논하여 경중을 나누게 된다.

(4) 10 천간의 물상에 대한 시각

甲은 송백, 乙은 화초, 丙은 태양이고 丁은 촛불, 戊는 산악, 己는 전답, 庚은 무쇠, 辛은 보석, 壬은 강과 호수, 癸는 우로가 된다. 하는데 이러한 물상적 논리는 틀린 말은 아니다.

그러나 우리는 알아야 한다. 음양오행의 이치는 상象일 따름이고, 절대적 값이 아닌 상대적 값이다.

만약 화초 중에 크고 거친 화초가 있고, 그 옆에 부드럽고 작은 화초가 있다면 전자는 甲이 되고 후자는 乙이 된다.

곧 甲은 송백에 속하고, 乙은 화초라고 고정된 생각을 하면 큰 오류를 범하게 된다. 보석도 마찬가지로 크고 거친 것과 옆에 부드럽고 작은 것이 있으면 전자는 庚이 되고 후자는 辛이 된다. 그래서 庚은 무쇠고 辛은 보석이라는 고정된 생각은 좋지 않다.

그러니 물상에 집착하여 한 것에 고정된 시각은 버리는 것이 옳다.

甲은 木의 음양의 陽일 뿐이고, 乙은 木의 음양의 陰일 뿐이다. 타 干도 이에 준한다.

다시 말해서 甲, 丙, 戊, 庚, 壬은 陽에 속하니 陽의 성정을 그대로 적용하여 항상 음양의 이치를 상대적으로 관찰하고, 乙, 丁, 己, 辛, 癸는 陰에 속하니 陰의 성정을 그대로 적용하여 항상 음양의 이치를 상대적으로 관찰하는 것이 바람직하다는 말이다.

木의 陽은 甲이고 陰은 乙로 보는는 것이 타당하니 사람에 비유하면 甲은 남자, 乙은 여자에 비유할 수 있고, 은행나무도 암수가 따로 있는데, 甲은 숫 은행나무에 속하고, 乙은 암 은행나무에 속한다. 곧 甲은 송백, 乙을 화초라는 고정된 시각은 좋지 않다.

▶ 삼명명리의 주된 이론과 다소 어긋나는 부분이 있는 십간에 대해서는 부록의 천간 음양 생사와 물성物性 p427등에서 더 공부하도록 했습니다.

6. 12지지地支

(1) 12지지 개요

하늘의 수는 오직 10수로 氣일 뿐인데, 땅의 운행에서 12수가 있게 되었다. 즉 10수가 23.5도 기우러진 지구를 운행하므로 전일한 것이 12수로 바뀌어 혼탁 왜곡되어 물체가 발생하게 되었다.

그 혼탁한 물체는 12개의 유형이 있게 되었고, 전일한 氣는 10개일 뿐이니 氣가 12개의 유형을 차지하려는 선택권이 주어지게 되었다. 즉 10수가 하고자 하는 욕심의 결과로 12수와 짝하니 생명이 있는 물체가 발생하게 된 것이다. 10수가 12수와 짝하려 하지만 짝이 맞지 않은 결과에서 완전하지 못한 짝이 60개 유형으로 이루어져 식물, 동물, 인간, 신선 이러한 것이 있게 되었는데, 짝이 완전할수록 고등의 생명체가 된다.

그 유형은 60개의 종류로 이에 현인이 60개의 짝이 된 것을 자연에서 찾아 문자화하여 60갑자를 만들게 되었고, 그래서 60갑자의 간지干支가 전부 각각 다른 형태가 된다. 또 지구가 23.5도 기울러져 발생한 12수의 유형을 현인이 자연에서 찾아 문자화하게 되었으니, 항상 처음은 블랙홀의 象으로 검은 구멍과 같은 공허에서 징조가 있을 수밖에 없는 것이 자연이니 겨울이 처음이 된다.

(2) 12지지 생성

그래서 그 겨울의 象에 가장 가깝게 되는 문자는 子가 되고, 그 문자는 **子 丑 寅 卯 辰 巳 午 未 申 酉 戌 亥** 로 그 문자를 표기하게 되었다. 그 문자도 또 그 계절의 기운과 같은 象을 가진다.

그 수는 子1, 丑2, 寅3, 卯4, 辰5, 巳6, 午7, 未8, 申9, 酉10 ,戌11, 亥12가 되고 이를 12지지라 한다.

(3) 12지지 소속

그 계절은 亥子丑은 겨울, 寅卯辰은 봄, 巳午未는 여름, 申酉戌은 겨울이 된다. 그 오행으로는 亥子는 水, 寅卯는 木, 巳午는 火, 辛酉는 金, 辰戌丑未는 土가 된다.

辰戌丑未 土는 왕하게 된 계절을 억제하여 새롭게 오는 계절로 변화를 유도하는 역할로 봄, 여름, 가을, 겨울의 각 사이에 존재하여 도망가지 못하게 묶으니 네 개의 밧줄(四維:사유)이라 한다.

하루도 태극이다.

하루와 1년은 결국 같은 상인데 우리의 인식으로는 평면적 직선적 개념으로 보이지만 실제는 원의 괘도를 갖게 되어 운행하는 것으로 평면적 직선 개념이 아니다. 서書들의 여러 곳에 평면적인 개념으로 논리를 펴는 경우가 허다한데 이는 심히 잘못된 것이다. 그 한 괘도가 원의 주기로 원의 괘도 하나를 하나의 객체로 보아야 한다.

하루도 하루라는 몸체가 되어 태어나서 사망하게 되고, 다음날은 음양의 교류에 의해서 다시 다음날이 태어나게 되는 원의 주기다.

1년도 하루와 매한가지다. 그러하니 하루도 일 년도 한 개의 태극이 형성되어 원의 주기를 갖는 객체일 뿐이다.

天. 地의 동정
• 지지는 혼탁하고 움직이지 않고,
• 천간은 전일專-하고 움직인다.
양陽은 맑아 천天이 되어 오행으로 드러나니 십간十干으로 세우고, 음陰은 탁하여 지地가 되니 팔방으로 정해지니 12지지로 나누게 되고, 운용되어 순환한다. 기氣는 변하여 해마다 차고 기움이 사물에 응하여 조짐이 나타나 상승하고 하강하여 모든 사물이 변화를 이루게 된다. 이러한 까닭에 간지를 배합하니 뛰어난 용도가 되었다.

(4) 지지의 지장간

지지의 쓰임은 천간과 같지 않다. 각각의 지지의 동정이 같지 않고, 일정한 규칙과 표준의 선회가 어긋나서 오행의 소속은 하나로 같지만 그 처하게 된 곳의 地는 같지 아니하다.
년에 존재하면 년의 논리가 있고, 월에 존재하면 월의 이론이 있고, 일시에 존재하면 일시의 논리가 있다. 그 음양은 경하고, 중하고, 강하고, 유한데 어찌 하나의 체體가 혼탁하게 되어있지 않겠는가!
혼탁하니 이제 마땅히 월(사주의 월지)의 제강을 위주로 하여 감추어진 것과 사용하게 되는 것들이 어떠한 신神이 나타나있고, 손상되고, 꺼리는 것에 어떤 물건이 매여 있는지 알아 사주 神의 심천을 교량하여 사용하여야 한다.
▶ 지지에는 감추어진 천간이 있어 혼탁한 것인데, 이것을 지장간이라고한다. 다음 편에 설명한다.

(5) 지지의 특성

子는 북방의 陰이다. 한수寒水의 위치로 일양─陽이 비로소 생하여 시작이 되고, 陰이 극에 달하면 陽이 태어나는 위치가 된다.

12지지의 첫 번째가 되고 계간溪澗의 왕양汪洋한 水로 이에 戊土의 왕한 지지가 되어야 하니 필히 대설이 지난 후를 기약하여 일양─陽 되돌아온 후에 바야흐로 왕하게 이룬다.

辛金에서 소생하는데 다만 반드시 양이 되돌아와서 水를 따뜻하게 한 후에 생이 가능하다. 午와 충衝하고, 卯와 상형相刑하고, 申辰과 삼합三合한다. 申子辰이 완전하면 水국이 일어나 강과 바다를 이루고, 파도가 나타나 파도 소리를 울리게 된다.

왕양汪洋 : 미루어 헤아리기 어렵게 광대(廣大)함.
계간溪澗 : 산골짜기에서 흐르는 시냇물.
충衝, 상형相刑, 三합에 관한 내용은 다음 장에 계속 설명함.

丑은 음을 오히려 지켜 매는 끈으로 즉 陽을 붙들어 매어서 陽을 나아가게 한다. 또 丑은 陰이고 완성이 되는 것으로, 일컬어 12월은 끝과 시작이 만나는 사이로 묶고 매는 이름이 된다.

비록 겨울에 융성하지만 얼음과 서리를 두려워하는데, 오직 천시天時가 다음의 二陽(寅)으로 선회하여 丑중 己土가 따뜻하게 되어야 만물의 생이 가능하다.

寅은 정월로 陽이 이미 위에 존재하고 음은 이미 아래에 존재하니 인간이 비로소 보이는 때가 되고, 일을 시작하는 때가 된다.

寅은 연演이 되고 진津이 되어 일컬어 물건의 진도津塗가 된다.

봄에 세워지고 三陽(丙, 戊, 甲)의 기가 모인 곳으로 어찌 丙火가 생하지 않겠는가!

卯는 태양이 올라 번성하는 때가 되고 또 卯는 무茂가 되는 음력 2월로 양기陽氣가 성하고 불어나서 우거진 곳이다.

辰은 양이 이미 반을 지나간 3월로 물질이 움직임이 없어지고 길게 늘어난다. 辰은 진震이라 한다.
봄에 세워지는 것으로 습濕하여 질퍽질퍽한 흙이 되어 만물의 근根이 모두 이것에 힘입어 모두 배양된다.

巳는 4월로 정양正陽으로 양은 이미 없고, 子로부터 巳까지 陽의 위치인데 이에서 陽이 다 이른 것이다.
또 巳는 기起로 물질이 완성되어 일어나게 된 것으로 초여름에 해당하고 그 빛은 차츰 증가하여 육양六陽의 극이 된다.

午는 陽이 아직 굴하지 아니 하고, 陰이 처음 발생하여 주체가 되기 시작하게 된다.
또 午는 장長이고, 대大로 5월의 물질은 모두 풍만 장대하다.
火의 불꽃이 바르게 오르고 중기中氣에 들어가면 즉 一陰이 생한다.

未는 6월로 木은 이미 씨를 이루었다. 또 未는 미味로 물질을 이루어 맛이 있어 신辛과 같은 뜻이다.
여름에 해당하고 즉 陰이 깊어지고 火가 점차 쇠약해진다.

申은 7월의 辰으로 申은 양이 거처할 뿐 음이 이미 도달한 것이다.
백로는 낙엽이 떨어지는 기후로 음사陰事가 드러나고 申은 몸체로 모든 물질의 몸체를 이룬다.

酉는 태양이 들어가는 시절로 이에 태양이 정중(正中=추분)으로 음력 8월이 된다. 또 酉는 추緧로 만물이 모두 추축수렴緧縮收斂한다. 8월에 세워지고, 金은 백색으로 水로 흐르면 청하다.

추축수렴緧縮收斂 : 결실되어 거두어 저장.

戌은 9월로 양은 이미 약하게 되어 戌에서 잠기어 감추어진다.
戌은 중앙 건乾의 자리로 戌은 천문天門이 되고, 戌은 소멸로 만물이 모두 쇠약하여 멸하는 시기가 된다.
넓은 화로의 고庫로 둔철완금鈍鐵頑金을 정련하여 얻는 곳이다.

둔철완금鈍鐵頑金 : 쇳덩어리.

亥는 10월로 순수한 陰이 되고, 또 亥는 핵劾이 되고, 음기로 음기는 만물을 캐서 죽인다.
육음六陰의 地로 우설雨雪이 진흙에 실려 있는 것으로 土가 이것에 이르면 따뜻하지 못하고 金이 이것에 이르면 한寒을 생한다.
그 象은 오호五湖에 들어가 모여 있는 것과 같고, 그 용用은 삼합에 마음이 있게 되어 이 연유는 건곤乾坤이 온란한 장소와 친밀하기를 원하여 즉 간진손리(艮震巽離:丑~丁)의 地을 찾아 따르고자 한다.

▶부록 편 12지 분배 지리 p450에서 지지에 관해서 더 학습할 수 있습니다.

(6) 12지지에 대한 단상斷想

대체로 보아 오행의 용법은 전반적으로 진실은 없고 생生, 사死, 쇠衰, 왕旺 또한 가명假名일 따름이지만 원리가 되는 바탕을 살펴보면 그 출처는 명확하다.

예를 들면 오양五陽은 강하고 오음五陰은 부드러운데 만약 실령失令하여 신약身弱하고 자부資扶를 만나지 않고 빈번히 설기洩氣될 때에는 강자剛者도 그 강함을 잃게 된다.

만약 득령得令하면 신강身强하여 일을 하는데 도움이 있고, 유자(柔者=오음五陰)도 그 부드러움이 신강하게 되어 일을 능히 처리하게 된다. 중간을 나누어 보면 木火는 陽이 되고 金水는 陰이 되는데 모두 생을 돕고 바탕을 도우면 좋고, 중화되기를 원하고, 중화되면 귀하게 된다.

신약身弱 : 일간의 신약을 말하는 것이 아니고 五行의 강도를 이야기하는 것이다.

甲은 干으로 사용하는데, 천간의 오행은 각 하나는 陰, 하나는 陽으로 설명한다. 子는 支로 사용하는데 방우方隅란 말로 子寅午申은 陽이고, 卯巳酉亥는 陰이 된다. 土는 거처가 4개로 다 같이 각 사계절의 사이에 있고, 각 계절 끝의 왕王이 되고, 辰戌은 陽이고 丑未는 陰이 된다.

그리하여 10에 12를 배당하여 함께 이루어 60이 되니 육육六六이 되풀이되어 한 해를 이루게 된다. 그래서 경經에 이르기를 천天의 육六으로 육절六絕이 되는 까닭에 한 해를 이룬다고 하였다.

方隅 : 모퉁이 경계선.

60甲子가 6번 지나면 1년이 된다.

❖ 12지지와 천간의 배합

甲, 丙, 戊, 庚, 壬은 양간陽干이 되고, 子, 寅, 辰, 午, 申, 戌은 양지陽支가 되고, 乙, 丁, 己, 辛, 癸은 음간陰干이 되고, 丑, 卯, 巳, 未, 酉, 亥는 음지陰支가 되어 陽干은 陽支하고, 陰干은 陰支하고 배합되는 것으로 마땅히 나무는 줄기가 있고 가지가 있으니, 甲子부터 시작하여 6甲과 5子가 다음 차례로 배열되어서 癸亥에서 끝나게 되어 60甲子를 이루게 된다.

(7) 12지지의 음양 관계

음지陰地	丑	卯	巳	未	酉	亥
양지陽地	子	寅	辰	午	申	戌
오운五運	양陽			음陰		

TIP   火의 특별한 특성

火는 木에 장藏하고, 土에서 숙宿하여 旺하지 말아야 하는데 旺하면 분소 되어 없어지고, 사死하지 말아야 하는데 死하면 곧 멸滅 하게 되니 평平을 도모하여야 아름답게 된다.

TIP   진기와 퇴기의 특성

진기氣進와 퇴기氣退가 命에서 상쟁相爭하면 진기進氣는 죽지 않고, 퇴기退氣는 살지 못한다.

❖ 12地支의 성정과 배속 일람표

地支	寅	卯	辰	巳	午	未	申	酉	戌	亥	子	丑
월	1	2	3	4	5	6	7	8	9	10	11	12
띠	범	토끼	용	뱀	말	양	원숭이	닭	개	돼지	쥐	소
오행	木	木	土	火	火	土	金	金	土	水	水	土
음양	陽	陰	陽	陰	陽	陰	陽	陰	陽	陰	陽	陰
방위	동북	정동	동남	남동	정남	남서	서남	정서	서북	북서	정북	북동
계절	봄초	봄중	봄말	여름초	여름중	여름말	가을초	가을중	가을말	겨울초	겨울중	겨울말
사상	소양	소양	소양	태양	태양	태양	소음	소음	소음	태음	태음	태음
절	입춘	경칩	청명	입하	망종	소서	입추	백로	한로	입동	대설	소한
기	우수	춘분	곡우	소만	하지	대서	처서	추분	상강	소설	동지	대한
기절	강목	유목	수묘	강화	유화	목묘	강철	보석	화묘	횡수	종수	금묘
지장간 地藏干	戊丙甲	甲乙	乙癸戊	戊庚丙	丙己丁	丁乙己	己戊壬庚	庚辛	辛丁戊	戊甲壬	壬癸	癸辛己

(8) 지지地支에 속하는 형상

천간은 동動하여 형상이 없고, 지지는 정지하여 형상이 있다.
天은 가볍고 청淸하고, 地는 무겁고 탁한 것으로 무겁고 탁한 것은 물질이
되어 형상이 있다.

그래서 子는 쥐에 속하고, 丑은 소에 속하고, 寅은 범에 속하고, 卯는 토끼
에 속하고, 辰은 용에 속하고, 巳는 뱀에 속하고, 午는 말에 속하고, 未는 양
에 속하고, 申은 원숭이에 속하고, 酉는 닭에 속하고, 戌은 개에 속하고, 亥
는 돼지에 속한다. 이것이 12地支에 속하는 근본이다.

또 홀과 짝으로 나누어 성쇠盛衰를 사용하게 되는데, 홀은 쥐, 범, 용, 말, 원
숭이, 개로 1은 곧 陽에 속하니 이 여섯 짐승의 발가락은 홀이 되고, 짝은
소, 토끼, 뱀, 양, 닭, 돼지로 2는 곧 陰에 속하여 이 여섯 짐승은 모두 발가
락이 짝이다.

뱀은 발이 없지만 뱀은 巳로 巳가 속하는 달은 순양純陽의 달이 되고 계절이
순양純陽의 계절로 數는 짝이고, 때 時는 陽이다. 뱀이 사용되는 형상에 관
해서는 뱀은 음물陰物로 발을 사용하지 못하여 그 형상이 巳로 나타나고 세
상에 드러내 놓기 힘들어 주저하는 일들은 陰의 의미가 있는 것이고, 또 쌍
두雙頭가 있는 것이 충분한 증거가 된다.

또 이 12마리 짐승은 인간과 달리 한 개씩의 결함이 있는데 이는 오행이 부
족하여 발생한 것이다. 손가락 발가락이 5개에 가까울수록 상등의 물질이
된다.

◆ 陽은 강하여 중화를 못하여 오르게 되면 해롭고, 강강剛이 유유柔하게 되면 길한 도道가 된다.

해석 : 이 상상象은 陽이 오르는데 제어하지 못하고, 재차 陰의 물질로 포장하지 못하는데, 다시 운이 동남으로 나아가서 陽이 크게 강하게 되어 중화를 잃게 되면 필히 해롭게 된다는 것이다.

이것을 사용하는 자는 빈천하고 흉폭하다. 사死(죽음)는 水火의 사이에 있게 된다.

또 만약 오양五陽이 陽월에 생하고, 간지의 협합夾合이 음유陰柔한 물物이 되었고, 운도음유陰柔한 곳으로 흘러 중화를 이루게 되면 길하게 된다는 것이다. 이 같이 사용하는 자는 비록 한천하게 태어났어도 끝에는 반드시 영화가 있게 된다.

◆ 유약하고 편고偏枯하면 소인의 상상象이고, 강건하고 중정中正하면 군자의 풍이다.

해석 : 이러한 상상象은 중화의 도道가 아니다. 사주 중에서 다만 음유陰柔하게만 나타나 있으면 격에 들어가지 못하고, 간지에 또 陽이 포함되지 않으면 즉 끝까지 나약하게 된다. 이것을 사용하는 자는 심기가 음독하여 아무 곳에도 이르지 못한다.

강건하면 군자의 체가 되고 중정中正은 군자의 덕이 된다. 사주 중에서 陽 중에 陰이 감추어져있으면 강강剛이 유유柔의 제어를 얻어 파극破剋, 형충刑衝을 범하지 않게 된다. 이것을 사용하는 자는 덕을 행하는 사람이 된다.

중도는 곧음으로 세상을 덮으니 그래서 군자의 풍이라고 말한 것이다.

제4장
干支의 조화

1. 육십갑자

▶ YouTube 2, 19강

(1) 60갑자 생성

세상의 실체는 모두 3수를 이루게 된다.

사람에 혼과 신체가 서로 따로 떨어져 존재하면 그 실체는 없고, 허상뿐으로 혼과 신체가 합하여 하나가 되어야, 즉 혼과 백 두개가 결합하여 몸체를 이루어야 비로소 3개가 하나가 되어 이루어진다.

이것이 자연으로 세상의 모든 것은 이렇게 되어 이루어지니 음양오행도 이 범주를 벗어나지 못한다.

그래서 혼에 해당하는 천간인 기氣가 육체에 해당하는 지地와 합하여 일체가 되어야 비로소 이루어진다.

그것이 간干과 지地가 간지인 몸체로써 일체된 3수가 된다.

그리고 사람을 보면 남자는 남자의 몸체로 조화가 되고, 여자는 여자의 몸체로 조화가 이루어져야 하는 것과 같이 천간과 지지도 이와 마찬가지로 음간陰干은 음지陰地, 양간陽干은 양지陽地로 이루어지게 된다.

10천간은 甲, 乙, 丙, 丁, 戊, 己, 庚, 辛, 壬, 癸가 되고,

12지지는 子, 丑, 寅, 卯, 辰, 巳, 午, 未, 申, 酉, 戌, 亥가 된다.

양간陽干은 **甲, 丙, 戊, 庚, 壬**이 되고

양지陽地는 **子, 寅, 辰, 午, 申, 戌**이 된다.

甲은 甲子, 甲寅, 甲辰, 甲午, 甲申, 甲戌로 6甲의 종류가 되고,
丙은 丙子, 丙寅, 丙辰, 丙午, 丙申, 丙戌로 6丙의 종류가 되고,
戊는 戊子, 戊寅, 戊辰, 戊午, 戊申, 戊戌로 6戊의 종류가 되고,
庚은 庚子, 庚寅, 庚辰, 庚午, 庚申, 庚戌로 6庚의 종류가 되고,
壬은 壬子, 壬寅, 壬辰, 壬午, 壬申, 壬戌로 6壬의 종류가 된다.

음간陰干은 **乙 丁 己 辛 癸**가 되고,
음지陰地는 **丑 卯 巳 未 酉 亥**가 된다.

乙은 乙丑, 乙卯, 乙巳, 乙未, 乙酉, 乙亥로 6乙의 종류가 되고,
丁은 丁丑, 丁卯, 丁巳, 丁未, 丁酉, 丁亥로 6丁의 종류가 되고,
己는 己丑, 己卯, 己巳, 己未, 己酉, 己亥로 6己의 종류가 되고,
辛은 辛丑, 辛卯, 辛巳, 辛未, 辛酉, 辛亥로 6辛의 종류가 되고,
癸는 癸丑, 癸卯, 癸巳, 癸未, 癸酉, 癸亥로 6癸의 종류가된다.

이렇게 총 60개로 형성되어 더 이상도 없고, 더 이하도 존재하지 못하고 이 60개가 세상에 닮은 象으로 존재한다.

하나를 비교하여 보면 乙酉의 경우는 암석 틈에 자라는 나무의 형태로 이렇게 그 象이 실제 존재하게 되는 것이다.
이렇게 발생하여 만들어져 그 순서가 이루어진 것이 60甲子가 되고 그 표는 아래와 같다.

甲子	乙丑	丙寅	丁卯	戊辰	己巳	庚午	辛未	壬申	癸酉
甲戌	乙亥	丙子	丁丑	戊寅	己卯	庚辰	辛巳	壬午	癸未
甲申	乙酉	丙戌	丁亥	戊子	己丑	庚寅	辛卯	壬辰	癸巳
甲午	乙未	丙申	丁酉	戊戌	己亥	庚子	辛丑	壬寅	癸卯
甲辰	乙巳	丙午	丁未	戊申	己酉	庚戌	辛亥	壬子	癸丑
甲寅	乙卯	丙辰	丁巳	戊午	己未	庚申	辛酉	壬戌	癸亥

甲子부터 순서로 癸酉까지 10개가 甲子순이 되고,
甲戌부터 순서로 癸未까지 10개가 甲戌순이 되고,
이하 각 甲申순, 甲午순, 甲辰순, 甲寅순이라고 한다.

(2) 60갑자 단상斷想

인간의 수명 주기는 120년인데 북극성을 기준으로 태양계가 1번 순회하는
주기가 120년이 되고 인간은 북극성의 기운에 의해서 결정되는 것이다.
그래서 60갑자가 60개가 되어 운행을 하고 다시 60을 더 운행하여 120이
한 주기가 된다.
이에 원을 그려 가장 밑에서 시계도는 방향으로 회전하여 위에 도달하게
되면 다시 역행하여 아래로 내려가게 되는데 원의 상부 반인 9시에서 3시
까지는 양에 해당하고, 원의 하부 3시에서 9시는 음에 해당할 뿐 그에 속한
오행은 차이가 없고 동등하다.

또 60갑자도 甲子에서 癸巳까지는 양이 되고 甲午부터 癸亥까지는 음에 속
한다. 북극성을 기준으로 태양계가 순회하는 주기가 120년, 태양을 기준으

로 지구가 순회하는 주기도 12개월, 하루도 12시진이 되어 전부 12단계에 불과한 것으로 그 수는 12이고 다만 그 차원적인 문제만 있다.

그래서 이러한 12단계의 닮은 형태를 상象이라고 한다. 이뿐만 아니고 음양도 이와 같은 것으로 인간에 비유하면 남녀가 있어 음양으로 구분이 되고 이에 그치는 것이 아니고 남자 그 자체에도 또 음양이 존재하고 또 그 몸체의 하나인 부속들 즉 장기들도 또한 음양이 존재하게 되는 것으로 이렇게 되는 그 자체가 세밀히 따지면 다르다고 할 수 있지만 음양만의 기준으로 보면 고저 대소만 차이일 뿐 결국 그 존재는 같다.

120년, 12년, 12시진도 지구의 기준으로 대소만 차이 날뿐 12단계라는 것은 같다. 곧 이것이 모든 수는 9가 끝이라는 개념과 같은 것으로 대소만 차이 일뿐 곧 象이 된다.

TIP ▶ YouTube100강

壬子부터 癸亥 까지에는 壬子, 甲寅, 乙卯, 丁巳, 己未, 庚申, 辛酉, 癸亥가 있는데, 이 8일을 팔전八專이라 하여, 이 동안에 비가 많이 온다고 한다.
명리에서는 천지가 같은 기운으로 각 주柱가 전일한 왕한 기운이 된다.

2. 납음오행納音五行

(1) 개요

연해자평에서는 甲子는 대요씨가 처음 이루었고, 납음은 귀곡자鬼谷子*에 의하여 이루었으며 象은 동방 만천자가 이루었는데 그 당시 이미 이름이 나 그에 말미암아 화갑자花甲子라 하였다고 하였다.

삼명통회에서는 옛날 황제가 한편으로 甲子의 경중을 나누어 60을 배성配 成하여 이름을 화갑자라 하였는데 그 화자花字의 정성이 참으로 오묘하여 성인들의 의견을 빌려 알려고 해도 그 견해가 흐릿하게 되어 있어 이해하 기가 매우 힘들다 하였다.

귀곡자鬼谷子 : 전국시대 위나라(BC.400년 ~ BC.320년)때 사람으로 주양성(周陽城) 청계(清 溪)의 귀곡(鬼穀)에서 은거하였기에 귀곡선생으로 불렸다.

대저 子부터 亥까지는 12궁으로 각 金木水火土의 소속이 있다.
일양—陽은 子에서 일어나고 끝나는 亥는 육음六陰이 된다.
오행으로 사람의 세상사와 세상의 모든 일들을 말할 수 있는데, 金木水火土 의 소속으로는 天에서 오성五星이 되고, 地에서는 오악五岳이 되고, 덕德으로 는 오상五常이 된다. 또 사람에게는 오장이 되고, 명命에서는 오행이 된다.

이러한 고로 甲子의 소속이 명命에 응하게 되고, 命은 일생의 일들이 되니 이에 60甲子를 납음의 상象으로 성인들이 깨우쳐 놓았으니 이 또한 인간의 한 세상 일들이 아니겠는가?

(2) 납음오행 생성 성장

子丑 둘은 음양이 비로소 잉태하는 것이니 인간에게는 임신한 것이고 물질은 뿌리에 저장된 것으로, 물질로 생각하지 말아야 한다.

寅卯 둘은 음양이 점진적으로 열리는 것으로, 인간에게는 태어나 점차 자라는 아이와 같고, 물질은 껍질이 터져서 나오는 것으로 무리가 점차 자라는 것이다. 가령 인간이 장차 몸이 만들어져 성장하는 위치와 같다.

辰巳 둘은 음양의 기운이 둘 다 왕성하여 물질이 번성하여 아름답게 된 것이다. 인간이 30, 40세에 입신의 위치에 있는 것으로 비로소 진출하게 되는 위치가 된다.

午未 둘은 음양이 완전하게 나타난 것으로, 이미 가지런하게 이룬 것이다. 사람이 50, 60세에 이르면 부귀빈천의 향배를 알 수 있듯이 무릇 여러 가지 흥쇠를 알 수 있는 위치가 된다.

申酉 둘은 음양의 숙살肅殺로 이미 물질이 이루어져 거두어진다. 사람은 이미 작아져 줄어들었고, 안정을 얻게 된 위치가 된다

숙살肅殺 : 쌀쌀한 가을 기운이 풀이나 나무를 말리어 죽임

戌亥 둘은 음양이 막히고 닫히게 된 것으로, 물질의 기운이 뿌리로 뒤돌아간 것이다. 사람이 마땅히 휴식하고 각 되돌아간 위치가 된다.

(3) 납음오행의 역량

甲子. 乙丑 海中金 – 갑자 을축 해중금

대개 기운은 포장되어 존재하니 이름은 있고 형체는 없다. 마치 사람이 어머니 뱃속에 있는 것과 같은 것이다.

또 子는 水에 속하고, 또 호수가 되고, 또 水가 왕한 地가 되고, 겸해서 金은 子에서 사死하고, 丑은 묘墓가 되고, 왕한 水가 있는 곳으로 金의 사묘死墓가 되니 해중금海中金이라 한다.

壬寅. 癸卯 金箔金 – 임인 계묘 금박금

壬寅. 癸卯는 金의 절지絶地로 金의 기운이 오히려 유약하여 고운 빛깔의 명주와 같이 얇다. 그래서 금박금金箔金이라 하였다.

또 寅卯로 木이 왕한 地가 되어 木이 왕하면 金은 늘어지고 또 金은 寅에서 절絶하고 卯에서 태胎가 되니 金은 이미 무력하다. 그래서 금박금金泊金이라 한다.

庚辰. 辛巳 白鑞金 – 경진 신사 백랍금

庚辰. 辛巳는 납음 金이 火土의 地에 거주하는데, 氣가 이미 발생하였으나 金이 아직은 광석에 존재하는 것이다. 모양이 생겨 길어지는 것으로, 金의 색깔인 흰색은 올바르게 이루어졌다 하여 백랍금白鑞金이라 한다. 또 巳는 金의 장생지長生地가 되기 때문이다. 또 金은 辰에서 양養이 되고, 巳가 장생長生이 된다. 형질이 처음 이루어져 굳고 날카롭지 않아 백랍금白鑞金이라 한다.

甲午. 乙未 沙中金 - 갑오 을미 사중금

甲午. 乙未는 氣가 이미 이루어져서 물질이 자연히 견실해진 것이다. 모래와 섞여있지만 모래와 구별할 수 있고 火에 거주하여 火에 달구어진다. 이에 말하여 사중금沙中金이라 한다. 또 午는 火의 왕한 지地가 되고 火가 왕하면 金은 꺾이게 된다. 未는 火의 쇠지衰地이다. 火는 쇠衰가 되고, 金은 관대冠帶가 되는데, 목욕지沐浴地이면서 관대冠帶가 되어 찍어내지 못하여 사중금沙中金이 된다.

壬申. 癸酉 劍鋒金 - 임신 계유 검봉금

壬申. 癸酉는 氣가 왕성하여 물질이 다다르게 되니 마땅히 거두어들이는 공로가 있다. 날카롭고 민첩한 칼날의 역할이 뛰어나 대개 申酉 金의 올바른 이치가 된다. 天干에 壬癸이니 金水가 쉬려淬礪함으로 검봉劍鋒의 상象을 취한 것이다. 또 申酉金의 정당한 위치가 되고, 겸해서 申이 임관臨官이 되고, 제왕帝旺은 酉가 되니 金은 이미 생왕하여 확고하게 강하게 되어 강함은 검봉劍鋒을 넘어서는 것이 없어 검봉금劍鋒金이라 한다.

쉬려淬礪 : 칼 · 도끼 따위의 날을 달구어서 물에 담갔다가 숫돌에 갊.

庚戌. 辛亥 釵釧金 - 경술 신해 채천금

이상으로서 金이 공로가 다하게 된 것이다. 戌亥에 도달하면 金氣가 감추어져 엎드리게 되어 형체는 이미 남아 있지 않다. 다듬어져 여인의 비녀가 되어 모양이 이루어져 규각에 감추어지게 되니 어떤 일을 베풀 곳이 없는 金의 공로를 마친 것이다. 그래서 庚戌. 辛亥는 채천금釵釧金이라 한다. 또 金이 戌에 이르면 쇠衰가 되고 亥에 이르면 병病이 되니 金은 이미 병으로 쇠衰하게 되어 부드럽다.

壬子. 癸丑 桑柘木 – 임자 계축 상자목

壬子. 癸丑은 아직 木의 기운이 서려서 얼크러진 것이다. 형상이 퍼지지 않은 상태로 水의 땅에 거주하고, 누에가 쇠약한 달이 되고, 뽕나무 기운을 받아서 그때에 삶을 취한다.

또 子는 水에 속하고, 丑은 金에 속하고, 水는 木을 생하는 곳이고, 金은 木을 벤다. 마치 뽕나무가 넓은 곳에서 살아가는 것과 같다. 인간이 누에를 기르기에 적당하여 상자목桑柘木이라 한다.

庚寅. 辛卯 松柏木 – 경인 신묘 송백목

庚寅. 辛卯는 이미 木의 기운에 양의 기운이 오르기 시작하여 재배의 세력을 얻어서 모양을 갖추게 된다. 어찌 金이 밑에 거주하지 않겠는가? 金과 서리보다, 송백은 본질이 견고하여 하에서 왕하게 힘을 얻게 되니, 몹시 추운 겨울에 시들기는 하지만 그 견고한 성질로 견디게 된다. 그래서 송백목松柏木이라 한다.

또 木의 임관臨官은 寅이 된다. 제왕帝旺은 卯가 된다. 그러니 木은 이미 생왕生旺하게 되어 유약하지 않다. 그래서 송백목松柏木이라 한다.

戊辰. 己巳 大林木 – 무진 기사 대림목

戊辰. 己巳는 木氣를 헤아릴 수 없지만 나무는 이미 때에 미쳐 지엽이 무성하고 울창하다. 수풀을 이루게 되어 木의 왕성함을 취하게 되니 대림목大林木이다.

또 辰은 벌판이 되고, 巳은 陽이 되니 木이 이에 이르면 무성하게 된다. 무성한 木이 벌판에 있어 대림목大林木이다.

壬午. 癸未 楊柳木 - 임오 계미 양류목

壬午. 癸未는 木이 午에 이르면 사死가 되고, 未는 묘墓가 된다. 그래서 왕성한 버드나무가 여름에 잎이 시들고 줄기와 가지가 미약해지니 그 성질의 부드러움을 취하여 양류목楊柳木이다.

또 木은 午에서 사死하고, 未는 묘墓가 되니 木이 이미 死하여 묘墓에 들어갔다. 비록 天干에 壬癸水가 생하지만 종내 유약하게 되니 양류목楊柳木이 된다.

庚申. 辛酉 石榴木 - 경신 신유 석류목

庚申, 辛酉는 오행이 金에 속하고, 납음은 木에 속하므로 상극相剋을 취한 것이다. 나무의 성질은 맵기 때문에 석류목石榴木이 된다. 申酉는 氣가 되돌아가 정숙하고, 물질은 점차 성실하고, 木이 金地(가을)에 거주하면 그 맛은 맵다. 그래서 석류목石榴木을 말하기를 다른 木은 午에 이르면 死가 되는데 오직 이 木은 午에 이르면 왕旺하게 되니 그 성질이 다른 木과 다른 것을 취한 것이다.

또 申은 七月이 되고, 酉는 8月이 되고, 이 시기는 木이 절絶하는 시기로 석류石榴나무가 결실을 하게 되니 석류목石榴木이라 한다.

戊戌. 己亥 平地木 - 무술 기해 평지목

戊戌. 己亥, 木의 기운이 되돌아가 장복藏伏(잠복) 하고 음양이 폐색되어 木의 기운이 뿌리로 되돌아가 흙에 잠복하게 되니 평지목平地木이다. 또 戌은 벌판이 되고, 亥는 木의 生地가 되어 木이 벌판에 생한 것으로 한 뿌리 한 그루에 비교할 바가 아니니 평지목平地木이라 한다.

水

丙子. 丁丑 澗下水 - 병자 정축 윤하수

丙子. 丁丑은 아직 水의 기운이 구제되지 않아 높은 단계에서 水가 흐르지 않고 비습卑濕곳에 있는 水가 되니 흙 속에서 나아가게 된다. 그래서 윤하수澗下水가 된다.

또 水는 子에서 왕하게 되고, 丑에서 쇠衰하게 되고, 왕한데 도리어 쇠약하게 되면 강하江河를 이룰 수 없으니 윤하수澗下水가 된다.

甲寅. 乙卯 大溪水 - 갑인 을묘 대계수

甲寅. 乙卯는 水氣가 양명陽明하게 나타나 水의 세력이 근원을 의지하여 동쪽으로 물이 불어나서 흐르게 되어 그 세력이 크게 되어 대계수大溪水가 된다.

또 寅은 동북의 뼈대가 되고, 卯는 정동正東의 뼈대가 되고, 水는 정동正東으로 흐른다. 그 성질은 순하고 시냇물, 산골짜기 물, 못, 소로 흩어져서 흐르게 되니 대계수大溪水가 된다.

壬辰. 癸巳 長流水 - 임진 계사 장류수

壬辰. 癸巳는 水의 세력이 동남에 다다르게 된다. 氣가 화의 곁에 있게 되고 왕성한 세력으로 水가 원 위치에 뒤돌아가기 시작하여 차게 되면 다시 흐르니 장류수長流水가 된다.

또 辰은 수고水庫가 되고, 巳는 金의 장생지長生地가 된다. 고庫의 水가 巳에서 金의 생을 만나 왕하게 되어 천원泉源이 마르지 않으니 장류수長流水가 되는 것이다.

丙午. 丁未 天河水 – 병오 정미 천하수

丙午. 丁未는 마땅히 水의 기운이 승강하고, 火가 고명하고, 큰 장맛비가 세차게 내리는 까닭에서 火 속의 水가 된다. 그래서 오직 하늘 위에 있게 되어 천하수天河水가 된다.

또 丙丁은 火에 속하고, 午는 화가 왕한 地가 되고, 납음은 곧 水인데 水로부터 火가 나타나니 은하수에 있지 않을 수가 없다. 그래서 천하수天河水가 된다.

天河 : 은하수.

甲申. 乙酉 井泉水 – 갑신 을유 정천수

甲申. 乙酉는 水의 기운이 안정을 취한다. 자식과 어미가 같은 위치로 나타나서 궁하지 않아 퍼내어도 마르지 않는다. 그래서 정천수井泉水가 된다.

또 金은 申에서 임관臨官하고, 酉가 제왕帝旺이 되니 金은 이미 생왕하게 되어 水를 생하게 되는데, 그 역량은 크지 않으니 정천수井泉水가 된다.

壬戌. 癸亥 大海水 – 임술 계해 대해수

壬戌. 癸亥는 천문天門의 地로 氣가 되돌아가 폐색되어 널리 퍼지려 하는 水가 아니어 세력이 되돌아가 조용하고 편안한 위치로 불궁하게 들어 큰 홍수 등도 없다. 그래서 대해수大海水가 된다.

또 水의 관대冠帶는 戌이 되고, 임관臨官은 亥가 되어 힘이 두텁다. 겸해서 亥는 강이 되어 다른 水에 견줄 수가 없으니 대해수大海水가 된다.

戊子. 己丑 霹靂火 – 무자 기축 벽력화

戊子. 己丑은 아직 일양一陽인 火의 기운으로, 형체는 水의 위치에 있어 水 속의 火이니 신용神龍이 아닐 수 없다. 그래서 벽력화霹靂火가 된다. 또 丑은 土에 속하고 子는 水에 속하니 水의 올바른 거처가 되는 자리이지만 납음은 火가 되는데, 신용神龍이 아니면 火를 일으킬 수 없으니 벽력화霹靂火가 된다.

神龍 : 불의 용. 전설상에 나오는 온몸에 불을 띤 용.

丙寅. 丁卯 爐中火 – 병인 정묘 노중화

丙寅. 丁卯는 火氣가 점차 발휘한다. 섶으로 인하여 불꽃이 나타나니 음양이 왕성하여 천지가 화로로 된다. 그래서 노중화爐中火다.

또 寅은 삼양三陽이 되고 卯는 사양四陽이 된다. 火는 이미 地를 얻었고, 또 寅卯 木의 생을 얻어 이 같은 때는 천지가 따뜻한 기운이 되니 만물이 비로소 돋아나 자라게 된다. 그래서 노중화爐中火가 된다.

甲辰. 乙巳 覆燈火 – 갑진 을사 복등화

甲辰. 乙巳는 火의 기운과 형체가 왕성된 地가 된다. 세력이 고강하여 밝음이 퍼지고, 어둠은 이어지고, 자식과 어미가 서로 잇게 된다. 그래서 복등화覆燈火가 된다.

또 辰은 밥 먹을 때가 되고, 巳는 오전 10시로 태양이 장차 가운데에 이르게 되어 탐스러운 세력으로 천하를 비추게 되니 복등화覆燈火가 된다.

戊午. 己未 天上火 - 무오 기미 천상화

戊午. 己未는 火의 기운이 넘치는 곳이다. 태양이 강렬하여 빛이 밝게 비치니 하늘 위의 빛이 발휘되는 곳이다. 그래서 천상화天上火가 된다.

또 午는 왕한 火의 地가 되고, 未 속에는 木이 있어 다시 생겨나게 된다. 火의 성질은 염상(炎上: 불꽃을 뿜으며 타오름)으로 더불어 생지生地를 만나니 천상화天上火가 된다.

丙申. 丁酉 山下火 - 병신 정유 산하화

丙申. 丁酉는 火氣가 쉬게 된다. 형形이 감추어지니 빛의 세력이 줄어들어 땅이 줄고 자리가 바뀌니 힘이 적어 몸체가 약하게 되었다. 그래서 밝음이 멀리 미치지 못하여 산하화山下火다.

또 申은 땅집이 되고, 酉는 태양이 들어가는 문門으로 태양이 이곳에 이르면 빛이 감추어지게 되니 산하화山下火다.

甲戌. 乙亥 山頭火 - 갑술 을해 산두화

甲戌. 乙亥가 일컬어 산두화山頭火인 것은 산에 火의 형체가 감추어지고 산꼭대기만 빛이 비치고, 안은 밝지만 밖은 어두워 숨어서 나타나지 않고, 빛이 날리어 비게 되어 귀가하여 휴식하게 된다. 그래서 산두화山頭火라 한다.

또 戌亥은 천문天門이 되어 火가 천문을 비추게 된 위치로 그 빛이 높은 것이 되니 산두화山頭火라 한다.

土

庚子. 辛丑 壁上土 - 경자 신축 벽상토

庚子. 辛丑은 土의 기운이 폐색되어 있다. 물질은 오히려 포장되어 형체가 가려지고, 몸체가 가려져 내외가 교류하지 못한다. 그래서 벽상토壁上土가 된다.

또 丑은 비록 土의 정위正位가 되지만 子水가 왕한 地로 土가 水를 보니 진흙이 된다. 그래서 벽상토壁上土가 된다.

戊寅. 己卯 城頭土 - 무인 기묘 성두토

戊寅. 己卯는 氣가 능히 물질을 이루어 공히 물질을 육성한다. 풀에 뿌리가 나와서 받혀주니 무성하게 우거진다. 그래서 성두토城頭土가 된다.

또 干의 戊己는 土에 속하고 寅은 간산艮山이 되고 土가 쌓여 산山이 되니 성두토城頭土가 된다.

간산艮山 : 24괘 방위도에서 간방艮方은 丑이 속하므로 일컬은 것.[442page 참조]

丙辰. 丁巳 沙中土 - 병진 정사 사중토

丙辰. 丁巳는 양기陽氣가 이어져 이미 발생을 지나서 미래를 향해서 질서 정연하게 이루어나가니 사중토沙中土가 된다.

또 토고土庫인 辰이 되고, 巳에서 절절絶하고, 천간 丙丁 火는 辰이 관대冠帶가 되고, 巳는 임관臨官이 된다. 土는 이미 고절庫絶되었는데 왕화旺火가 다시 생하니 사중토沙中土가 되는 것이다.

庚午. 辛未 路傍土 - 경오 신미 노방토

庚午. 辛未는 土의 기운이 형체를 이루어 물질이 선명하게 드러나게 되어 형체의 물질이 완전하게 이루어졌다. 물질이 선명하게 되어서 노방토路傍土가 된다. 또 未中의 乙木은 午에서 생한다. 午는 왕한 火가 된다. 火가 왕하면 土가 형체를 받게 된다. 土가 비로소 생하게 되었으니 未는 물질을 기를 수 있어 마치 노방路傍과 같다.

戊申. 己酉 大驛土 - 무신 기묘 대역토

戊申. 己酉는 氣가 귀의하여 쉬게 된다. 물질이 움추려들어 물러나 한가하여 좋지만 할 일이 없다. 그래서 대역토大驛土가 된다.
또 申은 곤坤에 속하는 地가 되고, 酉는 태兌에 속하는 택澤이 되고, 戊己 土에 곤택坤澤이 더해진 경박한 土가 되니 대역토大驛土가 된다.

丙戌. 丁亥 屋上土 - 병술 정해 옥상토

丙戌. 丁亥는 氣가 물질을 이루어 일이 원만하다. 음양이 널리 퍼져 넘치는 세력으로 그 사이에서 얻으니 옥상토屋上土가 된다.
또 丙丁은 火에 속하고 戌亥는 천문天門이 되고, 火는 이미 불꽃이 되어 곧 土는 下에 존재하여 생하지 못하니 옥상토屋上土가 된다.

▶ 납음오행은 삼명법(2권)의 부록편 60갑자의 성질 왕쇠 길흉에서 더 학습할 수 있습니다.

 TIP

각 납음 오행을 상기의 생성 성장에서 설명한 차례의 기준으로, 즉 子丑부터 戌亥까지의 생성 성장하여 공로를 마친 과정을 설명한 것이니 유념하여 학습하면 각 납음오행의 힘의 강약을 익히기 쉽다.

(4) 납음오행 쉽게 찾는 법　▶ YouTube 15강

❖ 납음오행을 찾기 위한 조건표

辰巳, 戌亥 위에
金이면 납음오행은 金
水이면 납음오행은 水
土이면 납음오행은 木
木이면 木을 생하는 火가 납음오행
火이면 火가 생하는 土가 납음오행

甲子의 납음오행 찾기

```
        木    水    金
        ⌒    ⌒    ⌒
②    甲木  水水  金金
①    子丑  寅卯  辰巳
```

① 지지의 子, 丑, 寅, 卯, 辰, 巳 까지 적는다.
② 甲子이니 子 위에 甲을 적고 甲은 木이니 丑위에 木을 적고 다음 寅卯 위에
　는 木을 生하는 水를 적는다. 다음 辰巳위에도 水를 생하는 金을 적는다.
③ 조견표에서 辰巳 위에 있는 오행이 金이므로 甲子의 납음오행은 金이 된다.

戊寅의 납음오행 찾기

③　　金　　　土　　　火
　　　⌣　　　⌣　　　⌣
②　金金　　戊土　　火火
①　子丑　　寅卯　　辰巳

① 子, 丑, 寅, 卯, 辰, 巳를 적는다.
② 寅위에 戊를 적는다.
③ 戊는 土에 속하니 ③의 위치에 土를 적고 辰 巳위에는 土를 生하는 火를
적는다.
〈조건표〉辰巳 위의 火이면 土가 납음오행이다.

辛卯의 납음오행 찾기

③　　水　　　金　　　土
　　　⌣　　　⌣　　　⌣
②　水水　　金辛　　土土
①　子丑　　寅卯　　辰巳

지지 子, 丑, 寅, 卯, 辰, 巳를 적고, 卯위에 辛을 적고,
위의 방법으로 적으면 辰巳 위에 土가 된다.
〈조건표〉辰巳 위의 土는 木이 납음이 된다.

- 丁丑도 위의 방법으로 적으면 辰巳위에 水가 되니 水는 그냥 水가 납음오행이 된다.

- 己酉의 납음오행은 戌亥 위에 火가 될 것이니 火는 生하는 土가 납음오행이니 己酉는 土가 납음오행이다.[子丑寅卯辰巳대신 午未申酉戌亥]

- 壬午의 납음오행을 찾아보면 역시 위의 방법으로 적으면 戌亥위에 土가 온다 土는 木이 납음오행이니 壬午의 납음은 木이다.[子丑寅卯辰巳대신 午未申酉戌亥]

- 丁未의 납음오행은 戌亥 위에 水가 되니 水가 丁未의 납음오행이다.

- 庚戌의 납음오행은 위의 방법으로 地支에 戌이니 곧 庚이 金에 속하니, 戌亥 위에 金이 된 것으로 金이 庚戌의 납음오행이 된다.

- 壬辰의 납음오행은 곧 辰 위에 壬은 水이니 水가 납음오행이 된다.

위의 방법 외에도 숫자로 찾는 방법이 두가지 더 있는데, 숫자를 이리저리 계산하여야 하고 또 외울 것도 많다. 이 방법은 외울 것도 적고 조금만 습관되면 암산으로도 금방 찾게 된다.
이방법은 필자가 발견한 것으로 최초 공개한다.

▶ 납음오행의 생왕고사절 및 생극제화에 대해서 하권 p188 간명비전에서 더 공부합니다.

TIP

정광태의 "독도는 우리땅"♬♪♩노래에 맞추어 암기해도 좋다.

甲子乙丑海中金 丙寅丁卯爐中火 戊寅己巳大林木
갑자을축해중금 병인정묘노중화 무인기사대림목

❖ 60甲子 납음 일람표

甲乙 子丑 해중금	丙丁 寅卯 노중화	戊己 辰巳 대림목	庚辛 午未 노방土	壬癸 申酉 검봉금
甲乙 戌亥 산두화	丙丁 子丑 윤하수	戊己 寅卯 성두土	庚辛 辰巳 백납금	壬癸 午未 양류목
甲乙 申酉 정천수	丙丁 戌亥 옥상토	戊己 子丑 벽력화	庚辛 寅卯 송백목	壬癸 辰巳 장류수
甲乙 午未 사중금	丙丁 申酉 산하화	戊己 戌亥 평지목	庚辛 子丑 벽상토	壬癸 寅卯 금박금
甲乙 辰巳 복등화	丙丁 午未 천하수	戊己 申酉 대역토	庚辛 戌亥 채천금	壬癸 子丑 상자목
甲乙 寅卯 대계수	丙丁 辰巳 사중土	戊己 午未 천상화	庚辛 申酉 석류목	壬癸 戌亥 대해수

 TIP 숫자로 납음오행 찾기

주柱의 태현수를 가지고 계산하는데 태현수는 만물이 발생하는 봄(寅,艮)과 만물이 조령하는 가을(坤,申) 사이의 數를 취한다. 1,2,3은 만물이 생성된 수數로 이를 취하지 않는다.

甲己,子午 : 9.   乙庚,丑未 : 8.   丙辛,寅申 : 7.

丁壬,卯酉 : 6.   戊癸,辰戌 : 5.   巳亥 : 4

1,6은 火,   2,7는 土,   3,8은 木,   4,9는 金,   5,10은 水

이상의 수로 甲子, 乙丑을 계산하면 甲9+子9+乙8+丑8=34가 되어 뒤의 4는 金에 속하니 甲子, 乙丑의 납음오행은 金이 된다. 타는 이 예에 준한다.

3. 계절과 지장간地藏干

▶ YouTube 16강

(1) 지장간의 개념

세상의 물질은 3수로 이루어지게 된다.

인간에 비유하면 영혼이 있고 몸체인 물질이 있어 이 두 개가 서로 기생하여 이루어져야 한 명의 인간이 성립된다.

영혼과 육체 2수가 붙어 몸체를 이루어 3수가 되어야 진정한 인간이 된다.

태극 문양의 물결무늬로 2등분하여 음양을 나타내었고, 다시 바깥 둘레의 원을 만들어 몸체를 타나낸 것이다.

그래서 음양과 몸체, 3수가 천지인天地人 3수로 성립된 것이 태극 문양이다. "이 태극 문양을 별 의미 없이 그냥 말만으로 보면 아무것도 아니지만 자연에 감응하고 그 문양을 보면 아주 깊은 의미가 있다. 즉 자연의 이치를 함축하여 간단하게 나타낸 것이 태극문양이다."

봄은 寅卯辰, 여름은 巳午未, 가을은 申酉戌, 겨울은 亥子丑인데 이 수數도 각 3으로, 寅은 木의 陽에 속하고 卯은 木의 陰에 속하여 辰에 木의 기운이 다다르게 되어 비로소 木의 형상인 나무가 완성된다. 즉 3에서 모든 것이 이루어지는 것이다.

이루어진 것은 형상의 실체가 된다. 그 기운의 움직임은 곧 木은 亥에서 氣가 발동하여 寅卯辰에서 나무의 실체인 형상이 완성되어 생하여 나아가서 未에서 묘墓에 들어가게 되어 그 실체는 없어지고 氣만 있게 된다.

그리고 3수는 형상의 실체가 완성된 수數가 된다.

陰이 극하게 달한 블랙홀에서 혹 달걀 속의 상태와 같은 0에서 별안간 陽이 움직이기 시작하여 보이지 않던 미소한 陽이 나타남으로, 한 개가 두 개로 나누어져 하나는 天이 되어 가볍고 맑은 陽을 얻고, 하나는 地를 이루어 무겁고 탁한 陰을 얻게 되어 태초에 태극의 존재로 만사에 흩어지게 된다.

이와 같은 연유에서 가볍고 청한 것은 十干이 되어 녹祿의 주체로 **천원**天元이 되고 무겁고 탁한 것은 12지지가 되어 몸이 주체가 되어 일컬어 **지원**地元이 된다.

이에서 천간은 氣로 청하고 전일한 것이지만 지지는 탁하여 여러 가지가 혼잡하게 되어 있다.

그래서 12지지에는 여러 가지의 천간이 들어 있다.

지지에 들어있는 천간들을 **지장간**地藏干이라고 하고 또 이들은 **인원**人元이라 하고, **천원, 지원, 인원을 삼원**三元 혹은 **삼재**三才라 한다.

또 간지의 천간을 천원, 지지를 지원이라고도 하고, 간지의 몸체에서 고인이 만든 오행이 있는데, 이 오행을 **납음오행**納音五行이라고 하고 이 납음오행을 인원이라고 하여 천지인天地人으로 설명하기도 한다.

또 년주年柱를 기준으로 하여 년간을 녹祿. 년지를 명命이라 하고, 년의 납음오행을 신身이라 하여 또한 삼원三元이 된다.

(2) 절기와 지장간

1년중

입춘立春부터는 寅이 세워져 寅월이 되고, 寅 중에는 **戊, 丙, 庚**이 들어있고 한 달 30일 중 戊가 7일, 丙이 7일, 甲은 16일이 되고, 입춘부터 차례대로 그 기운을 맡는다.

경칩驚蟄부터는 卯가 세워져 卯월이 되고, 卯중에는 **甲, 乙**이 들어있고, 한 달 30일 중 초 10일은 甲, 남은 20일은 乙이 작용한다.

청명淸明은 辰이 세워져 辰월이 되고 辰중에는 **乙, 癸, 戊**가 들어있고 한 달 30일 중 처음은 乙이 9일, 다음 癸가 3일, 남은 18일은 戊의 기운이 주체가 되어 작용한다.

입하立夏는 巳가 세워져 巳월이 되고, 巳중에는 **戊, 庚, 丙**이 들어있고, 한 달 30일 중 처음 5일은 戊가, 중간 9일은 庚이 작용하고, 남은 16일은 丙의 기운이 주체가 되어 작용한다.

망종芒種은 午가 세워져 午월이 되고, 午중에는 **丙, 己, 丁**이 들어있고 한 달 30일 중 처음은 丙이 10일, 다음 중간은 己가 10일, 남은 10일은 丁의 기운이 주체가 되어 작용한다.

소서小暑는 未가 세워져 未월이 되고, 未중에는 **丁, 乙, 己**가 들어있고 한 달 30일 중 처음은 丁이 9일, 다음은 乙이 3일, 남은 18일은 己가 주체가 되어 작용한다.

입추立秋는 申이 세워져 申월이 되고, 申중에는 **己, 戊, 壬, 庚**이 들어있고 한 달 30중에 己 7일, 戊 3일, 壬 3일, 庚17일이 차례대로 그 기운이 주체가 되어 작용한다.

백로白露는 酉가 세워져 酉월이 되고, 酉중에는 **庚, 辛**이 들어있고 한 달 30일 중 庚이 10일, 辛이 20일을 차례대로 기운의 주체를 맡게 된다.

한로寒露는 戌이 세워져 戌월이 되고, 戌중에는 **辛, 丁, 戊**가 들어있고 처음 9일은 辛, 다음 3일은 丁, 남은 18일은 戊의 기운이 주체가 되어 작용한다.

입동立冬은 亥가 세워져 亥월이 되고, 亥중에는 **戊, 甲, 壬**이 들어있고 한 달 30일 중 1일부터 순서로 戊가 7일, 甲이 5일, 壬이 18일을 차례대로 기운의 주체가 된다.

대설大雪은 子가 세워져 子월이 되고, 子중에는 **壬, 癸**가 들어있고 한 달 30일 중 壬이 10일, 癸가 20일 차례대로 그 기운의 주체가 된다.

소한小寒은 丑이 세워져 丑월이 되고, 丑중에는 **癸, 辛, 己**가 들어있고 한 달 30일 중 癸가 9일, 辛이 3일, 己가 18일 차례대로 기운의 주체가 된다.

(3) 지장간의 요점

실제 상기의 일수를 계산하면 360일분으로 각 조금의 시간이 더 존재하게 되는데 그 내용은 아래의 표의 分으로 표기한 것을 참조하면 된다. 연해자평에 수록되어 있는 것을 기준으로 하였고 검증한 결과 가장 신뢰도가 있었다.

작용이 가장 긴 날 수를 가진 오행이 **주된 기운**으로 작용하니, 그 지지에서 힘이 가장 강하여 주된 干으로 사용된다.

12지지	子	丑	寅	卯	辰	巳	午	未	申	酉	戌	亥
주 기운	癸	己	甲	乙	戊	丙	丁己	己	庚	辛	戊	壬

巳중의 戊도 작용하고, 寅중의, 戊도 작용이 있고, 亥중의 戊, 申중의 己戊는 작용이 있고, 午중의 己도 작용력이 크다.

土의 생지生地를 申과 寅으로 申에 己, 戊가 있고 寅에도 己, 戊의 작용이 있다. 丑월은 土가 얼어터져 土에 만물이 의지하기 어렵고, 未월은 土가 말라 갈라지기 때문에 寅과 申에서 다시 생할 수밖에 없다.

여기餘氣는 지난달의 남은 기운이 지속, 12지지 전부에 해당한다.

중기中氣는 새로 태어난 기운과 끊어져 잠복 된 기운으로, 生地인 寅, 申, 巳, 亥와 묘고지墓庫地인 辰, 戌, 丑, 未에만 있다.

정기正氣는 그 달에 확실히 나타나 있는 기운이다.

❖ 월령분야月令分野 일람표

	여기餘氣	중기中氣	정기正氣
子	壬 10日 5分	癸 20日 7分	
丑	癸 9日 3分	辛 3日 1分	己 18日 6分
寅	戊 7日 2.5分	丙 7日 2.5分	甲 16日 3.5分
卯	甲 10日 5.5分	乙 20日 6.5分	
辰	乙 9日 3分	癸 3日 1分	戊 18日 6分
巳	戊 5日 1.5分	庚 9日 3分	丙 16日 5分
午	丙 10日 3.5分	己 10日 3,5分	丁10日 3.5分
未	丁 9日 3分	乙 3日 2分	己 18日 6分
申	己 7日 1.5分 戊 3日 1.5分	壬 3日 1.5分	庚 17日 6分
酉	庚 10日 5.5分	辛 20日 7.5分	
戌	辛 9日 3分	丁 3日 2分	戊 18日 6分
亥	戊 7日 2.5分	甲 5日 0.5分	壬 18日 6分

▶ 연해자평 기준

4. 사계절의 절기節氣

입절立節과 중기中氣에서 춘추는 분分으로 말하여 곧 춘분, 추분이라 하고, 지至라고 하지 않고 하동夏冬은 지至라 하여 곧 하지, 동지라 하여 分이라 하지 않는다.

우수 경칩 이후 24기氣를 나누어 속하는 이름이 있고, 또 반드시 그에 알맞은 이름이 된다.

사립四立은 입춘, 입하, 입추, 입동으로 사계절을 나누는 절기가 된다.

또 寅에서 시작하여 丑이 마지막으로 절節이 되고, 月의 반은 중기中氣가 된다. 그래서 합하여 절기라고 한다.

이분二分은 춘분, 추분으로 음양 즉 낮과 밤이 서로 반씩 되는 것을 일컫는다.

이지二至의 지至는 2개의 뜻이 있는데 子에서 巳까지는 육양六陽이 되고, 午에서 亥까지는 육음六陰이 되는데 지至는 巳午의 사이 亥子의 사이에 있다. 겨울은 亥에 도달하여 극음陰極이 된 후인데 이에 子라 하고 子는 지止이고 이것에서 陽이 생하니 그래서 또 말하기를 지至라 한다.

❖ 24 절기표節氣表

월	절기節氣			월	절기節氣		
1月 寅	입춘	節	2/4	7월 申	입추	節	8/8
	우수	氣	2/19		처서	氣	8/23
2月 卯	경칩	節	3/6	8월 酉	백로	節	9/8
	춘분	氣	3/21		추분	氣	9/23
3月 辰	청명	節	4/5	9月 戌	한로	節	10/8
	곡우	氣	4/20		상강	氣	10/24
4月 巳	입하	節	5/6	10월 亥	입동	節	11/8
	소만	氣	5/21		소설	氣	11/22
5月 午	망종	節	6/6	11月 子	대설	節	12/7
	하지	氣	6/21		동지	氣	12/22
6月 未	소서	節	7/7	12月 丑	소한	節	1/6
	대서	氣	7/23		대한	氣	1/20

※ 각 月은 음력이고, 2/4(2월 4일) 3/6(3월 6일) 4/5(4월 5일) 등의 숫자는 절기가 바뀌는 날을 양력으로 표시한 것이다.

음력은 날짜가 바뀌는 수가 많은데 양력은 거의 불변하다.

간혹 1일 정도 어긋날 수도 있지만 거의 불변하다고 보면 된다.

제5장
팔자
간명요소

1. 십성十星의 생성

일간을 나我라고 정의하여 타 오행과 상호 **생극**生剋 관계로 정한다. 또 일간과의 음간陰干, 양간陽干 관계로 구별한다.

❖ 십성 상호 관계 일람표

日干	정인 正印	편인 偏印	비견 比肩	겁재 劫財	식신 食神	상관 傷官	정재 正財	편재 偏財	정관 正官	편관 偏官
甲	癸	壬	甲	乙	丙	丁	己	戊	辛	庚
乙	壬	癸	乙	甲	丁	丙	戊	己	庚	辛
丙	乙	甲	丙	丁	戊	己	辛	庚	癸	壬
丁	甲	乙	丁	丙	己	戊	庚	辛	壬	癸
戊	丁	丙	戊	己	庚	辛	癸	壬	乙	甲
己	丙	丁	己	戊	辛	庚	壬	癸	甲	乙
庚	己	戊	庚	辛	壬	癸	乙	甲	丁	丙
辛	戊	己	辛	庚	癸	壬	甲	乙	丙	丁
壬	辛	庚	壬	癸	甲	乙	丁	丙	己	戊
癸	庚	辛	癸	壬	乙	甲	丙	丁	戊	己
음양 관계	다름	같음	같음	다름	같음	다름	다름	같음	다름	같음
상호 관계	日干이 生을 받음	日干이 生을 받음	日干과 같은 오행	日干과 같은 오행	日干이 生을 함	日干이 生을 함	日干이 剋함	日干이 剋함	日干이 剋을 받음	日干이 剋을 받음

범례 : 乙巳년 丙午월 甲子일 丁卯일. [일람표의 화살표를 참조][일간 甲기준]

사주를 간명看命하는데 가장 많이 사용하는 성星으로, 십성+星 혹은 십신+神이라고 한다.

한 干이 다른 干을 생生(설洩) 하고, 생받고, 극헀하고, 극받고, 견주(비견比肩)는 5가지 관계로 설정하는데, 상호 간의 음양 관계에 따라 다시 구분하게 되어 10가지가 된다.

> 비견比肩, 비겁比劫, 정인正印, 편인偏印, 정관正官, 편관偏官,
> 정재正財, 편재偏財, 식신食神, 상관傷官으로 10종류가 된다.

양간陽干 : 甲 丙 戊 庚 壬

음간陰干 : 乙 丁 己 辛 癸

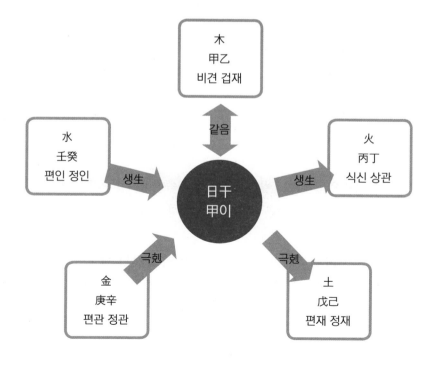

(1) 甲 일간日干의 경우

甲이 생(설洩)하는 十干은 丁과 丙인데 丁은 陰陽이 달라 상관傷官
                                              丙은 陰陽이 같아 식신食神

甲을 생하는 十干은 癸와 壬으로, 癸는 陰陽이 달라 정인正印
                                              壬은 陰陽이 같아 편인偏印

甲이 극하는 十干은 己와 戊인데 己는 陰陽이 달라 정재正財
                                              戊는 陰陽이 같아 편재偏財

甲이 견주는 十干은 乙과 甲으로 乙은 陰陽이 달라 겁재劫財
                                              甲은 陰陽이 같아 비견比肩

타 천간은 이 예에 준하여 추리하면 된다.

【예문 1】

甲 丙 辛 丙
午 申 卯 申

丙 일간을 기준으로 하여, 월간 辛은 金에 속하고, 일간 丙은 火에 속하니
丙은 辛을 극하게 된다. 丙은 양간陽干에 속하고 辛은 음간陰干에 속하니 **정재**가 된다.

년간 丙은 일간 **丙**과 같은 오행이 되고 음양이 같으니 **비견**이 된다. 시간의
甲 木은 일간 丙 火의 힘을 빼앗는(설洩)것이 되고, 丙은 陽에 속하고 **甲**도
陽에 속하여 음양이 같으니 **식신**이 된다.

壬 丁 壬 丙
寅 卯 辰 申

丁 일간이 기준이 되고, 년간 丙은 일간丁과 같은 火로 같은 오행이 되고,
丙은 양간, 丁은 음간으로 음양이 다르니 **겁재**가 된다. 월간 壬은 일간 丁을
극하는데, 丁은 음간 壬은 양간으로 음양이 다르니 **정관**이 된다. 시간도 壬
이니 마찬가지로 정관이 된다.

(2) 12지지에 대한 십성

12지지는 각각의 지지마다 다른 지장간이 들어 있기 때문에 한 지지를 가
지고 한 십성으로 논하는 것은 바람직하지 않다.

예를 들어 甲 일간에 대한 亥를 논하면
亥의 **지장간은 壬, 甲, 또 戊도 있기 때문**에 한 십성으로 평가해서는 안 된다.
그렇지만 다만 亥의 본기는 壬이 되기 때문에 甲은 양陽이 되고, 亥중의 壬
도 양이 되고, 壬은 水가 되고, 甲은 木이 된다. 그래서 壬이 木을 생生는 관
계가 되고 또 같은 양이 되니 편인이 된다.
그러므로 본기를 기준으로 亥를 편인 이라고도 말하지만 절대적인 것은 아
니다.
항상 다른 지장간地藏干을 고려하여 논하는 것이 마땅하다.

(3) 십간과 12지지와의 십성 관계

甲과 乙을 예를 들어 지지의 본기와 관계를 보면

甲의 정인은 子 ················ 子 중의 癸가 기준

　　　편인은 亥 ················ 亥 중의 壬이 기준

　　　정관은 酉 ················ 酉 중의 辛이 기준

　　　편관은 申 ················ 申 중의 庚이 기준

　　　정재는 未, 丑 ············ 丑, 未 중의 己가 기준

　　　편재는 戌, 辰 ············ 辰, 戌 중의 戊가 기준

　　　상관은 午 ················ 午 중의 丁이 기준

　　　식신은 巳 ················ 巳 중의 丙이 기준

　　　겁재는 卯 ················ 卯 중의 乙이 기준

　　　비견은 寅 ················ 寅 중의 甲이 기준

乙의 편인은 子 ················ 子 중의 癸가 기준

　　　정인은 亥 ················ 亥 중의 壬이 기준

　　　편관은 酉 ················ 酉 중의 辛이 기준

　　　정관은 申 ················ 申 중의 庚이 기준

　　　편재는 未, 丑 ············ 丑, 未 중의 己가 기준

　　　정재는 戌, 辰 ············ 辰, 戌 중의 戊가 기준

　　　식신은 午 ················ 午 중의 丁이 기준

　　　상관은 巳 ················ 巳 중의 丙이 기준

　　　비견은 卯 ················ 卯 중의 乙이 기준

　　　겁재는 寅 ················ 寅 중의 甲이 기준

남은 12지지도 이에 준한다.

❖ 12지지의 십성 일람표

十星 日干	정인	편인	비견	겁재	식신	상관	정재	편재	정관	편관
甲	子	亥	寅	卯	巳	午	丑未	辰戌	酉	申
乙	亥	子	卯	寅	午	巳	辰戌	丑未	申	酉
丙	卯	寅	巳	午	辰戌	丑未	酉	庚	子	壬
丁	寅	卯	午	巳	己	辰戌	申	酉	亥	子
戊	午	巳	辰戌	丑未	申	酉	子	亥	卯	寅
己	巳	午	丑未	辰戌	酉	申	亥	子	寅	卯
庚	丑未	辰戌	申	酉	亥	子	卯	寅	午	巳
辛	辰戌	丑未	酉	申	子	亥	寅	卯	巳	午
壬	酉	申	亥	子	寅	卯	午	巳	丑未	辰戌
癸	申	酉	子	亥	卯	寅	巳	午	辰戌	丑未
음양 관계	다름	같음	같음	다름	같음	다름	다름	같음	다름	같음
상호 관계	日干이 生을 받음	日干이 生을 받음	日干과 같은 오행	日干과 같은 오행	日干이 生을 함	日干이 生을 함	日干이 剋함	日干이 剋함	日干이 剋을 받음	日干이 剋을 받음

범례 : 乙巳년 丙午월 甲子일 丁卯일.

주의 : 지지에는 지장간이 3개 까지 들어 있기 때문에 본 일람표에 나타난 십성을 단정하여 결
정하지 말고 타 남은 천간에 대한 십성도 고려하여야 한다. [곧 상기표는 주된 기운을
주로 한 것이다.]

2. 십성의 특성

▶ YouTube 18,20,70,117강

(1) 정관正官, 편관偏官.

> 정관 편관의 대표적 특성
> 소속所屬,단호, 강직, 위엄, 공무, 사업, 채찍, 긴장. 자아 강박, 리더,
> 지휘, 수법守法, 피해의식, 냉정, 졸렬, 악독, 정통, 융통성이 없다.
> 공무원, 관직, 회사원, 권력, 아들.
> 정관正官은 상흡적相吸的, 편관偏官은 배타적排他的

> 身(日干)을 극하여 수명에 지장을 준다.
> 겁재를 제어하여 재물을 지킨다.
> 관청(직장)과 자식, 남편을 대표 한다.

관官은 벼슬 官인데 벼슬을 한다는 것은 일정한 집단에 소속되는 것이다. 그 소속은 관청이라는 테두리 안이 되고, 그 소속된 집단은 관리 규정이 정하여져 있어 그 테두리를 쉽게 벗어나지 못하는 제약이 있게 될 수밖에 없으므로 **억압**이 된다.

그래서 나를 제어하는 金을 취하게 되는데, 日干이 甲(이하 모두 甲木을 예로 한다)일 경우, 陰金인 辛은 甲의 정관이 되고, 陽金은 庚은 편관이 되고, 또 살 煞. 殺 이라 한다.

살煞은 죽일 살煞인데, 실제 사주에 이 성분이 많으면 죽을 수도 있고 고통이 매우 많게 되고, 성격도 아주 편중되어 치졸한 면이 있고, 고지식하고, 융통성이 없고 한마디로 못됐다.

적당하면 법, 규칙을 잘 지키고, 사람을 장악하는 카리스마가 있고, 청중을 압도하고, 사람들도 잘 따른다.

비겁이 많은 사람이 열 마디 말하는 것보다 관살官殺이 많은 사람이 한 마디 말하는 것이 더 효과적이라고 하면 가장 적당하게 관살의 특성을 표현한 것이다.

편관과 煞을 음밀히 구분한다면 상관이 제어하면 편관이 되고, 제어가 없으면 煞이 되는데, 왕하면 煞로 보고, 적당하면 편관으로 보는 것이 타당하겠다.

나를 이긴다(剋) 하는 것은 내가 사람에게 제어를 받는 의미이다.

그래서 그 세운 이름이 관살官煞이 된다.

관官者는 관棺이 되고 살자煞者는 해害가 된다.

관살을 두고 고인들은 자신의 몸이 속해있는 공가公家로 임무를 맡으면, 끓는 물을 뛰어넘고, 활활 타오르는 불도 밟아 책임을 다하는 충성으로 목숨을 바쳐 관의 덮개를 덮게 되는 것이 관살이라 하였다.

그래서 꿈에 늘(관)을 보면 벼슬을 얻는 의미로 해몽하기도 하는 것이다.

(2) 정재正財, 편재偏財

정재 편재의 대표적 특성
장악, 통제, 탐심, 재물, 욕심, 신체, 관리, 당당하다, 지배, 적극적,
단순 무식, 빈궁. 정재는 급료, 편재는 사업. 처, 재물, 애인
정재正財는 상흡적相吸的, 편재偏財는 배타적排他的.

재물과 처를 대표한다.
인수印綬(편인과 정인의 총칭)를 깨니 증명서가 깨어져 변동이 있다.

財는 한문의 뜻 그대로 재물이 된다.
내가 장악하여 통제 지배하고, 내가 극하는 것이다. 木은 土를 극하니 土가
財가 된다. 甲과 음양이 다른 己는 정재가 되고, 음양이 같은 戊는 甲의 편
재가 된다.

사주에 적당한 값이면 한문의 뜻과 같이 재물에 집착하는 특성이 강하다.
또 재물을 잘 모으고, 군중을 장악하여 통제하는 기술이 뛰어나다.
또 사물에 대한 감각도 뛰어나고, 화통하고 남자다운데 사주에 너무 많이
있으면 집착이 강하여 마약에 빠진다든가, 게임에 빠진다든가, 노름에 빠
진다든가 하는 경향이 있다.

내가 이기는(刦) 자는 나에게 제어를 받는 의미가 있는 것이다.
그래서 세운 이름이 처재妻, 財가 된다. 가령 사람은 장가가서 처를 얻으면
처가 화장대와 전토田土를 가져와서 종신 어기지 않고, 나는 이것으로부터
누리면서 이용하게 되어 곤핍困乏하게 되지 않고, 또 하나의 가정을 이루어

자식을 낳게 되니 이것은 처실妻室의 내조를 얻은 것이 아니겠는가!
그래서 세운 이름이 처재妻財가 된다.

여자 사주에 재성이 왕성하면 성격이 강하여 박력이 있고, 남편을 장악 관리한다.

甲에게 己는 정처正妻가 되고 戊는 편처偏妻가 된다. 처에서 정正은 貴하고, 편偏은 貴하지 않은데 편偏은 서로 대적하면서 나를 모시는 것으로 나누어지면 따로 떨어지게 되는 이치가 있기 때문이다.

財는 비겁을 두려워하여 피겁되면 떨어져 나가고, 인성은 재성을 두려워하는데 재물을 탐하여 붕괴된다.

정재를 財로 표시하고, 편재도 財로 표시한다. 정인은 印으로 표시하고, 편인을 효梟라 표시하기도 한다.

(3) 정인正印, 편인偏印

정인 편인의 대표적 특성
멈춤, 수용, 인증認證, 증명서, 계약서, 허락, 수용, 수동, 종교, 느림,
보호성. 도식倒食. 집, 접수, 활발하지 않다. 나를 보호하는 것, 모친,
문서, 도장.
정인正印은 상흡적相吸的, 편인偏印은 배타적排他的.

도장(증명)과 모친을 대표한다.
활동성인 식상, 상관을 깨니 활동에 제약을 받게 하고, 밥(재물)그릇을
깨어버린다.

印인은 도장의 뜻인데, 도장은 나의 어떤 것을 보호하는 증명서가 되고, 이는 또 보호하는 의미에 속하기도 하고, 나를 보호하는 것은 육친으로서는 모친이 된다.

생극生剋 관계에서는 生의 위치가 되는 것은 水로써, 水의 위치인 癸는 陰으로 陽인 甲과 음양으로 유정한 것이니 정인이 되고, 壬은 陽으로 자석이 같은 극은 밀치는 것과 같이 정이 있지 않아 편인이 된다.

이 성분이 사주에 많으면 소극적이고 우유부단하고, 묘하게 남에 의지하는 맛이 있는 경향의 소유자가 되고, 적당하면 아이디어가 특출한 직관력과 이해력이 매우 좋고, 후덕하고, 많으면 언어 표현을 잘하지 못하여 말을 잘하지 못하고, 재물을 얻는 능력이 약한 특성도 있다.

印은 음蔭이 되고 수綬는 수受가 된다. 비유하면 부모의 은덕으로 자손에 음
비蔭庇하여 자손이 그 복을 받는 것이다.

조정에서 관청을 설립하여 직職을 몇 개의 부분으로 나누어 인수印綬를 수
여하여 벼슬 직분을 받아 직무 직분을 장악하여 관리하게 된다.

그래서 벼슬(官)은 있는데 인수印綬가 없으면 어떤 증빙서로 장악 관리를 하
고, 사람에 부모가 없으면 어디에 그늘이 있어 믿고 의지하게 되겠는가!

그래서 官과 印은 그 이치가 하나가 되어 통하는 것으로 둘이 따로 떼어 놓
을 수 없다.

그래서 官(관청)의 도장을 몸에 차게 하는 끈으로 인수印綬라한다.

印綬 : (벼슬 자리에 임명될 때 임금에게서 받는) 신분이나 벼슬의 등급을
　　　나타내는 관인(官印)을 몸에 차기 위한 끈. 관인의 꼭지에 닮. 인끈.

(4) 식신食神, 상관傷官

식신 상관의 대표적 특성
표현,능동, 자유분방, 다정다감, 지출, 반항, 변동, 예술, 범법. 활동,
탈법, 탐구, 배려, 소통. 낭만, 과신, 홍보, 사교.
식신食神은 배타적排他的, 상관傷官은 상흡적相吸的.

식신과 상관은 여명에게는 자식에 해당하고 활동, 표현에 능숙하다.
자유분방하다. 머리도 좋고 돈도 잘 벌고 사교성이 뛰어나다. 그래서 빼
어난 기운이라고 한다.
官(정관, 편관)을 깨니 즉 관청을 깨는 것이니 규칙과 규정을 어긴다.

한문을 풀면 식食은 음식이 되지만, 벌이, 생활, 생계 등의 의미를 가지게
되고, 상관은 관을 손상시켜 규칙 규정을 어긴다.

甲의 힘을 빼는 것으로 즉 설설洩(泄) 하게 되는 것인데, 내가 생하여 주는 것
으로, 丙火, 丁火가 이에 속한다. 甲과 음양이 같은 丙火는 식신이 되고, 甲
과 음양이 다른 丁火는 상관에 속한다.

내가 무엇을 하는 동사로 사주에 적당하면 빼어난 기운이 된다. 하는 일마
다 빼어나게 잘하고, 언어 표현력도 뛰어나고, 모양새도 아름다운 편이고,
다정다감하고, 인정도 많고, 대인관계도 매우 좋아 사람이 사근사근하여
쉽게 친근하게 되고, 예술적인 면도 뛰어나다. 그러나 많으면 계략이 뛰어
나고, 사람을 속이고, 법을 어기고, 규칙에 어긋나는 행동을 하고, 반항적
이고, 반동적인 경향이 있다.

내가 낳(洩)은 자는 자손이라는 의미가 있어 그러한 연유로 식신이란 이름이 되었다.

식食은 가령 벌레들이 식물을 먹어 손상시키는 것으로 벌레가 식물을 먹으면 배가 부르게 되고, 사람이 食을 얻으면 물건이 넉넉해지고, 食이 피해를 입으면 손상이 있는 것이다.

조화는 자식을 낳아 성장되게 기르는 것이다.

즉 사람이 자식을 양육하는 것은 부모의 도가 된다.

그러한 고로 食神이라 한다.

甲은 식신인 丙을 좋아하는데,

丙인 식신이 庚인 살煞을 제어할 수 있어 甲은 비로소 몸이 편안하게 되기 때문이다.

상관傷官丁은 좋아하지 않는데,

丁은 官을 손상시켜 甲이 재목을 이루지 못하게 되기 때문이다.

그래서 陰이 陰을 生하여도 좋게 되고, 陽이 陽을 생하여도 이것에서는 좋은 것이 된다.

(5) 비견比肩, 겁재劫財

비견, 겁재의 대표적 특성
자만, 수수방관, 혼자 하고자 한다, 자신감, 감내, 감당. 힘, 독선. 경쟁자,
탈재奪財, 솔직 담백, 자아도취, 조급. 욕망이 적다. 자조, 자립한다,
동료. 형제.
비겁比劫은 배타적排他的, 비견比肩은 상흡적相吸的

비견 겁재는 재물과 처와 남편을 약탈해가는 도적이다.
혼자도 잘하는 고독성이다.
그래서 신왕하면 의지할 곳이 없어 거지 혹은 스님이 된다.

일간이 甲木이라면, 양간陽干인 甲은 동류로 형제, 친구가 되는 것으로 나와
대등하다 하여 비견이 되고, 乙木은 음간陰干으로 나의 재물을 겁탈한다는
의미로 겁재혹 비겁이 된다.

사주에 많으면 사물, 사건에 스스로 감내하여 양보하는 경향이 있고, 일을
행하는데 홀로 하는 경향이 있고, 적당하게 있으면 용감하고 솔직 담백하
고, 착하기도 하고, 남에 의지하지 않고, 혼자하니 또 이것이 감내가 되고,
또 용감하고 충동적인 면도 있다.

(6) 십성 총론

나를 생生하고, 내가 생하는 것은 가령 壬이 甲을 生하고, 癸가 乙을 생하고, 甲에게는 丙이 식신이 되고, 乙에게는 丁이 식신이 되고, 陰이 陰을 생하고, 陽이 陽을 生하고, 陰에 陰은 식신이 되고, 陽에 陽은 식신이 되는 것, 이것은 각 같은 종류의 음이 생하는 것으로, 甲은 壬이 생하는 것을 좋아하니 사목死木은 사수死水에서 생장하여 오랜 세월 동안 썩지 않고, 癸가 생하는 것을 좋아하지 않는데, 사목死木은 우수雨水에 흠뻑 젖게 되면 오래지 않아서 썩게 된다.

나를 剋하는 것은 辛이 甲을 剋하고, 庚이 乙을 剋하는 것이다. 내가 剋하는 것은 甲이 己를 剋하고, 乙이 戊를 剋하는 것이다. 陰이 陽을 剋하고, 陽이 陰을 剋하는 것으로 陰이 陽을 짝하고, 陽이 陰을 짝하는 것이니 음양이 배합을 이룬 이치가 된다.
그래서 甲이 辛을 보게 되면 정관이 되고 庚을 보게 되면 편관이 되는데 정正은 좋고, 편偏은 좋지 않다.

官은 상관을 두려워하는데 피상되면 재앙이 있고, 財는 비겁을 두려워하여 피겁되면 떨어져 나가고, 인성은 재성를 두려워하는데 재물을 탐하여 붕괴되고, 食은 효(梟=偏印)를 두려워하여 효를 만나면 빼앗기 된다.
이 이치는 인사人事에서도 두말할 나위가 없는 것이니 학자는 인간사를 밝히는데 이 같은 조화를 사용하면 될 것이다.

무릇 오행의 생극 논리를 궁리하여 보면 모두 자식이 부모의 원수를 갚는 의미가 있다.
그래서 甲乙은 丙丁을 생하니 자식이 되고, 甲乙은 庚辛을 두려워하는데, 丙丁이 庚辛을 극제剋制하니 이에 의지하게 된다.

丙丁은 戊己를 생하니 자식이 되고, 丙丁은 壬癸를 두려워하는데, 자식 戊己가 壬癸를 극제하여 주니 이에 의지한다.

戊己는 庚辛을 생하니 자식이 되고, 戊己는 甲乙을 두려워하는데, 자식 庚辛이 甲乙을 극제하여 주니 이에 의지한다.

庚辛은 壬癸를 생하니 자식이 되고, 庚辛은 丙丁을 두려워하는데, 자식 壬癸가 丙丁을 극제하여 주니 이에 의지한다.

壬癸는 甲乙을 生하니 자식이 되고, 壬癸는 戊己를 두려워하는데, 자식 甲乙이 극제하여 주니 이에 의지하게 된다.

12地支의 이치도 이와 매 동등하다. 비록 동정動靜은 같지 않고 방원方圓에 차이는 있지만 또 하나의 생극이라 할 수 있다.

방원方圓 : 모난 것과 둥근 것.

검증해보면 북방의 亥子水는 동방 寅卯木을 생하고, 동방 寅卯木은 남방 巳午火를 생하고, 土는 火에 강하게 의지하여 서방 申酉金을 생하고, 서방 申酉金은 북방 亥子水를 생한다 한다.

그러나 亥子와 寅卯 사이에 丑이 접해 있고, 寅卯와 巳午 사이에 辰이 접하여 있고, 巳午와 申酉 사이에 未가 접해 있고, 申酉와 亥子사이에 戌 일위-位가 접하여 있다.

즉 土가 亥子, 寅卯, 巳午, 申酉 4개를 매어 잡아 세워 곧 오행이 죄다 土에 힘입어 유지게 되는 것이다.

곧 생하는 것은 어폐가 있는 것이다.

그리고 巳酉는 丑과 합하여 금국金局이 되고, 申子는 辰과 합하여 수국水局이 되고, 亥卯는 未와 합하여 목국木局이 되고, 寅午는 戌과 合하여 화국火局이 되는 까닭도 金生水, 水生木, 木生火, 火生土, 土生金는 상생相生에 대한 격의隔意가 있지 않겠는가?

상생相生 : 오행 사이에는 서로 생겨나고 서로 촉진하는 작용.

격의隔意 : 서로 터놓지 않는 속마음.

丑은 금고金庫로 亥子는 생하고 寅卯를 剋하고, 辰은 수고水庫로 寅卯는 생하고, 巳午를 극하고, 未는 목고木庫로 巳午는 생하고 金에게 극을 받고, 戌은 화고火庫로, 申酉는 극되고 水에 制를 받는다.

동남의 주체는 생이 되고, 서북의 주체는 살煞이 되는데, 이것이 天地의 대기大機가 되고, 또 辰戌丑未는 네 개의 밧줄로 편안하게 터를 정하여 金木水火가 모두 의지하여 생장生藏하게 된다.

역에서 말하기를 이루어지는 것은 간艮이 되고 끝나는 것은 곤坤이 된다 하였는데, 이것은 土의 공功이 사용되는 것을 말한 것이다. 이렇게 오행의 마땅한 존재를 더욱 중요시하여야 한다.

TIP

간艮, 곤坤 : 64괘 방위도를 보면 간艮은 丑과 寅 사이가 되고 곤坤은 未와 申 사이인데 즉 만물은 土에서 발생하여 土로 되돌아간다는 것으로 이 또한 태극으로 처음과 끝이 되고 또 土가 된다. [442page 24괘 방위도 참조]

간지干支의 거처를 모두 설명하면 甲은 亥에서 생하여 午에서 사死하고, 乙은 午에서 생하고, 亥에서 死하고 寅卯는 록祿이 된다.

이렇게 甲乙만 아니라 寅卯도 마찬가지다.

丙은 寅에서 생하고 酉에서 死하고, 丁은 酉에서 생하고 寅에서 死하고, 巳午를 祿이 된다.

이렇게 丙丁 뿐만 아니라 巳午도 마찬가지다.

庚은 巳에서 생하고, 子에서 死하고, 辛는 子에서 생하여 巳에서 死하고, 祿은 申酉가 된다.

庚辛 뿐만 아니라 申酉도 마찬가지다.

壬은 申에서 생하여 卯에서 死하고, 癸는 卯에서 생하여 申에서 死하고, 亥子로 록祿과 왕旺을 취한다.

이렇게 壬癸 뿐 아니라 亥子도 마찬가지다.

戊는 寅에서 生하여 酉에서 死하고, 己는 酉에서 生하고 寅에서 死하고, 巳午로 祿을 취하는데 火와 동위同位가 된다.

자식이 모母의 뒤를 좇아서 旺하게 되는 의미가 된다.

辰戌丑未는 그 정당한 위치를 차지하여 매어 각 일가를 이루게 한다.

이것으로 말미암아 天干 地支가 상합相合, 배우配偶, 生생, 剋극, 制제, 化화, 旺왕, 相상, 休휴, 囚수, 死사가 있게 되고, 그 이름이 印인, 梟효, 食식, 傷상, 官관, 煞살, 財재, 劫겁, 刑형, 衝충, 破파, 害해, 虛허, 邀요, 暗암, 合합들이 일어나게 되어 그 변화가 무궁하게 된다.

서자평은 이와 같은 이치를 간파하였지만, 관례는 단지 財, 官, 印, 食으로 육격六格을 나누어 人命의 부귀빈천 수요궁통壽夭窮通이 표식標識되었고, 이것 외에는 제시하지 않았다.

이외 다른 격국은 이것으로부터 추정한 것에 불과한 것일 뿐이다.

표식標識 : 어떤 사실을 알리고 다른 것과 구별하는 표시.

(7) 십성의 활용

십성은 매우 중요한 것으로 가장 많이 학습하고, 연구하여 몸에 베일 정도로 몸에 감응되어야 한다. 명命을 판단하여 추리하는 과반 이상을 이 십성으로 추리한다고 하여도 과언이 아니기 때문이다.

만약 사주의 세력에서 관살이 장악하였는데 그 세력이 적당하면 관살의 좋은 성정이 나타나게 되고, 적당함을 넘어 과하게 되었다면 관살의 나쁜 성격인 매섭고, 너무 쌀쌀하고, 냉정하여 무섭고, 성격이 편중되고, 의심이 많은 성격이 나타난다.

운運에서 관살이 더해지면 더욱 심하게 된다. 운에서 관살이 절絕되고 휴수休囚가 되면 상당히 완화된 성격이 나타난다.
모든 십성이 성격으로 나타나는 것은 항상 꼭 그렇다고 보는 것보다 거의 그러한 경향 스타일로 보는 것이 타당하다.
사주에 세력이 없거나 미약하면 나타나지 않는다. 그러나 묘하게 사주에 미약한 세력을 따르려는 심리적 경향이 매우 많이 나타나는데...
사주에 어떠한 십성의 세력이 미약하거나 혹은 전혀 없으면 도리어 그 자신은 미약하고 부족한 십성의 특성 형태로 행하는 경우가 허다하게 나타난다. 아마 부족하기 때문에 보충하려고 부족한 십성의 특성을 행위, 행동으로 나타내지만 그 능력은 별로 신통하지 않게 된다.

 TIP
| 사주에 십성을 적용하는 방법은 사주를 장악한 십성의 세력의 여하로 판단한다.

3. 오행의 기생寄生 12궁

(1) 12운성

❖ 십이운성 일람표

		甲	乙	丙	丁	戊	己	庚	辛	壬	癸
		木		火		土		金		水	
절絶		申	酉	亥	子	亥	子	寅	卯	巳	午
태胎		酉	申	子	亥	子	亥	卯	寅	午	巳
양養		戌	未	丑	戌	丑	戌	辰	丑	未	辰
장생長生		亥	午	寅	酉	寅	酉	巳	子	申	卯
목욕沐浴		子	巳	卯	申	卯	申	午	亥	酉	寅
관대冠帶		丑	辰	辰	未	辰	未	未	戌	戌	丑
건록建祿		寅	卯	巳	午	巳	午	申	酉	亥	子
제왕帝旺		卯	寅	午	巳	午	巳	酉	申	子	亥
쇠衰		辰	丑	未	辰	未	辰	戌	未	丑	戌
병病		巳	子	申	卯	申	卯	亥	午	寅	酉
사死		午	亥	酉	寅	酉	寅	子	巳	卯	申
묘墓		未	戌	戌	丑	戌	丑	丑	辰	辰	未

범례 : 甲일 경우 巳는 병, 午는 사, 子는 목욕, 卯는 제왕.

TIP

음간, 양간 구분하지 않고 木, 火, 土, 金 오행을 기준으로 취한다.

한 그루 나무의 陽은 甲일 뿐이고, 乙은 陰일 뿐이다. 경에 이르기를 인간이 비록 만물의 영장이라도 명命은 오행을 피할 수 없다 하였다. 이는 더 말이 필요 없는 얘기다.

대저 오행은 12궁에 기생寄生하여 장생長生, 목욕木浴, 관대冠帶, 임관臨官, 제왕帝旺, 쇠衰, 병病, 사死, 묘墓, 절絶, 태胎, 양養으로 끝없이 순환하는 주기를 가지고 거듭 시작한다.

사물이 만들어지는 기본적인 큰 줄기와 인간은 같은 모양으로 사물은 12궁을 순환하고, 또 인간은 윤회하니 결국 같은 상象이다.

〈절絶〉

절은 받은 기운으로 절絶, 포胞라 하고, 만물이 땅속에 있는 것으로 아직 형상이 있는 것이 아니다. 가령 모母의 배가 비어있는 것과 같은 것이다. 아직 물질이 있는 것이 아니다.

〈태胎〉

태는 수태受胎라 하여 천지의 氣가 교류하여 인온氤氳되어 물질이 만들어지고 그 물질은 땅에서 맹아萌芽로 존재하여 시작되는 氣가 있는 것으로 사람이 부모의 氣를 받는 것과 같다.

인온氤氳 : 하늘 기운과 땅기운이 서로 합하여 어림.

〈양養〉

양은 형체가 이루어지는 것이다. 만물이 땅에서 형체를 이루기 시작하는 것으로 사람이 모母의 복腹중에서 형체를 이루기 시작한 것과 같다.

〈장생長生〉

장생長生은 만물이 발생하여 무성하게 되는 것으로 사람이 비로소 태어나서 자라는 것과 같다.

〈목욕木浴〉

목욕은 또 패敗라고 하는데, 만물이 처음 태어나서 그 형체가 유연하니 약하여 손상되기 쉽다. 가령 사람이 태어난 3日 미루다 목욕을 시키는 것은 몇 번의 곤절困絶이 있기 때문인 것과 같은 것이다.

〈관대冠帶〉
관대冠帶는 만물이 차츰 번창하는 것으로 사람은 의관을 갖추는 것과 같다.

〈임관臨官〉(건록建祿 이라고도 한다.)
임관臨官은 만물이 이미 열매가 되어서 자라는 것으로 사람이 벼슬에 임한 것과 같다.

〈제왕帝旺〉
제왕帝旺은 만물이 성숙된 것으로 사람은 흥왕한 것이다.

〈쇠衰〉
쇠衰는 만물의 형체가 쇠퇴해지는 것으로 사람의 기운이 쇠퇴하여지는 것과 같다.

〈병病〉
병病은 만물이 병病이 드는 것으로 사람도 병이 드는 것과 같다.

〈사死〉
사死는 만물이 死하는 것으로 사람도 死하는 것과 같다.

〈묘墓〉
묘墓는 또 고庫로 만물이 성공하여 창고에 저장되는 것으로 사람이 죽어서 묘墓에 들어가는 것과 같다. 묘에 되돌아가는 것으로, 다시 氣를 받아서 포태包胎되어 생한다.

4. 생왕고사절 生旺庫死絶

▶ YouTube 9강

본 서에서는 12운성보다 **생왕고사절**을 기준으로 命을 추리하니 12운성은 각 오행의 일생을 공부하는 참고사항 정도로 인식하면 된다.
생왕 고사절은 木, 火, 土, 金, 水의 각 오행의 일생으로 태어나서 자라고 소멸되는 과정의 주기 괘도로 계속 윤회한다.
삼합도 생왕 고사절에 기인하여 있게 된 것이다.

(1) 개요

12운성과 생왕고사절은 같다고 할 수있다. 다만 다른 것은 12운성은 음간陰干 양간陽干으로 나누어 설명하는 것이 다른데 실제 삼명통회에서도 음간 양간으로 구분하여 사용한 예는 거의 없다.
또 만민영 선생도 음간 양간을 구분하여 명을 추리하는 것은 잘 못되었다 하였다. 필자도 구분하여 사용하지 않는다.
木을 예를 들면, 나무木 자체에 존재하는 음양의 흐름을 陰은 음간인 乙로, 陽을 양간인 甲을 들어 설명한 것뿐이다.

남자에 비유해 보면 몸체에 음과 양이 존재하는데, 젊을 때는 양이 왕성하다가 나이 들면서 음이 증가하고 양이 줄어들어가게 되고, 여자의 경우에는 이와 반대로 陰이 왕성했다가 차츰 陰이 줄어들고 陽이 증가하게 된다.
그래서 甲을 송백으로 잡아서 12운성을 적용하고, 乙을 풀로 잡아서 乙의 12운성을 적용하는 것은 아니라는 것이다.

여름은 큰 가뭄이 나타나니 금석金石이 흩어지고 水와 土가 마르게 되고, 6월은 더운 기운이 증가하여 차가운 기운이 없어지고, 가을에는 金이 뛰어나서 초목이 황락黃落하게 되고, 겨울은 한냉寒冷하여 水가 응결되어 火의 기운이 줄어들어 조아리게 된다.

이렇게 각 그 계절에 따라서 왕하게 되는 것이 있고, 쇠약하게 되어 힘이 없는 것이 있고, 또 소멸되어 감추어져 즉 사死하게 되는 것이 있다.
사계절의 차례는 절기가 완전하게 이루어지게 되면 물러나게 되는 것이니 오행의 성질도 또한 자연이니 매한가지로 공을 이루면 반드시 뒤집히고 다시 되풀이된다.

양陽이 극極에 도달하게 되면 다시 하강하게 되고, 음陰이 극에 달하게 되면 상승하게 되고, 태양이 중천에 뜨면 곧 기울게 되고, 달이 차면 이지러지게 되는 것이 하늘에 항상 있는 도道로 곧 자연이다.

인생과 천지는 세력이 쌓이면 반드시 손상이 생기게 되고, 재산이 모이면 반드시 흩어지고, 즐거움이 극에 달하면 슬픔이 생기고, 왕성하게 되었다면 다시 쇠퇴하게 되고, 얻었다면 잃게 되는 영화와 고달픔에 진퇴가 있는 이러한 이치를 벗어날 수가 없는 것이 자연으로 인지상정人之常情한 일이다.

(2) 오행의 생왕고사절

그러므로 그 이치가 오행의 궁달이고, 사계절은 오행이 아닐 수 없으니 각 계절에 각 오행에 따라 왕하고, 바탕이 되고, 쉬게 되고, 꼼짝 못 하게 갇히게 되고, 물러나 존재가 없어지게 되는데 이것이 각 오행의 생왕고사절生旺庫死絶이다.

木

木은 亥에서 生하여 子丑에서 생육生育되어 자라고 寅卯에서 녹왕祿旺하므로 힘이 가장 강하게 되고, 辰巳에서 늙어 쇠약하니 午에서 죽어 未에서 무덤에 들어가 申에서 질質이 끊絶기니 다시 酉戌에서 태임하여 亥에서 生하여 거듭 윤회를 하게 된다.

그래서 生의 亥와 왕旺의 卯와 묘墓의 未가 합쳐져 **亥卯未** 삼합하는 이론이 있게 된다. 그리고 亥는 木의 생지生地, 卯는 왕지旺地, 未는 묘지墓支, 午는 사지死地, 申은 절지絶地가 된다.

火

寅	卯	辰	巳	午	未	申	酉	戌	亥	子	丑
생	목욕	관대	록	왕	쇠	병	사	묘	절	태	양

火는 寅에서 生하여 卯辰에서 생육되어 자라고 巳午에서 녹왕하므로 힘이 가장 강하게 되고, 未申에서 늙어 쇠약하니 酉에서 죽어 戌에서 무덤에 들어가 申에서 질이 끊(絶)기니 다시 子丑에서 태임하여 寅에서 생하여 거듭 윤회를 하게 된다.

그래서 생지의 寅과 왕의 午와 묘의 戌이 합쳐져 寅午戌 삼합하는 이론이 있게 된 것이다. 그리고 寅는 火의 생지, 午는 왕지, 酉는 사지, 戌는 묘지, 亥는 절지가 된다.

金

巳	午	未	申	酉	戌	亥	子	丑	寅	卯	辰
생	목욕	관대	록	왕	쇠	병	사	묘	절	태	양

金는 巳에서 생하여 午未에서 생육되어 자라고 申酉에서 녹왕하므로 힘이 가장 강하게 되고, 戌亥에서 늙어 쇠약하니 子에서 죽어 丑에서 무덤에 들어가 寅에서 질이 끊(絶)기니 다시 卯辰에서 태임하여 巳에서 생하여 거듭 윤회를 하게 된다.

그래서 생의 巳와 왕의 酉와 묘의 丑이 합쳐져 巳酉丑 삼합하는 이론이 있게 된다. 그리고 巳는 金의 생지, 酉는 왕지, 子는 사지, 丑는 묘지, 寅은 절지가 된다.

水

申	酉	戌	亥	子	丑	寅	卯	辰	巳	午	未
생	목욕	관대	록	**왕**	쇠	병	사	**묘**	절	태	양

水는 申에서 生하여 酉戌에서 생육되어 자라고 亥子에서 녹왕하므로 힘이
가장 강하게 되고, 丑寅에서 늙어 쇠약하니 卯에서 죽어 辰에서 무덤에 들
어가 巳에서 질이 끊(絶)기니 다시 午未에서 태임하여 申에서 생하여 거듭
윤회를 하게 된다.

그래서 생의 申과 왕의 子와 묘의 辰이 합쳐져 **申子辰** 삼합하는 이론이 있
게 된 것이다. 그래서 申는 水의 생지, 子는 왕지, 卯는 사지, 辰은 묘지, 巳
는 절지가 된다.

土는 사계四季 즉 辰戌丑未에서 왕하게 되고, 록은 巳, 왕은 午에 있다.
오행을 관찰함에는 우리의 입장에서 관찰하면 안 된다.

金은 金의 입장에서 土는 土의 입장에서 木은 木의 입장에서 水는 水의 입
장에서 관찰하여야 한다.

특히 水는 여름에 온 세상에 퍼져있어 여름에 왕한 것이 되어야 하는데, 그
것은 우리의 입장이고 水의 입장은 水가 모여 아래로 모인 것이 旺한 것으
로, 봄부터 火(태양)에 의해서 온 세상에 흩어졌다 음기가 되돌아오는 하지
를 지나 다시 내려와 흘러 바다로 들어가 겨울에 왕하게 된다.

하지가 지난 후 장마가 있게 되는 것이 이에 연유가 있다.

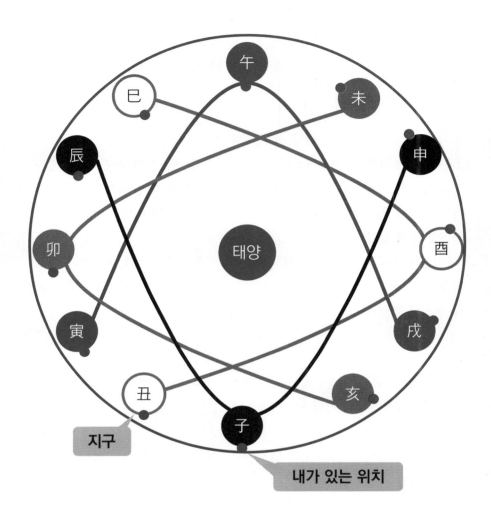

각 오행의 일생인 생왕고사절을 직선상으로 설명했지만 위의 그림과 같이
태양을 기준으로 공전하는 원의 괘도를 이루어 1년의 일생이 시작되고 소
멸한다.

그림으로 내가 있는 위치의 점을 기준으로 하여 보게 되면, 子일때는, 내가 있는 위치의 **점**은 태양의 빛이 비치지 않는 반대쪽이 되니 완전하게 캄캄한 밤이 된다.

그러나 주의할 것은 23.5도로 기울려져 있고 둥근 공모양이 되니 빛이 완전하게 차단되어 없어진 것은 아니다.

실제는 미약하지만 빛은 존재하게 된다.
그래서 우주는 사람뿐만 아니라 모든 물질이 윤회가 가능하게 된 것이다.

그림에서 점을 기준으로 관찰하면 각 오행이 왕하게 되었다, 차츰 약하게 되고, 다시 극히 약하게 되었다가 차츰 강하게 되는 행정을 알 수 있다. 곧 각 오행의 생왕고사절을 관찰 할 수 있다.

亥의 위치를 보면 태양의 빛이 차츰 적어지게 되니 곧 火가 절絶되게 되고 水는 차츰 증가하게 된다.
이렇게 한 오행이 왕하게 되면 그와 맞서는 오행은 끊겨 극히 약하게 된다. 즉 각각 오행이 함께 다같이 왕하게 되고, 끊기게 되고 이렇게 되지 않고, 어떤 한 12지지의 위치에서 각 오행은 그 강약왕쇠가 다르게 나타나게 되어 있다.

(3) 생왕고 지지의 특성

① 생지 ▶ 寅, 申, 巳, 亥
네 개의 생지生地는 寅, 申, 巳, 亥가 되고 남자가 만나면 흥왕하다고 하고, 여자가 만나면 고독하다고 하였고, 또 寅, 申, 巳, 亥는 역마성驛馬星에 해당하여 이동 변동이 많은 편이다.

寅의 지장간에있는 戊丙甲의 기운이 활성화되는 시기가 되고 火의 기운이 비로소 음기陰氣에서 벗어나 제 역할을 할 수 있는 시기가 된다. 흔히 말하기를 寅은 木이 火를 生하여 火의 생지가 된다고 하지만 맞지 않은 생의 논리에 집착하여 모두 그렇게 본 것이다. 기氣와 질質의 구분을 하지 못한 결과다.

木氣는 亥에서 태가 맺혀지고, 엄마 뱃속 상象인 丑에 차츰 따뜻한 기운이 들어오니 음기가 사라지기 시작하여 地가 열리니 곧 木도 태를 벗기 시작하여 寅 입춘에 비로소 태를 벗어 질인 寅卯辰 봄으로 木이 공을 이루게 된다. 그러하니 겨우 태를 벗은 아직 어린 木이 火를 생할 수 없고 따뜻한 기운에서 木이 태를 벗으니 도리어 火가 木을 생한 것이다.
이에 木이 火을 生하기 때문에 寅이 火의 생지가 되는 것이 아니고 자연의 소식消息에 의해서 火氣가 맺히게 되는 것일 뿐이다.

남은 생지도 이와 동일한데, 金의 생지는 巳가 되고, 子에서 사死하여 丑에서 묘墓에 들어가 寅에서 끊어지는데, 寅에서 金이 끊어지므로 木이 탄생할 수 있다.

또 巳가 金의 생지인 것은 음양의 조건이 맞게 되므로 즉 수화기제水火既濟
가 되어 질인 태가 맺히게 되어 생이 있게 된다.

土가 金을 생하는 것이 아니고 火가 金을 퍼지게 하므로 즉 맺힌 물질이 퍼
져 굵게 되어 형체가 발생하니 여린 金 즉 태가 맺힌다. 그래서 巳가 생지가
된다.

午未에서 과일이 자라는 것은 엄마 뱃속에서 아기가 자라는 것과 같고, 未
월은 아기가 엄마 뱃속에 있는 것과 같고, 申월 입추에 비로소 金의 질이 태
어나게 된다.

그렇다고 나머지 오행의 역할이 없는 것은 아니고, 다만 주체가 되는 오행
의 세력이 작용을 일으키게 된다. 남은 오행도 이에 준한다.

이렇게 만들어 맺히게 하는 것은 음양이 된다. 즉 생生은 음양이 하는 것이
다. 이것이 자연이다.

② 왕지 ▶ 子, 午, 卯, 酉
네 개의 왕지旺地**는** 子, 午, 卯, 酉가 되는데, 남녀 모두 왕지가 많으면 음란
하다고 하였고 비교적 좋지 않은 경향이 있게 된다. 세력이 너무 강하게 되
어서 그러하다.

卯의 지장간에는 甲乙, 午의 지장간에는 丙丁, 酉의 지장간에는 庚辛, 子의
지장간에는 壬癸의 기운이 들어있다.

甲乙, 丙丁, 庚辛, 壬癸의 문자로 나타내었지만 한편으로는 음양이다. 즉 물질
에 음양이 잘 갖추어져야 완벽한 물질이 된다는 것을 이에서 알 수 있다.

③ 묘고 ▸ 辰, 戌, 丑, 未

네 개의 묘고墓庫**인 辰, 戌, 丑, 未가 있다.**

辰의 지장간에는 戊 외에 癸와 乙이 들어 있어 甲의 인수고印綬庫, 비겁고比劫庫가 된다.

戌은 戊 외에 辛, 丁의 기운이 들어 있어 甲의 관고官庫, 상관고傷官庫가 된다.

丑은 癸와 辛이 들어 있어 甲의 인수고印綬庫, 관고官庫가 된다.

未는 乙과 丁이 들어 있어 甲의 비겁고比劫庫, 상관고傷官庫가 된다.

또 辰戌丑未는 甲의 재고財庫가 된다. 남은 干도 이에 준하여 추리한다.

辰은 癸水가 들어 있어 습토濕土라고 하고, 戌은 丁과 辛이 들어있어 건조한 土라 하고, 未는 여름의 막바지로 열에 가열된 뜨거운 土라 하고, 역시 건조한 土가 되고, 丑은 겨울의 막바지로 얼어붙은 土라고 하고, 또 癸가 있어 습토, 한냉寒冷한 土라고 한다.

또 辰과 丑은 金을 잘 생한다고 하고, 未와 戌은 뜨거운 土, 건조한 土로 金을 생하기 어렵다고 하는데 신강약身强弱을 위주로 命을 추리하는 억부 학파의 논리이다.
전혀 근거가 없는 말은 아니지만 실제 임상하여 보면 임상이 뚜렷하지 못하여 글만 그러한 것이 아닌가 한다.

辰, 戌, 丑, 未가 유년流年에서 들어오는 해에 비교적 사망하는 경우가 많고, 辰, 戌, 丑, 未 월도 사람이 비교적 다른 달보다 많이 사망하는 편으로 묘墓란 말이 헛된 것은 아니다.

또 土 계절은 환절기에 속한다. 또 辰戌이 충衝되고, 丑未가 충되는데 충이 되면 소장된 지장간이 깨어져 흉하다고 하는 설이 있고, 묘고墓庫가 충으로 도리어 열려 큰 발전이 있다고 하는 설이 있는데, 비교적 土가 두터우면 열리지 않고 너무 얇으면 깨어지게 되는 것이 올바른 이치가 된다고 할 수 있다.

寅, 申, 巳, 亥에는 각 지장간이 3개씩 들어있고, 가장 작용이 긴 날수에 속하는 甲, 庚, 丙, 壬가 주된 기운으로 사용되고, 寅, 巳 중의 戊는 기운이 왕성하여 사용이 되는데 申, 亥 중에 있는 戊는 기운이 약하여 사용이 왕성하지 못하다. 즉 壬과 庚을 잡아 묶어 유지시키는 힘으로만 족하여 그렇다.

 TIP

甲은 寅, 乙은 卯, 丙戊는 巳, 丁己은 午, 庚은 申, 辛은 酉, 壬은 亥, 癸는 子가 록祿이 된다.

祿은 복록인데 즉 하늘에서 부여받은 가장 좋은 질질質로 자신의 참眞인 몸체가 된다.

(4) 주柱의 천간 강도

● 강왕强旺 : 록祿 혹은 비겁을 좌하여 튼실하게 된 천간인 주柱.

甲乙丙丁戊己庚辛壬癸
寅卯午巳午未申酉子亥

● 왕旺 : 장생지長生地를 좌하여 生이 있는 차실次實한 천간인 주

乙丙辛壬戊己
亥寅巳申戌巳

● 차왕次旺 : 묘고지墓庫地와 인성을 좌한 중간의 힘인 천간인 주

癸庚甲丁丁甲癸丙辛壬乙庚戊己戊辛
丑戌辰未卯子酉戌丑辰未辰寅丑辰未

● 허虛 : 사절지死絶地를 좌하여 허약하게 된 천간의 주

甲甲甲乙乙乙丙丙丙丁丁丁戊戊己己己
申戌午巳酉丑子申辰亥丑酉子申亥酉卯

庚庚庚辛辛壬壬壬癸癸癸
子午寅亥卯戌午寅巳未卯

천간의 자기 자리에 있지 않고, 예를 들면 시간에 甲이 있고 월지에 寅이 있
어도 강한 천간이 된다.

시	일	월	년
甲	○	○	○
○	○	寅	○

甲이 寅에 뿌리를 내리게 되는데 자기 자리인 시지에 없지만 역량이 왕하게 된다.

• 천간에 힘을 실어주는 궁에 따른 역량의 순서

　　　강왕〉차왕〉월지〉시지〉일지〉년지

• 가장 힘을 강하게 실어주는 곳은 천간의 자기 자리인 지지에서 실어주는 것으로, 상기의 "생왕고사절에 의한 주柱의 천간 강도"중의 강왕과 차왕에 속하는 것이다.

• 월지를 월령, 제강 이라고도 하여 氣의 중심으로 곧 계절의 기운이기 때문에 사주에 미치는 역량이 제일 크다.
  녹, 왕, 생, 고, 묘에 해당하는 천간이 제일 많은 역량을 받게 된다.

• 생왕고사절이 천간에 미치는 역량 크기의 차례

　　　왕〉록〉생〉고〉묘〉

목욕, 관대, 쇠, 병, 사, 묘, 절, 태, 양은 뿌리가 없어서 천간에 역량을 실어주지 못한다.

• 삼합의 묘墓 앞은 지지는 死, 뒤는 지지는 절絶이 된다.
  亥卯未 삼합에서 未 앞의 午는 木의 사지死地 후의 申은 絶이 된다.

【예문1】

乾

時	日	月	年
壬	甲	庚	乙
申	戌	辰	亥
金	火	金	火

73 63 53 43 33 23 13 03
壬 癸 甲 乙 丙 丁 戊 己
申 酉 戌 亥 子 丑 寅 卯

사주를 추리함에 천간이 얼마큼의 역량을 받는가에 따라 그 천간이 제 역할을 하느냐 못하느냐를 판단하여야 하니 매우 중요하다.

이러한 명조命造의 각 십성의 왕쇠를 관찰하면
壬은 편인인데, 壬의 자좌에 申 생지가 있고, 월지에 水 묘墓인 辰이 있고, 년지에 녹왕祿旺인 亥가 있다. 申辰 반합 水국도 있다. 그래서 壬은 매우 왕하다.
관살官煞은 金으로, 庚이 있고 시지에 申, 건록이 있어 뿌리를 내리니 강하다.
財 土는 월지에 辰, 일지에 戌에 통근하니 강하다.
식상은 火인데, 묘인 戌안에만 있어 약하다.
乙이 겁재인데, 자좌에 생지 亥가 있어 겁재가 왕하고
日干 甲은 辰 木 고庫에 뿌리만 두었고, 시의 申은 木의 절지絶地가 되고, 일좌에는 戌로 木의 진기進氣가 되고, 년지 亥 생지에 뿌리를 두고 있어 허약하지는 않은데 그렇다고 강하다고 할 수도 없다.
그런데 겁재와 생지를 공유하고 있어 좋지 않다.

이상에서 체상의 구조를 다시 살펴보면 식상만 빼고 각 십성이 힘이 있어 제 역할을 할 수 있으니 체상이 나쁘지는 않다.

그러나 운을 살펴보면 팔자에 인성이 가장 왕하고 비겁(겁재)이 일주日主보다 강한데 운이 비겁에서 인성으로 흐르니 매우 좋지 않다.

- 삼합에서 申辰 子辰 이렇게 두 개만 있는 것을 반합이라고 하여 氣가 증가되는 것으로 간주한다.

  다른 삼합도 이에 준한다.

  인수와 비겁은 기본적으로 식상과 재성을 깨니 가난하게 하는 성분이고 고독하게 하는 성분이다.

 TIP   오행의 조화

水 윤하潤下는 문학에서 귀貴하게 나타나고, 土 가색稼穡은 경상經商으로 부귀하게 된다.

甲乙이 춘春에 태어나면 인덕仁德의 마음이 품어져 있고 丙丁이 하夏에 갖추어지면 달변의 재주가 있다. 가을의 金은 성품이 강직하여 굴하지 않고 겨울 水는 지혜가 많아서 권모權謀가 좋다.

木이 왕성한데 金이 없으면 비록 인자하지만 조화造化를 이루지 못하고 火가 왕성한데 木이 쇠약하면 학문은 어렵지만 貴는 얻게 된다.

【예문2】

乾

時	日	月	年
壬	甲	庚	丁
申	辰	戌	亥
金	火	金	土

80 70 60 50 40 30 20 10
壬 癸 甲 乙 丙 丁 戊 己
寅 卯 辰 巳 午 未 申 酉

앞의 예문 1 명조命造는 년간이 乙이고 이 명조는 丁으로 한 글자만 다르다.

財를 찾아보면, 월지와 일지에 辰, 戌이 있어 왕하다.
인수는 壬인데, 좌에 申 생지가 있고, 일지에 辰 水의 고가 있고, 申辰 반합
하여 水 가家를 이루었고, 년지에 록도 있어 매우 왕하다.
甲은 자좌에 木의 고가 있고, 년지에 생지 亥가 있어 강하다.
관살은 월간에 있는데 시의 申 녹에 뿌리를 내려 약하지 않다.
식상 丁이 년간에 있는데, 월지 火 묘에 뿌리를 내렸지만 약하다.
이 명조는 앞 명조 보다 申辰이 붙어 있어 水가 더 강하고, 겁재가 천간에
나타나 있지 않아서 겁탈해가는 영향력은 적다.
체상의 구조가 水의 세력이 제일 강하고, 다음은 재성, 다음은 관살, 다음은
일간, 다음은 식상이다. 식상은 겨우 묘墓에 뿌리만 내렸다.
관인官印의 기세를 이룬 체상을 이루었다. 운이 식상으로 흘러 약한 식상을
돕게 되어 식상 財의 기세가 이루어져 길하다.
서書에 이르기를 노년에 신강身强(일간)한 운이 들어오면 좋지 않다고 했으니
말년의 운이 卯, 寅으로 고독하게 된다.

5. 간지의 상호 관계

하기의 간지 상호 관계의 설명에 자평뿐만 아니라 삼명법인 납음오행, 신살의 비전祕傳도 같이 수록하였다.

(1) 천간 상합相合 ▶ YouTube 11강

天干 合	甲己	乙庚	丙辛	丁壬	戊癸
화化	土	金	水	木	火
특성特性	中正중정	仁義인의	威制위제	淫亂음란	無情무정

※ 실제 임상해보면 중정, 인의, 위제, 음란, 무정의 특성은 좀처럼 나타나지 않는다.
　그러나 사주 체상이 그 기운에 장악되면 역시 징조가 나타난다.

무릇 합合이라는 것은 화해和諧의 뜻이 있는 것이다.
가령 陽이 陽을 보면 이 두 개는 같은 陽으로 경쟁하여 극尅하게 되고, 陰이 陰을 보면 이 둘은 陰으로 부족하여 尅하게 된다.
그러나 陰이 陽을 보고, 陽이 陰을 보면 화해하여 합을 도모하게 된다.
그러므로 남녀가 서로 合하여 어찌 부부의 도道를 이루지 않겠는가!
역에 말하기를 음양이 온전하게 화합되는 것을 도라 하고, 陽陰이 편향되어 한쪽에만 치우치게 되면 질병이라고 하였다.

동방의 **甲乙木**은 서방의 **庚辛 金**이 극하는 것을 두려워한다. 甲은 陽에 속하여 형이 되고 乙은 陰에 속하여 누이가 되니 乙 누이는 甲 형에게서 떠나 장차 金의 집안에 시집가 庚의 처가 되니 음양이 화합하여 무리를 이루어 두 개가 서로 손상당하지 않게 된다.

이것이 소이 乙庚합을 하는 것이다.

봄이 와서 木이 왕旺하게 되면 金은 휴수가 되니 金의 극함을 두려워하지 않아 乙은 본가에 되돌아와서 甲을 따르게 되지만 필경 金의 집안에서 임신한 것을 면하지 못하여 木의 집안에 되돌아온 후 해산을 하게 되니 木은 청색이고, 金은 백색인데, 그래서 봄이 오면 동산의 임목林木의 푸른 잎이 백화白花를 띠게 되는 것이다.

남방은 **丙丁 火**로 북방의 壬癸水에 극 당함을 두려워한다.

丙은 陽에 속하여 형이 되고 丁은 陰에 속하여 누이가 된다.

장차 丁 누이는 丙 형을 떠나 水의 집안에 시집가서 壬의 처가 된다.

이것이 소이 丁壬 합을 말하는 것이다.

丁이 壬에게 시집가 처가 되었다 하더라도 여름이 와서 火가 왕하게 되어 水가 휴수하게 되면 水의 극을 두려워하지 않게 되어 丁은 火의 집안으로 다시 되돌아와 丙을 따르게 된다.

그렇지만 水의 집안에서 임신한 것은 면할 수 없으니 본가에서 자식을 낳게 된다.

그래서 水의 색은 흑색이 되고, 火 색은 적색인데, 소만 후 오디가 익어 적색이 되는 것이다.

중앙은 **戊己 土**로 동방 甲乙木의 극을 두려워한다.

戊는 陽에 속하여 형이 되고 己는 陰에 속하여 누이가 된다.

己土 누이는 장차 戊土 형을 떠나서 木의 집안에 시집가서 甲의 처가 된다.

이것이 소이 甲己 합이 되는 것이다.

己土는 비록 甲에게 시집가 처가 되었다 하더라도 6월이 되면 土는 왕하게 되고, 木은 휴수가 되어, 木의 극을 두려워하지 않게 된다. 그래서 己土는 土의 집안으로 되돌아와서 戊土를 따르게 되지만 甲의 집안에서 잉태를 면하지 못하여 戊土의 집안에서 자식을 낳게 된다.

土의 색은 황색黃이고, 木의 색은 청색인데, 그래서 소이 6月에 참외가 속은 비록 황색이더라도 겉은 청색인 것이다.

서방은 庚辛金으로 남방의 丙丁火가 극하는 것을 두려워한다.

庚은 陽에 속하여 형이고, 辛은 陰에 속하여 누이가 된다.

辛 누이는 장차 庚 형을 떠나서 火의 집안에 시집가서 丙의 처가 된다.

이것이 소이 丙辛 합을 하는 것이다.

辛이 비록 丙에게 시집가서 처가 되었다 하더라도 가을이 와서 金이 왕하게 되고, 水는 휴수하게 되면 辛金은 火의 극을 두려워하지 않게 되어 다시 金의 집안에 뒤돌아오지만 火의 집안에서 회임은 면할 수 없게 된다.

그래서 金의 집안에 되돌아와서 해산하게 된다.

火는 적색이고 金은 백색인데, 가을에 대추가 익으면 반은 적색이고 반은 백색의 모양이고, 또 단풍나무 잎이 붉게 되는 것이다.

북방은 壬癸水로 중앙의 戊己土가 魁하는 것을 두려워한다.

壬은 陽에 속하여 형이 되고, 癸는 陰에 속하여 누이가 된다.

癸水 누이는 장차 壬水 형을 떠나서 土의 집안에 시집가서 戊土의 처가 된다. 이것이 소이 戊癸가 합을 하는 것이다.

癸는 비록 시집가서 戊의 처가 되었다 하더라도 겨울이 와서 水가 다시 왕해지고, 土는 휴수하게 되면 土의 극을 두려워하지 않는다.

그래서 癸는 戊土를 버리고 본가로 되돌아와 壬水을 따르게 된다.

그러나 土의 집안에서 회임은 피할 수 없었으니 壬의 집안에 되돌아와서 해산하게 된다.

水는 흑색이고, 土는 황색인데, 한 겨울의 서리와 눈이 초목을 죽게 하면 이에서 황색이 나타나게 되는 것이다.

▸ 이상은 설명은 合을 하느냐 합을 하지 않느냐에 대한 설명으로,

　가령 乙과 庚이 합을 함에서,

　乙이 강하고 庚이 약하면 乙이 主主로 하여 합한다.

　乙이 약하고 庚이 강하면 庚이 主主가 되어 합한다.

　乙도 강하고 庚도 강하면 합하지 않는다.

　乙도 약하고 庚도 약하면 합은 하지만 어떤 의미도 없다.

　강약은 생왕고 사절로 판단한다.

　남은 합은 이 예에 준한다.

10개의 천간이 반드시 6번째와 합하는 것은 어떤 이유인가?

천지의 수數는 각 5개에 불과하여 상 5위는 생수生數가 되고 하 5위는 성수成數로 생수와 성수가 서로 만난 연후에 合하게 된다.

天에서 1번째로 壬이 生하고, 地에서 2번째로 丁이 生하고, 天에서 3번째로 甲이 生하고, 地에서 4번째로 辛이 生하고, 天에서 5번째로 戊를 生하여, 地에서 6번째로 癸를 이루고, 天에서 7번째로 丙을 이루고, 地에서 8번째로 乙을 이루고, 天에서 9번째로 庚을 이루고, 地에서 열 번째로 己을 이루게 된다.

天 1수(壬)는 地 2수(丁)를 본 연후에 합하는데, 소이 반드시 6으로 떨어진 간격이 된다.

[甲乙丙丁戊己庚辛壬癸 丁에서 壬까지 6번째. 타 10간도 이 예에 준함]

"역에 말하기를 천수天數는 5가 되고, 지수地數도 5가 되는데 5위가 서로 얻게 되어 각 합한다" 하였다.

"오행요론에 말하기를 天에서 첫 번째로 水가 태어나는 것으로 그것은 물질의 정(精·근원, 정액)으로 정精은 1의 소생이 된다.

地에서 두 번째로 火가 태어나는 것으로 그것은 물질의 신(神:마음)이 되고, 신神은 2의 소생所生이 된다.

天에서 세 번째로 木이 태어나는 것으로 그것은 물질의 혼(魂:정신)이 되고 혼魂은 신神이 따르는 자이다.

地에서 네 번째로 金이 태어나는 것으로 그것은 물질의 백(魄:육체)이 되고 박魄은 정精이 따르는 자가 된다.

天에서 다섯 번째로 土가 태어나는 것으로 그것은 물질의 체(體:몸체)가 되고 체體는 정신혼백精神魂魄이 갖추어진 후에 있게 되는 자라"하였다.

天1에서 天5까지는 오행의 생수가 되고 地6에서 地10까지는 오행의 성수가 된다.

홀수에서 生하면 짝수에서 이루어지고, 짝수에서 生하면 홀 수에서 이루어진다.

이루어진 者는 모두 5가 되고 5는 천수天數의 중앙이 되어 소이 물질이 이루어지는 곳이다.

즉 도道는 1에서 세워지고 3에서 이루어져 5에서 변화하여 천지의 수가 10으로 갖추어지게 된다.

곧 생수生數와 성수成數가 짝하게 되는 것일 뿐이다.

"경에 이르기를 1과 6은 같은 바탕(종문:宗門)이 되고, 2와 7은 같은 도가 되고 3, 8은 붕朋이 되고 4, 9는 우友가 되고 5, 10은 동도同途가 되는데 홀과 짝이 열리고 닫히는 것이라고" 하였다.

천간 합은 甲己, 乙庚, 丙辛, 丁壬, 戊癸 5종류가 된다.

각 합하면 다른 오행으로 화(化:변화)하기도 한다.

그래서

　甲己가 합하여 화化하면 土가 된다.

　乙庚이 합하여 화化하면 金이 된다.

　丙辛이 합하여 화化하면 水가 된다.

　丁壬이 합하여 화化하면 木이 된다.

　戊癸가 합하여 화化하면 火가 된다.

그런데 합했다고 무조건 화(化:변화)하게 되는 것은 아니다.

사주의 팔자의 글자들이 化한 오행과 동조하여야 하고, 또 납음오행도 化한 오행과 같은 오행으로 되어야 비로소 化하게 되는 아주 까다로운 조건이 필요하기 때문에 化하는 사주는 거의 없다.

차후 삼명법의 논명論命에서 언급한다.

합하면 유정하고, 안정성, 협조, 구속, 화해, 정이 헤픔, 우유부단, 다정다감하게 되는 특성이 있다.

합은 정답고 화목한 의미가 된다.

합은 가운데를 얻어 편중되지 않으면 귀하다.

• 一甲이 一己를 얻고 각 생왕하면 중화를 얻어 치우치지 않은 것이 된다.

一己가 두 개의 甲과 합하거나, 두 개의 己가 한 개의 甲과 합하면 음양이 치우친 것이며, 여자는 많고, 남자는 적고, 남자는 많고, 여자는 적어 서로 싸우고, 서로 시기하고, 모두 혼란스럽게 된다.

천간 합은 陽이 陰을 얻어서 합하면 복이 적고, 陰이 陽을 얻어서 합하면 복이 많다.

- 甲이 己와 합하면 財가 되고, 己가 甲과 합하면 官이 된다.
- 陽干이 陰干을 만나서 합하면 복이 억제되어 적다.
  陰干이 陽干을 만나서 합하면 정관正官을 얻은 합으로 복이 많다.
- 두 개다 복福은 되나 그 고저는 같지 않다. 남은 것도 이에 준하여 추리하면 된다.

▸ 복의 고저를 판단하기보다는 정관은 관직, 재성은 재물로 판단하여, 그에 해당 성星에 복이 있는것으로 판단하면 된다.

일간과 합하여야 화化한다.
丙이 辛을 만나서 申子辰을 얻고, 乙이 庚을 만나서 巳酉丑을 얻고,
丁이 壬을 만나서 亥卯未를 얻고, 戊가 癸를 만나서 寅午戌을 얻고,
甲이 己를 만나서 辰, 戌, 丑, 未를 얻어 화하면 길하다.
년월과 시 모두 사용이 가능한데, 왕한 氣를 얻는 것이 중요하다.
월중에서 왕기를 얻지 못하고 시에서 얻어도 가능하다.
년월시 모두 왕한 氣를 얻었다면 완전히 길한 것으로 본다.

甲己 화토化土는 辰, 戌, 丑, 未월이 아니면 화하지 않고, 다음으로 午월도 化하고, 戊가 섞여있으면 화하지 않으며, 투합妬合이라한다.

乙庚 化金은 巳酉丑월이 아니면 화하지 않고, 申월도 화한다. 甲이 섞여있으면 화하지 못하고 투합妬合이라 한다.

丙辛 화수化水는 申子辰월이 아니면 화하지 않고, 그 다음 亥월도 화한다.
丁이 있으면 화하지 않고, 투합妬合이라 한다.

丁壬 화목化木은 亥卯未월이 아니면 화하지 않고, 寅월도 화한다. 丙이 있으면 화하지 않는다.

戊癸 化火는 寅午戌월이 아니면 화하지 않고, 巳월도 화한다. 己가 있으면 화하지 않고, 투합妬合이라고 한다.

화化한 오행이 천간에 있으면 좋지 않다. 乙庚合化(을경합화) 金인데 다른 천간에 庚辛이 있으면 좋지 않다.

간합干合이 되는데 재차 지합支合이 되어 일순一旬 내에 있으면
● 군신경회君臣慶會
甲戌이 己卯을 보고 甲辰이 己酉를 보는 종류로 같은 순 내에 있는 것을 말한다.
대개 세상 일에는 본국의 임금이 있지 타국에 임금이 있는 것은 아니다. 그래서 순내에 있는 것이 좋다.
陽은 임금이 되고 陰은 신하로 구별하여야 한다.
임금의 위치는 상이 되고 신하의 위치는 하가 되는 것이 옳다.

● 부처취회夫妻聚會
양순兩旬 내에 있는 것을 말한 것인데
가령 甲子가 己丑를 보고 甲午가 己未를 보는 종류인데, 子와 丑이 같은 순 내에 있고, 午와 未도 같은 순 내에 있다.
세사世事에서 지아비는 본군本郡에 있고, 처는 타군他郡에 있는 것이니 그래서 각순各旬에서 서로 보게 된 것을 부처회취夫妻會聚라 하고 또 이름을 천지득합天地得合이라고 한다.

만약 이 두 합을 보면 반드시 화애로운 기운이 일어난다.

만약 천을귀인과 상조相助하게 되면 더욱 복이 많게 되고, 충을 만나면 손상을 받게 되고, 합 중에 형살이 있으면 모두 불길하게 된다.

"어제언담에 이르기를 합 중에 록祿을 차면 공후公侯에 정해지고 합처合處가 손상되면 도움이 없게 된다."하였다.

(2) 천간 칠충七衝(沖) ▶ YouTube 12강

칠충	작용
甲 庚	강한 배척력, 불목不睦, 파괴, 이별, 혼란, 견제 억압 등 비교적 흉하게 작용한다.
乙 辛	
丙 壬	
丁 癸	

甲, 乙, 丙, 丁, 戊, 己, 庚, 辛, 壬, 癸에서 제7위에 해당하는 것이 칠살七煞이 되고 또 칠충七衝이라고 하고 강한 배척력이 발생한다.

甲과 庚, 乙과 辛, 乙辛, 丁癸는 상호 충沖하고, 戊己는 충하지 않는다.

(3) 지지 암합暗合 ▶ YouTube 21강

12지지의 **지장간 본기**가 서로 합하는 것

申의 본기인 庚과 卯의 본기인 乙이 乙庚 합하는 것으로 지장간 중에 있으니 암합이 된다. 남은 지지는 이 예에 준한다.

암 합	申卯(庚乙)　午亥(丁壬)　子巳(癸戊)　酉巳(辛丙)
작 용	은밀, 엄밀한 관계. 겉으로 나타나지 않고 숨어서 행하는 일 등

(4) 지지 육합 ▶ YouTube 22강

六合	子丑	寅亥	卯戌	辰酉	巳申	午未
특 성	剋合 극합	生合 생합	剋合 극합	生合 생합	剋合 극합	生合 생합

생합은 곧 寅亥이면 水가 木을 생하니 생합. 극합은 丑의 己土는 子의 癸水를 극하니 극합, 극합은 싫지만 어쩔 수 없이 맺어지는 관계의 합이 된다.

음과 양은 서로 화합하게 되니 그 氣가 자연히 합하게 된다.
태양과 달이 서로 만나는 위치가 곧 육합이 있게 된다.
子, 寅, 辰, 午, 申, 戌인 6자는 陽이 되고, 丑, 卯, 巳, 未, 酉, 亥인 6자는 陰이 되어 이 一陰과 一陽이 和하는 것을 일컬어 합이라고 하여 子는 丑과 합하고, 寅은 亥와 합한다.

그런데 子는 亥와 合하지 못하고, 寅은 丑과 合하지 못하는데 어떤 이유에서 그러한가 하면 조물造物하는 중에는 비록 陽과 합이 되지만 기수氣數 중에 중요한 것은 양기陽氣가 존尊이 되어야 하는 것이다.

子는 1陽이 되고 丑은 2陰이 되어 1, 2로 3수를 이루게 되고,
寅은 3數가 되고 亥는 6陰이 되어 3, 6으로 9수를 이루게 되고,
卯는 4陽이 되고 戌은 5陰이 되어 4, 5로 9수를 이루게 되고,
辰은 5陽이 되고 酉는 4陰이 되어 4, 5로 9수를 이루게 되고,
巳는 6陽이 되고 申은 3陰이 되어 6, 3은 9수를 이루게 되고,
午는 1陰이 되고 未는 2陽이 되어 1, 2으로 3수를 얻게 되는데
子丑, 午未는 각 3을 얻는 자로 3은 만물을 生하는 것이 되어 합하게 된다.
다른 것 모두는 9를 얻은 자가 되는데, 양수陽數의 극極은 9가 되어 합하게 된다.

별들의 운행을 관찰하면 壬亥의 사이를 알게 되는데, 壬亥 사이에서 달과 태양과 12辰(12지지)이 운행할 때 만나게 된다.
이에서 그 단서가 있는 것으로 1년에 12회 만나는데 달과 태양은 가깝게 되고 멀어지게 되는 감리坎離(水火)로 묘함이 있다.
이와 같이 수많게 맴도는 도圖가 나타나게 되어 헤어지고 모여 합하게 되는 것이다.

합은 합록合祿, 합마合馬, 합귀合貴가 있으며, 드러나 있지 않은 형形이 합으로 나타나게 된다.
• 합록合祿 : 록이 없지만 록이 합하여 들어오는 것.
甲은 寅이 록이며, 寅이 사주에 없지만, 만약 亥가 사주에 있다면 亥가 寅을 합하여 끌어와 寅이 없지만 있는 것으로 간주한다.

• 합마合馬 : 역마가 없지만 합하여 당겨 오는 것

년지가 寅, 午, 戌이면 申이 역마인데, 申은 없고 巳만 사주에 있다면 申을 합하여 끌어오니 없어도 있는 것으로 간주한다.

• 합귀合貴 : 천을귀인이 없지만 합하여 들어오는 것

甲, 戊, 庚 년은 丑未가 천을귀인인데, 丑未는 없고, 子午가 사주에 있으면 子는 丑과 합하여 끌어오고, 午는 未와 합하여 끌어오니, 사주에 없지만 있는 것으로 간주한다.

천간 합은 지지 합만 못하고, 공협空夾은 채우지는 것이 비어져 있는 것만 못하다.

공협 : 사주에 寅辰이 붙어있다면 寅辰 사이에 卯가 있는 것으로 간주하는 것을 공협이라고
　　　한다.

子가 丑과 합하면 복이 적고, 丑이 子와 합하면 복이 많다.

寅이 亥와 합하면 복이 청하고, 亥가 寅과 합하면 복이 적다.

戌이 卯와 합하면 복이 허하고, 卯가 戌과 합하면 복이 두텁다.

辰이 酉와 합하면 복이 약하고, 酉에 辰이 합하면 이익이 많다.

午가 未와 합하면 복이 적고, 未가 午와 합하면 이득이 많다.

巳가 申과 합하면 복이 적고, 申이 巳와 합하면 官의 氣가 왕성하다.

남자는 절絶과 합하는 것을 꺼리고, 여인은 귀貴와 합하는 것을 꺼린다.

(5) 지지 칠충七衝(沖)   ▶ YouTube 12, 14강

七衝	子午	丑未	寅申	卯酉	辰戌	巳亥
특 성	승패	장간藏干의 승패, 개고開庫	변동 이동	승패	장간藏干의 승패, 개고開庫	변동 이동

대면하여 서로 충하는 氣를 일컫는 것으로 하나의 칠살七煞이다. 충沖자로
쓰기도 한다.

子丑寅卯辰巳午未申酉戌亥의 지지에서 子가 7번째 지지인 午와 충
하고, 丑이 7번째 未와 충한다.

수數들 중에서 6은 곧 합이 되고, 7은 곧 과過가 된다.

그래서 서로 충격衝擊하여 煞이 되는 것이다.

역를 살펴보면 곤원(坤元:땅)은 6을 사용하니, 그러하여 이 수는 6은 있게 되
지만 7은 없는 것이 된다. 그래서 7은 천지의 궁수로 음양의 극한 기운 되
어 충에 이르게 된다.

또 7은 원래 조皂에서 딴 것으로 색色이 모두 검게 이르게 된 것으로써 색
의 극하게 되면 검게 되어 더 변하지 않게 된다.

역에 이르기를 7일이 다시 오면 따르지 말라 하였다. 이것에서 7日을 알 수
있는 것이다.

지지 충은 기존이 바뀌는 변화를 유도한다.

충은 12支의 전쟁하는 신神으로 흉하다.

충하는 것의 납음오행이 상생하면 복이 된다.

가령 辛巳金이 癸亥水를 보는 종류인데, 좋은 평판이 널리 퍼지고 고명출중
高明出衆**하고 과거에 장원급제하게 된다.**

파인破印, 파재破財하고, 파록破祿 파마破馬하면 소년 때 나의 복이 되고, 재차 파합破合 되고, 일, 시가 충하면 질병이 손, 발, 머리, 눈에 있게 된다.

- 파인破印은 火 년이 癸未木를 찾는데, 안에 乙丑金의 무리가 있어 丑未 충하고, 납음오행이 木金 교전하는 것을 말한다.

  ▶ 정인살正印煞 : 癸未木, 乙丑金, 甲戌火, 壬辰水, 丙戌土

- 파재破財는 金에게 寅卯는 財가 되는데, 申酉를 본 것을 말한다.
- 파록破祿은 甲의 록은 寅인데 申을 본 것을 말한다.
- 파마破馬는 마馬는 巳가 되는데 亥를 본 것을 말한다.
- 파합破合은 천간이 합하는데, 지지가 충하여 깨어지는 것을 말한다.

  ▶ 甲午가 己亥를 봤는데, 巳가 와서 충하는 경우와 己亥와 甲午가 합하는데 子가 午를 충하는 것을 파합이라 한다.

충하는 곳의 납음오행이 서로 극하면
- 壬申金이 庚寅木을 보는 종류는 寅申 충하고, 또 납음오행 金이 木을 훼하는 것을 말하는 것이며, 정신이 맑고, 자태가 준수하고, 속된 곳을 벗어 자유롭고, 풍채가 좋고 의기가 당당하고, 마음이 깨끗하고, 시선을 위로하여 걷는다.
- 납음이 같은 무리 甲子金이 甲午金를 보고 己卯土가 己酉土는 조업은 깨어지고, 분주하고, 강직하고, 명석, 결단력, 녹봉이 높고 이름도 날리게 되는데 끝에는 하나를 잃게 된다.

  ▶ 지지가 충하고, 납음오행은 서로 같다.

화禍가 모여 있는 地를 다른 위치가 충하면 재앙을 깨어 복을 이루게 된다.
복이 모여 있는 地를 다른 위치가 충하면 복을 깨니 재앙 만들게 된다.
공망을 충하면 재앙을 훼하여 내쫓는 것으로, 복을 만든다.
월이 일, 시를 충하고, 시가 년을 충하면 좋지 않다.
겁살, 망신이 서로 충하고, 형刑을 범하고, 사절이면 병약하여 질병이 많다.

천을귀인과 신살이 격국을 이루면 빼어난 氣가 되어 벼슬길에 올라 사헌부에 들지만 종내 악질로 사망하게 된다.

원진, 공망이 서로 충하면 가난하게 된다.

길상吉象이 나를 충하면 좋고, 흉상凶象은 내가 그를 충하여 보내버리면 좋다.

충하는 납음이 서로 생하고, 납음이 제왕의 위치가 되고, 형刑이 없고, 재차 화개와 또는 煞이 되면 강력한 군대를 통솔한다.

네 개의 생지충은 가난한데 재차 흉신이 있고, 부족함이 있게 되면 간사하고, 도적질한다.

▶ 네개의 생지는 寅申巳亥를 말한다.

辰, 戌, 丑, 未 사고四庫는 財, 官, 印綬등의 물건이 소장된 곳으로 오히려 충격되면 창고 속의 물건이 튀어나와 좋게 될 경우도 많다.

寅, 申, 巳, 亥가 완전히 갖추어지고 子, 午, 卯, 酉가 완전하게 갖추어진다면 오히려 대격大格을 이루게 되는 사주가 많으니 상세히 살펴야 한다.

(6) 지지 삼합三合 ▶ YouTube 22강

삼합	亥卯未	寅午戌	巳酉丑	申子辰
국局	木局	火局	金局	水局

亥卯未, 寅午戌, 巳酉丑으로 각 오행이 생은 곧 태어나는 것, 왕은 곧 이루어진 것, 고庫는 곧 거두어들여 잠복하는 것이다.

낳는 것, 이루는 것, 거두는 것은 만물에 처음이 있고 끝이 있는 것으로, 자연의 이치가 그러하다. 즉 삼합은 생지生地와 왕지旺地 묘지墓地로, 태어나 자라서 무덤에 들어가는 각 오행의 일생이 된다.

또 삼합은 생, 왕, 고의 각 氣가 모두 동각同刻에서 일어나는 천지자연의 이치에 따른 것이다.

3개가 합하는 사람의 일신一身에 운용하면 정精은 곧 氣의 원元이 되고 氣는 곧 神의 본본으로 이러한 까닭에서 정精은 氣의 어미가 되고 神은 氣의 자식이 되어 어미와 자식이 상호 상생相生하여 정기신精氣神이 완전하게 되어 흩어지지 않게 되는데 이것이 합이 되는 것이다.

申子辰에서 申은 곧 子의 어미가 되고, 辰은 곧 子의 아들이 되고 申은 水가 生하는 것이 되고, 子는 水가 旺한 곳이 되고, 辰은 水의 고庫가 된다.

生은 곧 낳는 것이고, 왕旺은 곧 이루어지는 것이고, 고庫는 곧 거두어들이는 것이다.

낳는 것, 이루는 것, 거두는 것은 만물에 처음이 있고 끝이 있는 것으로 곧 자연의 이치가 이에 속한다.

그래서 申子辰은 수국水局이 되는데 만약 3글자 중에 한 글자라도 없으면 국局이 이루어지지 못하여 삼합 화국化局이 되지 않는다.

대개 천지 간의 도리에서 두 개가 화化하는 것은 한 개의 陰과 한 개의 陽을 말하는 것이며, 세 개가 화化한다는 것은 3에서는 만물이 이루어진다는 것은 말하는 것이다.

대개 천지 사이의 도리에서 두 개가 화化하는 것은 1陰과 1陽을 말하는 것이고, 3에서 화化한다는 것은 3에서는 만물이 이루어져 生하는 것을 말한 것이다.
巳酉丑, 寅午戌, 亥卯未 申子辰 모두 그러하다.
오행에서 土에 대한 견해가 없는 것은 사행四行 모두 土에 의지하여 국국局을 이루고, 만물은 모두 土에 귀장歸藏하기 때문이다.
만약 辰, 戌, 丑, 未가 완전히 갖추어지면 자연히 토국土局이 되는 것으로 논한다.

무릇 사주에 합있어 국을 얻게 되면 아름답다.
가령 丙, 丁에 태어난 사람에게
亥卯未 木국은 인성을 본 것이 되고,
巳酉丑 金국은 재성을 얻은 것이 되고,
寅午戌 火국은 본국本局으로 비견겁을 얻은 것이 되고,
申子辰 水국은 관성 국을 얻은 것이 되고,
辰戌丑未 土는 상관 국을 얻은 것이 된다.

● **삼회록격**三會祿格

丙 일(년)이 巳酉丑을 보고 丁 일(년)이 寅午戌을 본 것으로
丙은 巳가 록이 되고, 丁은 午가 록이 되어 酉, 丑이 巳와 합하고 寅戌이 午
와 합하는 것이 삼회록격으로 귀하게 된다.

삼합과 육합이 뒤섞이지 않아야 한다. ▶ YouTube 163강

납음오행이 상생하는 합은 하는 일이 잘되고, 예술에 뛰어나고 재주가 많
고, 다정다감, 인정이 많다.
납음오행이 상극相剋하는 합은 계산적, 손해를 보고, 흉살과 합하면 흉하다.
납음오행이 사절된 합은 재능이 있는데, 뜻을 이루지 못한다.
년지와 건록이 합하면 횡재하고, 의외의 명망을 얻는 복이 있다.
년지가 정인, 귀인과 합하면 귀인이 이끌어 주는 하늘의 은덕을 얻는 복이
있다.
년지가 식신과 합하면 의록이 풍부하고, 음식이 두텁다.
년지가 대모와 합하면 행동거지가 무례하고 말은 청한데 행동은 탁하고,
군자를 업신여겨 모멸한다.
년지가 함지와 합하면 간사한 악과 사통하고, 탐오貪汚를 행하는 불량함이
있다. 년지가 망신과 합하면 형옥, 송사, 어리석고, 사리에 어두워 시비에
휘말린다.
년지가 공망과 합하면 행동에 효과를 보지 못하고, 사기성이 있는 천한 사
람이다.
년지가 흉살(신살)과 합하면 여자가 크게 꺼린다.
년지가 함지와 합하면 음란하고, 대모살과 합하면 음탕하다.
년지가 길신과 합하면 길하고, 흉신과 합하면 흉하다.
납음오행의 전투복항과 겸해서 추리하면 잘 맞는다.

(7) 지지 삼형三刑 ▶ YouTube 21, 53, 56강

수數가 다한 수는 세력이 지나치게 과하게 되어 형刑한다.
삼합에 방합이 관여하면 세력이 지나치게 되어 형한다.
년이 간여하여야 비로소 刑이 통한다.

방합 : 寅卯辰, 巳午未, 申酉戌, 亥子丑

삼형三刑	寅巳申, 寅巳 寅申, 巳申	子卯	丑戌未	酉酉, 辰辰, 亥亥, 子子 卯卯, 午午, 未未
특성	무은無恩	무례無禮	시세恃勢	자형自刑

삼형은 삼합에서 태어나고, 당연히 육해六害는 육합에서 일어난다.
子卯는 1刑, 寅巳申은 2刑, 丑戌未는 3刑으로 3형살이라 한다.

申子辰 삼합과 寅卯辰 삼위에서 申은 寅을 형刑하고, 子는 卯를 刑하고, 辰이 辰을 보면 자형自刑 한다.

寅午戌 삼합과 巳午未 삼위에서 寅은 巳를 형하고, 戌은 未를 刑하고, 午가 午를 보면 자형이 된다.

巳酉丑 삼합과 申酉戌 삼위에서 巳는 申을 형하고, 丑은 戌을 刑하고, 酉가 酉를 보면 자형이 된다.

亥卯未 삼합과 亥子丑 삼위에서 卯는 子를 형하고, 未는 丑을 刑하고, 亥가 亥를 보면 자형이 된다.

합한 속에서 刑이 태어나니 마치 사람의 부부가 서로 합을 하는 것을 뒤집어 형상刑傷에 이르게 하는 것으로 인간사의 조화가 되는 그 이치의 하나일 뿐이다.

강한 金이 대치하는 곳, 강한 火가 대치하여 있는 그곳에 자형이 있다.
그래서 巳酉丑은 金의 위치로 그 刑은 모두 서방에 있고 寅午戌은 火의 위치로 그 刑은 모두 남방에 있다.
이것이 金이 강하고, 火가 강한 것으로 자형하는 곳이 된다.

亥卯未는 木의 위치로 그 刑은 모두 북방에 있는데 亥는 木의 뿌리가 되는 것이므로 木은 떨어져 원래의 곳으로 되돌아간다는 말로 초목이 겨울에 이르면 요락搖落하는 것을 곧 귀근歸根이라 일컫는 것이다.
申子辰은 水의 위치로 그 刑은 모두 동방에 있고 辰은 水의 곳집이 됨으로 水는 동을 따라서 흐르게 되어 반드시 동으로 가고 난 후에 되돌아오지 못한다.
곧 木은 잎이 떨어지면 뿌리로 되돌아가고, 水는 동을 따라서 흐르는 것에 刑이 있다. 이것이 子卯 형刑을 두고 한 말이다.

● **무례지형**(無禮之刑:예의가 없다)
10은 살수煞數로 수가 쌓여 10에 이르면 그 수는 남김없이 비어지게 된다.
천도天道는 가득 차는 것을 싫어하여 차면 엎어지게 되니 수가 卯에서 순으로 子에 이르고 子에서 역으로 卯에 이르면 다한 10수로 무례지형(無禮之刑:예의가 없다)이 된다.
子는 水에 속하고 卯는 木에 속하고 水는 木을 生함이 가능하다. 즉 子水가 어미가 되고 卯는 아들이 되니 아들과 어머니가 몸소 상형相刑한다.
또 卯는 태양의 문이 되고 子는 태양이 소생한 곳이 된다.
태양이 卯에서 일출하니 子卯가 각을 세워 공경하고 자신을 낮추는 법이 없게 되어 상생相生하여 구율하지 않고 숨어서 서로 형하여 해치게 되어 곧 무례라고 하는 것이다.

또 子중에는 癸水만 있고 癸水는 戊土가 남편이 되고, 卯는 戊의 패敗가 되니 子가 卯를 형하게 된다.

卯중에는 乙木만 있고 乙木에게는 庚金이 남편이 되고, 庚은 子에서 사死하니 卯가 子를 형하게 된다. 이 두 집안은 지아비로 인하여 형이 나타나는 것이다. 여명에서 子卯형을 보면 더욱 좋지 않다.

그래서 무례를 말하기를 생왕生旺하면 위숙威肅하고, 얼굴에 화기和氣가 없고, 氣가 강해서 성격도 사납다 하였다.

● 무은지형(無恩之刑:은혜가 없음)

寅에서 역으로 巳에 이르고 巳에서 역으로 申에 이르면 10의 다한 수로 무은지형(無恩之刑:은혜가 없음)이 된다.

寅중에 있는 甲木이 巳중의 戊土와 형하는데, 戊는 癸水와 합하니 처가 되고 癸水는 甲木의 모母가 되고, 戊土는 이미 癸水의 남편이 되고, 또 甲의 아비가 되니 아비를 내가 형하여 은혜를 잊는다.

巳중의 丙이 申중의 庚과 형하는 것과 申중의 庚이 寅중의 甲과 형하는 것도 같은 뜻으로 다룬다. 또 寅에는 火가 생하는데, 巳중에서 생하는 金과 刑한다. 巳중에 土가 기생寄生하는데, 申중에서 생하는 水와 형한다. 또 申중에 생한 水가 寅중의 생한 火와 刑한다.

生한 곳을 돌보지 못하고 서로 극제剋制하여 요원하게 된다. 그래서 무은無恩이라 한다.

● 시세지형(恃勢之刑:세력을 믿음)

丑에서 순으로 戌에 이르고 戌에서 순으로 未에 이르면 10의 다한 수로 시세지형(恃勢之刑:세력을 믿음)이 된다.

丑중에는 왕한 水가 있어 丑은 水중의 土가 되고, 戌은 火의 묘 墓가 된다.

그러므로 인해서 丑이 왕한 水를 믿고. 戌 중의 火를 형한다.

戌은 6甲의 존尊이 되고, 未는 6癸의 비卑가 되는데, 戌은 6甲의 존尊을 믿어 비卑한 6癸의 未를 형한다.

未에는 왕한 土가 있어 그 세력을 믿어 丑중의 왕한 水를 거듭 형한다.

또 未는 왕한 丁火의 세력를 믿어 丑중의 金을 형하고, 丑은 왕한 水의 세력를 믿어 戌중의 火를 형한다.

戌은 辛金의 세력을 믿고 未중의 木을 형한다. 그래서 시세恃勢라고 하는 것이다.

시세恃勢 : 세력을 믿는다.

● **자형**自刑

辰午酉亥를 어찌하여 자형自刑이라고 일컫는가?

寅申巳亥에서 寅申巳는 서로 상형相刑하지만, 亥는 刑이 없다.

辰戌丑未는 戌丑未만 상형相刑되고 辰은 刑이 되지 않는다.

子午卯酉에서 子卯는 상형相刑하고 午酉는 刑하지 않는다.

이와 같은 까닭에서 辰午酉亥의 4위는 자형自刑한다고 말하게 된다. 모두 다른 물건이 상호 더해지지 않고 몸소 刑하는 것을 말한다.

또 辰은 水의 묘고墓庫로 꽉 차서 넘치는 것이고, 午는 火의 왕으로 사나운 가시나무가 되는 것이고, 酉는 金의 위치로 강하여 어그러지게 되고, 亥는 木의 생으로 왕하면 썩게 된다.

각 이미 성하여 태과한 氣가 되니 스스로 재앙에 이르는 것이 되어 자형自刑이라고 한다.

형은 위와 같이 4가지 명목이 있지만 삼형이라고 하는 것은 사충(四衝:寅申巳亥), 사극(四極:子午卯酉), 사고(四庫:辰戌丑未)를 취하여 각 1개라도 없으면 그 효력이 강하게 나타나지 않기 때문에 삼형이라 한다.

무릇 형을 본다고 하여 무조건 흉하다고 논하는 것은 옳지 않다.

모름지기 오행을 관찰하여 길신인 관성, 인수, 귀신貴神, 덕복등 들이 왕상
旺相하고, 이 같은 모두 길신이 상부상조하면 刑이 해롭게 되는 것은 아니고
도리어 사용하게 된다.

무릇 길신이 상조相助하지 않고 다시 망신, 겁살, 공망, 양인 등의 煞을 차면
악惡이 악惡을 구제하게 되니 그 재앙은 말로 할 수가 없을 것이다.

대체로 좋지 않은데 배척, 혐오, 갈등, 변동, 거듭, 불목의 특성이 있다.

년지를 기준으로 비교적 길신과 형하면 좋고, 흉신과 형하면 나쁘다.

삼형은 金이 두려워 金이 형된 것이 가장 두렵다.

煞로 煞을 머무르게 하면 병형兵刑의 임무를 맡는다.

刑하지만 형해 오는 자를 년지의 납음오행이 극제剋制하면 흉이 감소 된다.

시	일	월	년
庚	戊		癸
申	寅		巳
木	土		水

戊寅土의 납음 土가 癸巳 水를 극하지만 庚申의 납음 木이 戊寅의 납음 土를
극하여 형이지만 형이 크지 않다.

이것이 살煞로써 살煞을 머무르게 한 것이 된다.

대체로 이러하면 병형兵刑의 임무를 맡게 된다.

그래서 형을 본다고 모조건 크게 흉하다고 논하는 것은 옳지 않다.

辰辰, 午午, 酉酉, 亥亥가 악살과 같이 있으면 가장 흉하다.

자형이 煞을 차면 좋지 않고, 년월에 형이 있으면 피부에 손상이 있고, 도검에 의해서 머리를 잘린다.

辰, 午, 酉, 亥를 완전하게 차면 중년에 실명한다.

자형이 火이면 두려운데, 타 납음이 制하면 두렵지 않다.

酉酉는 너무 강하여 좋지 않지만 火가 극하면 두렵지 않다.

午午는 태폭太暴하여 좋지 않지만 水가 그 세력을 감하면 허물이 없다.

官이 년지를 형하면 좋고, 년지가 도리어 官을 형하면 나쁘다.

官印이 형하면 귀貴하지만 병사, 관리에 지나지 않는다.

년은 주主, 일,월,시는 객客, 주가 객을 형하면 귀하게 되고 들어와서 형이 되지 않으면 천하게 된다.

년의 납음오행이 형해 오는 자를 극하는 것을 두고 하는 말이다.

객이 주主를 刑한다면, 들어와서 刑이 되지 않으면 귀격이 되고 들어와서 刑이 되는 자는 천하게 되는데, 즉 년의 납음오행이 극하면 귀격이 되고 극을 받으면 흉하다는 것이다.

乙丑金이 庚戌金을 刑하면 같은 납음 金이 무리로 형하여 불길하다.

戊戌木과 甲戌火를 刑하면 서로 생하는 형으로 형이 되지 않는다.

丙戌土와 壬戌水는 서로 魁하여 刑이 되는데 丙戌土는 형을 받지 않게 되고, 壬戌水는 형을 받게 된다.

戊戌木은 복이 모이는 地인데, 乙丑金 년이 刑하면 크게 길하고, 복이 모이는 地에 들어와서 刑하지 않으면 귀한 命으로 보지 않는다.

일월시에 刑이 있지만 태세에 간여하지 않는 자는 논하지 않는다.

대체로 태세의 납음오행이 刑하는 자의 납음오행을 극하면 刑이 되지만 형이 크지 않다.

삼형의 위치에 삼기를 차고, 천을귀인을 일시에서 얻으면 크게 길하다.

삼형에 대등하게 되는 것이 중요하다. 재차 삼기, 귀인, 천덕을 차면 길하다.

(8) 지지 육해六害 ▶ YouTube 23강

천해穿害, 또는 천천天穿이라고도 한다.

六害	子未	丑午	寅巳	卯辰	申亥	酉戌
특성	세가 勢家	관귀 官鬼	시임관 恃臨官	소능장 小凌長*	시임관 恃臨官	질투 嫉妬

소능장少凌長 : 젊은이가 어른을 무례한 언행으로 능욕함.

육합으로 인하여 육해가 일어난다. 즉 午가 未와 합하려 하는데 丑이 와서 未를 충하여 합하지 못하게 하여 일어나는 해害가 천해穿害가 된다.

육은 육친六親이고, 해害는 손상으로, 범하면 **육친 상에 손극**損剋이 있게 되어 육해六害라고 한다. 혐오, 배척, 질투, 육친 상의 손극損剋이 있다.
양인, 겁살, 관부가 되면 재앙이 더 심하다.
고독, 골육과 이별의 象이다.
육해의 무리가 命에 있으면 칠상七傷이 발생한다.
일시에 있는 것이 가장 두렵다.

子未 상해相害는 未 왕한 土가 子 왕한 水를 해하는 것이다.
세력이 있는 집안이 상해하는 것으로, 子가 未를 보면 해가 된다.[세가]

丑午 상해는 午 왕한 火가 丑 중의 사금死金을 능멸하는 것이다.
관귀官鬼가 상해하는 것으로, 丑이 午를 보고 午는 다시 丑을 차면 午의 진귀眞鬼가 된다. 즉 해가 더욱 심하다. [관귀]

寅巳 상해는 각 임관을 믿고 멋대로 서로 해롭게 하는 것이다. 만약 간신干神이 왕래하고 귀鬼가 있는 자는 더욱 심하다. 하물며 형이 그 중에 있으니 더욱 재앙과 복이 가감되지 않겠는가? [시임관]

卯辰 상해는 卯는 왕한 木으로 辰 사토死土를 능멸하는 것이다. 이는 능멸의 역량은 적지만 길게 상해한다. 辰이 卯를 보고 卯는 다시 辰을 차고, 진귀眞鬼가 범하면 즉 해가 더욱 심하다. [소능장]

申亥 상해는 각 임관을 믿고 재능을 시기하여 다투어 싸워 상해하는 것이다. 申이 亥를 보고 亥가 申을 보면 고르게 해가 되지만 재차 납음이 상극되는 자는 크게 나타난다. [시임관]

酉戌 상해는 戌 사화死火가 酉 왕한 金을 해하는 것을 일컫는다. 이것은 질투하는 상해로 酉人이 戌을 보면 흉하고, 戌人이 酉를 보면 재앙이 없다.

[질투]

만약 乙酉 人이 戊戌을 얻으면 乙은 진금眞金이고, 戊는 진화眞火가 되니 그 해는 더욱 심하다.

▶ 乙庚합 화금化金이니 진금眞金, 戊癸합 화화化火이니 진화眞火라 한다.

寅巳, 亥申

납음오행이 생왕한 값이면 정신이 바르고 자태가 훌륭하고, 쟁탈을 좋아하고 과격하다.

사절의 값을 가지면 꾀가 많고 이룸이 적고 열심히 익혀 사업을 경영하여도 대강 대강하게 된다.

귀격은 지조, 정조, 권세가 있다.

천격은 사기, 탐심, 몹시 더럽고, 인색하다.

申亥를 겹쳐서 얻으면 매우 흉하다.

卯辰, 午丑

납음오행이 생왕하면 이기려하고, 성을 잘내고, 굳세고, 참을성이 없다.

납음오행이 사절이 되면 독해 참상하고 거듭 기울게 된다.

귀격은 대권을 쥐어 형전옥刑典獄을 맡게 되고, 천격은 계략으로 불의의 땅을 만든다.

子未
납음오행이 생왕과 사절, 모두 육친 골육에 불리하다.
귀격은 처첩을 많이 거느리고. 천격은 의지할 곳 없고 고독하다.

酉戌
생왕하면 얼굴을 가진 물건이 아니다. 깔깔하고 괴팍하고, 목숨이 끊어져 죽고, 혹독하고 사납고, 증오하고, 투기한다.
귀격은 시기로 죄없이 송사에 얽매이고, 간사하고, 아첨이 능하다.
천격은 잔인하고 교활하고, 성품이 아첨이 있고, 어질지 못하다.

(9) 간지 선전旋轉　▶ YouTube 148강

주柱와 柱의 사이에서 천간은 甲, 乙, 丙, 丁, 戊, 己, 庚, 辛, 壬, 癸의 차례로 흐르는데 지지는 子, 亥, 戌, 酉, 申, 未, 午, 巳, 辰으로 역으로 흐르는 것은 선전이라 한다.

선전旋轉	* A : 乙-甲 酉-戌 1급 선전	* B : 丁-丙 丑-寅 1급 선전	* C : 癸-壬 亥-子 1급 선전

A의 경우 *표시한 주柱를 기준으로 했을 때 천간은 甲에서 乙로 흐르는데 지지는 역으로 戌에서 酉로 나아가니 선전이라 한다.
즉 천간과 지지 중에서 하나는 역으로 나아가고 하나는 순으로 나아가 엇갈리게 되는 경우를 말하는 것이다.
천간과 지지가 엇갈리게 되는 경우 전부 이에 해당한다.

甲에서 乙까지 헤아리면 1이 되니 1급 선전 이라고하고, 2가 되면 2급 선전, 3이 되면 3급 선전이라 한다.

분열, 정신적인 면에 문제로 혼란하게 된다.
60갑자의 동일 순旬에 간지가 속하면 배척력이 더 강하다.
정도 차이는 급수 값에 비례한다.

(10) 간지 상순相順

상순은 주柱와 柱의 사이에서 천간의 甲乙丙丁戊己庚… 가 차례대로 나아가고, 지지의 子亥戌酉申… 도 순서대로 나아가게 되는 것이다. 지지와 천간이 전부 순順이면 순順, 역逆이면 역逆으로 함께 흐르는 경우를 말한다.

상순相順	* A : 丁 -乙 亥 -酉 2급 상순	* B : 戊 -乙 午 -卯 3급 상순

상순은 간지干支의 흐름이

天干 ○ ⇒ ○   天干 ○ ⇐ ○

地支 ○ ⇒ ○   地支 ○ ⇐ ○

이렇게 干支의 방향이 같은 방향으로 흐르면 상순相順이 된다.

간지의 흐름이 A의 경우 *이 있는 주柱를 기준으로 하였을 경우

乙이 丙丁으로 흐르고 지지도 酉에서 戌亥로 같이 순방향으로 흐르고 2번째이니 2급이 된다.

B의 경우 *의 주柱를 기준으로 천간이 乙에서 丙丁戊로 나아가고

지지도 卯에서 辰巳午로 천간과 지지가 같은 방향이 되고 3번째이니 3급이된다.

천간과 지지가 같이 같은 방향이면 이에 적용된다.

주柱와 주柱의 정신과 신체가 어그러지지 않으니 일도 잘 풀리고 매사가 순조롭게 되는 의미를 가진다. 친밀도 정도 차이는 급수 값에 비례하고, 한마음으로 협력하는 의미가 있다.

60갑자의 동일 순句에 간지가 속하면 친밀도가 더 강하다.

공망을 당하면 친밀도와 효과가 크게 떨어진다.

급수가 낮을수록 효과가 더 크다 즉 1급이 3급보다 더 심하다.

(11) 지지 육파六破

陽은 뒤의 3위, 陰은 앞의 3위와 破한다

육파六破	寅亥	卯午	戌未	申巳	子酉	丑辰
작 용	파괴, 붕괴, 이탈, 약속 파기. 寅亥, 巳申는 합되어 파破되지 않는 것으로 본다.					

亥卯未와 寅午戌에서 일어나니 곧 寅亥, 卯午, 戌未.

巳酉丑과 申子辰에서 일어나니 곧 申巳, 子酉, 丑辰

寅亥, 申巳도 파破가 되지만 육합이 되어 파破로 취하지 않는다.

범한 자는 소년에 재해로 막히고 재산이 흩어져 손실을 입고 겸해서 상처를 당하는 재해가 있다.

6. 주柱와 주柱의 상호 관계

(1) 천극지충天尅地衝(반음反吟)

천극 지충	甲-庚 子-午	乙-辛 丑-未	壬-丙 申-寅
요인	천간과 지지가 함께 충의 관계		
작용	간지의 단절, 파괴. 일주日柱 간지가 천극지충天尅地衝을 만나는 것은 더더욱 좋지 않다. 일지日支는 신체를 대표하기 때문에 일간과 일지가 분리되니 신체상의 재앙이 있는 의미가 된다.		

(2) 천동지동天同地同(복음伏吟) ▶ YouTube 48강

천동 지동	甲-甲 子-子	乙-乙 丑-丑	壬-壬 申-申
요인	천간도 같고,지지도 같은 관계		
작용	간지의 불안으로 변동 이동의 상. 일주 간지가 천동지동天同地同을 만나는 것은 더더욱 좋지 않은데, 일지는 신체를 대표하기 때문에 일간과 일지가 불안하여 이동 변동의 의미가 있다.		

(3) 천극지동天剋地同

천극 지동	乙-己 丑-丑	丙-庚 寅-寅	丁-辛 卯-卯
요인	천간은 충극되고 지지가 같은 오행의 관계		
작용	천간과 지지가 배척, 불안정. 불안정하여 파괴적인 특성, 또는 이동 변동이 발생		

(4) 천동지충天同地沖

천동 지충	乙-乙 卯-酉	戊-戊 寅-申	丁-丁 巳-亥
요인	천간은 같고 지지는 충의 관계		
작용	불 화합. 지지가 깨어져 천간은 불안정		

(5) 천합지형天合地刑

천합 지형	甲-己 子-卯	庚-乙 申-巳	丙-辛 戌-丑
요인	천간은 합하고, 지지는 刑하는 관계		
작용	천간은 흡력吸力이 있고 지지는 배척력이 있어 두 사람이 겉은 화합하고 속은 불 화합하는 것과 같아 어떤 사정으로 어쩔 수없이 연합한 모순의 관계가 된다.		

(6) 천합지극天合地剋

천합 지극	庚-乙 申-卯	甲-己 午-酉	辛-丙 卯-戌
요인	천간은 합하고 지지는 극하는 관계		
작용	천간은 더욱 밀착하고 이로 인해 지지 간에는 엄중하게 극하는 현상이 발생하여 파괴당한다.		

(7) 천합지합天合地合　▶ YouTube 64강

천합 지합	壬-丁 辰-酉	庚-乙 申-巳	丙-辛 寅-亥
요인	天干과 地支가 같이 합하는 관계		
작용	흡력이 하나의 干 혹은 支의 흡력에 비해 매우 커서 단합 및 화합 된 기운이다.		

(8) 천극지극극天剋地剋剋 (일명 : 정란사충井欄斜衝)

地支 극극 : 寅戌, 戌卯, 卯申, 申辰, 辰酉, 酉寅 巳丑, 丑午, 午亥, 亥未, 未子, 子巳

천극 지극	乙-辛 丑-巳	庚-丙 戌-寅	庚-丙 辰-申
요인	天干은 충극衝剋 地支는 剋剋의 관계		
작용	剋을 당하는 干支 조는 매우 커다란 압력을 힘겹게 감당해야 되는 까닭으로 온전할 수 없다.		

| 제6장 | 삼명 자평명리 간법 | YouTube **101,116,117**강 |

제6장
삼명명리
간법

1. 십성의 강약 왕쇠 구분하기

(1) 생왕고사절로 오행 십성의 왕쇠旺衰를 구분한다.

論命 1

乾

時	日	月	年
辛	庚	戊	己
巳	辰	辰	亥
金	金	木	木

庚辛壬癸甲乙丙丁
申酉戌亥子丑寅卯

일간이 주체가 되고, 庚으로 金에 속한다. 일간과 같은 오행을 찾아보면 辛이 있다. 곧 십성으로는 겁재에 속한다.

비견과 겁재의 힘의 정도를 가름한다.

앞서서 설명한 생왕고사절을 사용한다.

비겁 辛은 金으로 지지에 생지 巳가 있어 뿌리를 내렸다.

일간 庚은 좌에 辰이 있는데 辰은 庚의 양지養地이니 허약하다. 시지에 巳, 생지가 있어 통근하여 허약은 면하여 힘을 얻고 있다.

시간에 辛 겁재가 생지를 좌하여 일간보다 강하다.

인수(=인성=편인+정인)는 월간과 년간에 戊와 己가 있고, 월지와 일지에 辰이 있고, 시지의 巳중에도 건록이 있으니 매우 왕하다.

4개의 지지 중에 3개나 있으니 왕하지 않을 수 없다.

관살은 火인데 천간에 없고 시지에 巳 건록에 통근하였다.

식상은 水인데 년지에 亥 록이 있고, 辰은 水의 고庫로 월지와 일지에 있다
뿌리를 내린 곳이 3개나 되니 강하다.
재성은 木인데 辰은 쇠지衰地가 되어 木이 서서히 물러가는 때지만 그래도
남은 기운이 있어 뿌리를 내릴 수 있다.

TIP

木의 계절은 寅卯辰월로 辰월은 마지막 달이니 木이 물러가는 퇴기가 되어 氣가 차
츰 약하게 된다.

❖ 십성의 강약 왕쇠 구분 요령

하기 일람표에 오행의 생왕고사절을 기준으로 십성의 왕쇠를 표출하여 기
록하였다.
                왕 〉강 〉강 약 〉약 강 〉약 〉쇠 〉쇠 약 〉허 약 〉극 약 〉
가장 왕한 순서는 왕부터 차례로 극약이 가장 약하게 된다.
처음 입문하여 팔자를 추리할 때는 <u>왕, 강, 강약만 어느 정도 구분하고 나
머지는 전부 약하다고 판단하여 추리하여도 충분하다.</u>

그러나 전문 상담사 길을 택한 분은 전부 감을 잡아야 할 것이다.
음양오행은 수학 답안지같이 객관적인 확실한 답은 있지 않다. 확율적 개
념을 가지니 항상 염두에 두어 추리하는 것이 마땅하다.

즉 상적象的으로 90% 이상만 맞을 뿐이다. 여름에 우박이 내리고 겨울에
비가 오고 따뜻한 날도 있는 것에서 우리들은 상적象的이라는 것을 증명할
수 있다.

일간이 木일 때 木의 인성은 水로 곧 水는 子에서 왕하고, 丑에서 강약, 寅
은 쇠, 卯는 쇠약, 이렇게 관찰하면 된다.
일간이 火일 때 火의 관살은 水로 寅은 쇠약, 亥에서는 강이 된다.

❖ 십성의 강약 왕쇠 구분 일람표

일간 木

	인수 水	관살 金	재성 土	식상 火	비견겁 木
子	왕	쇠약	허약	허약	약강
丑	강약	허약	강약	약	강약
寅	쇠	극약	약	강	강
卯	쇠약	허약	허약	약강	왕
辰	허약	약	강	강약	강약
巳	극약	강	강약	강	쇠
午	허약	약강	강약	왕	쇠약
未	약	강약	강	강약	허약
申	강	강	약	쇠	극약
酉	약강	왕	허약	쇠약	허약
戌	강약	강약	강	허약	약
亥	강	쇠	허약	극약	강

일간 火

	관살 水	재성 金	식상 土	비견겁 火	인성 木
子	왕	쇠약	허약	허약	약강
丑	강약	허약	강약	약	강약
寅	쇠	극약	약	강	강
卯	쇠약	허약	허약	약강	왕
辰	허약	약	강	강약	강약
巳	극약	강	강약	강	쇠
午	허약	약강	강약	왕	쇠약
未	약	강약	강	강약	허약
申	강	강	약	쇠	극약
酉	약강	왕	허약	쇠약	허약
戌	강약	강약	강	허약	약
亥	강	쇠	허약	극약	강

일간 土

	재성 水	식상 金	비견겁 土	인상 火	관살 木
子	왕	쇠약	허약	허약	약강
丑	강약	허약	강약	약	강약
寅	쇠	극약	약	강	강
卯	쇠약	허약	허약	약강	왕
辰	허약	약	강	강약	강약
巳	극약	강	강약	강	쇠
午	허약	약강	강약	왕	쇠약
未	약	강약	강	강약	허약
申	강	강	약	쇠	극약
酉	약강	왕	허약	쇠약	허약
戌	강약	강약	강	허약	약
亥	강	쇠	허약	극약	강

일간 金

	식상 水	비견겁 金	인성 土	관살 火	재성 木
子	왕	쇠약	허약	허약	약강
丑	강약	허약	강약	약	강약
寅	쇠	극약	약	강	강
卯	쇠약	허약	허약	약강	왕
辰	허약	약	강	강약	강약
巳	극약	강	강약	강	쇠
午	허약	약강	강약	왕	쇠약
未	약	강약	강	강약	허약
申	강	강	약	쇠	극약
酉	약강	왕	허약	쇠약	허약
戌	강약	강약	강	허약	약
亥	강	쇠	허약	극약	강

일간 水

	비견겁 水	인성 金	관살 土	재성 火	식상 木
子	왕	쇠약	허약	허약	약강
丑	강약	허약	강약	약	강약
寅	쇠	극약	약	강	강
卯	쇠약	허약	허약	약강	왕
辰	허약	약	강	강약	강약
巳	극약	강	강약	강	쇠
午	허약	약강	강약	왕	쇠약
未	약	강약	강	강약	허약
申	강	강	약	쇠	극약
酉	약강	왕	허약	쇠약	허약
戌	강약	강약	강	허약	약
亥	강	쇠	허약	극약	강

(2) 왕쇠를 판단했으면 체상을 구별하여야 한다. ▶ YouTube 104강

乾

時	日	月	年
辛	庚	戊	己
巳	辰	辰	亥
金	金	木	木

庚辛壬癸甲乙丙丁
申酉戌亥子丑寅卯

가장 왕한 역량을 가진 십성은 土인 인성 ①

다음은 水인 식상 ②

다음은 木인 재성 ③

다음은 金인 비인(비견과 양인) ④

다음은 火인 관살 ⑤

이렇게 순위를 매길 수 있지만 순위에 연연할 필요는 없다.

가장 필요한 것은 2개 혹은 3개가 뭉쳐 기세를 이루는 것이다.

가장 강한 힘이 있는 것은 인성인데, 인성과 기세를 이룰 수 있는 십성은 관살과 또 비인比刃이다.

생하는 관계와 극하는 관계에서 기세가 이루어진다.

생하는 관계의 기세가 좋다. 그래서 이명조에서는 火가 土를 생하니 **관살이 인수로 흐르는 기세가 있다.**

그러나 土 인성 너무 강하고, 火 관살의 역량은 약하여 火가 土를 생하지 못하여 기세가 팔자에서는 이루어지지 않았다.

제3장 물체의 발생, 3오행 부분의 오행의 태과불급(page100)에 대해 논했으니 참고하시면 됩니다.

그렇지만 운(대운大運)에서 관살이 들어오면 크게 발달하게 된다.

팔자에 土가 천간에 2개, 지지에 2개, 巳 중에도 있고, 또 亥 중에도 존재가
있으니 팔자에 土 인수로 크게 치우쳐 있다. 즉 편중된 사주다.

또 이루는 기세는 인수가 비인比刃을 타는 기세인데 역시 인수가 많아 金 비
인이 묻혀 생하지 못하니 기세를 이루지 못한다.

그런데 인수가 비인으로 흐르는 기세가 되면 거지가 된다.

(3) 오행이 두루 건강한 명조가 좋은 명조가 된다.

論命 2

乾

時	日	月	年
丙	己	丁	甲
寅	亥	丑	申
火	木	水	水

乙甲癸壬辛庚己戊
酉申未午巳辰卯寅

木 관살은 시지에 록 寅이 있다.
火 인수(=인성印星)도 시지 寅 생지가 있다.
土 비인(=비겁과 양인)은 월지에 丑과 시지의 寅 중에 戊가 있다.
金 식상은 년지에 申 록이 있다.
水 財는 일지에 亥 록이 있고, 丑 고庫도 있다.

이러하니 오행이 편중되어 있지 않고 두루 건강하다.
특히 이 명조는 납음오행도 水木火로 흐르고, 각 납음오행의 좌에 火는 寅,
木은 亥, 水는 申 각 생지를 좌 하였다.
삼명통회 비기에 있는 명조로 기묘한 인연을 만나서 삼공에 올랐고 수명도
70을 넘겼다고 한 명조다.
財가 관살로 흐르고 인수로 흐르는 3수數의 체상을 가진 명조다.
상관은 월지에서 財의 생지가 되면서 또한 財를 생하고 있다, 오행이 전쟁
하지 않고 순수하게 상생相生한다.
편중되어 있는 오행이 없으니 당연히 상생이 가능하다.

2. 자평비전子平祕傳

▶ YouTube 10, 101강

(1) 기세氣勢

사주팔자는 하나의 체體를 이루어 어떤 독특한 형상을 만든다.
여덟 글자가 조합되어 어떤 하나의 독특한 체상體象을 이룬다.
체상이 운이 바뀜으로 체상에 변화가 생기고 그 생긴 변화가 유년流年(=세운)
의 흐름에 의해서 해당하는 어떤 사건이 발생한다.

- 기세의 종류는 水木, 木火, 火土, 土金, 金水 들이다.
- 기역氣逆의 종류는 木土, 火金, 金木, 土水, 水火 등의 종류다.

① 순행順行의 기세
이 체상은 어떤 행위로 나타나는데 5가지 유형이 있다.

- 식상이 재로 흐르는 기세
- 관이 인으로 흐르는 기세
- 재가 관으로 흐르는 기세
- 인이 비인으로 흐르는 기세
- 비인이 식상으로 흐르는 기세

그 행위가 직업적인 면이 된다면

- 식상·재의 기세는 상업 계통 사업의 상象
- 재·관의 기세는 제조업 계통 사업과 공직 계통의 象
- 관·인의 기세는 공직에 종사하는 계통의 象
- 인·비인의 기세는 멈추어 정지하는 계통으로 실직 파산의 象

- 비인, 식상의 기세는 프리랜스, 자영업 계통의 象이지만 중하의 격에 해당한다. 일을 하지만 결과가 없다. 큰 소리만 치는 사람에 불과하다.

그 행위가 성정적인 면이 된다면
- 식상·재의 기세는 스스로 무엇을 행하여 장악하려는 象
- 재·관의 기세는 장악하여 관리하려는 象
- 관·인의 기세는 인정을 받아서 소속되는 象
- 인이·비인 기세는 멈추어 홀로 하는 象
- 비인·식상 기세는 궁리하는 자유롭게 행하는 象으로 장악은 크지 않다.

② 기역氣逆의 기세
- 식상·재의 기세는 관·인의 기세를 깬다.
- 관·인의 기세는 식상·재의 기세를 깬다.
- 재·관의 기세는 인. 비견·겁의 기세를 깬다.
- 인·비견·겁 기세는 식상·재의 기세를 깬다.
- 비견·겁·식·상의 기세는 재·관의 기세를 깬다.

주主가 학생이라면 관인으로 건강하게 흐르는데 느닷없이 식상·재의 기세가 운에서 들어와서 관인을 깨게 되면 이 학생은 학업을 중단하고 가출하거나 하는 象을 가지게 된다. 이러한 것은 기역氣逆이 된다.

식상이 관살을 剋하는 것은 기역이 되는 것인데 일종의 식신제살食神制煞과 같다. 재파인財破印, 효인탈식상梟印奪食傷도 기역이 된다.
기존 우리들이 알고 있는 剋하는 것과 유사한 것이 기역이다. 다만 다른 것은 기존의 극은 매우 단순하게 극하는 개념이 강하다면 기역은 흐르는 기세를 거스르는 것으로 다소 다르니 그 감을 잘 잡아 감응을 받아야 한다.

(2) 오행의 강도

오행의 강도 판단은 각 오행의 생왕고사절로 각 오행의 강도를 판단한다.

火는 寅에서 생하여 巳午에서 왕하고,
未에서 고庫에 갇혀 퇴기退氣되어
酉에서 사死하여 戌에서 묘墓에 들고
亥에서 절絶하여 子에서 끊기고
丑에서 水가 庫에 갇히게 되어,
寅에서 다시 생으로 나아가게 되어 윤회하게 된다.

木은 亥에서 생하여 寅卯에서 왕하고
辰에서 고庫에 갇혀 퇴기退氣하고,
午에서 사死하여 未에서 묘墓에 들고,
申에서 절絶하여 酉에서 끊기고,
戌에서 金이 고庫에 갇히게 되어,
亥에서 다시 생하여 나아가게 되어 윤회하게 된다.

다른 오행도 각 이에 준하여 판단한다.

乾

時	日	月	年
壬	庚	戊	甲
午	申	辰	子
木	木	木	金

丙乙甲癸壬辛庚己
子亥戌酉申未午巳

식상 水가 크게 왕하다. 시간에 壬이 있고 申子辰 삼합하여 크게 왕하다. **비인**은 일간 좌에 申이 있고, 록이 되고, 팔전八專으로 강하다. **인수**는 土인데 역시 강하다. 辰이 월령(월지)에 있고 또 午 왕이 시지에 있다. **관살**은 시지에 午 왕이 있으니 강하다. 그러나 식상이 申子辰 수국水局을 이루어 火를 훼剋하니, 강이 변하여 약하게 되었다. 재성는 년간에 甲이 **투출**透出*하여 있고, 辰 고庫에 통근했지만 약하다. 庫는 퇴기退氣가 되어 그렇다. 辰월의 午시이니 木은 午에서 死하니 약하다.

투출透出 : 지장간의 干이 天干에 나타나 있는 것.

이상에서 체상 구조를 판단해보면 식상인 水가 국을 이루어 왕한데, 財가 없어 기세를 이루지 못한다. 또 관인의 기세를 이루자고 하나 식상이 왕하여 정관 午가 심하게 제어되어 기세를 이루지 못한다. 편인 辰도 수국水局을 이루니 水의 가족이 되어 水를 제어하기는 커녕 도리어 돕고 있다. 이러한 구조를 상관이 관을 본 구조로 좋지 않다. 그러나 운에서 財가 들어오면 3수가 이루어져 좋게 되는데, 운도 金水 곧 비인에서 식상으로 흐르니 조업이 깨어지고 처자를 극하여 고독하고 고통이 심했다고 한다. 적천수의 3번째 명조다.

▶ 수數 : 재. 관살, 관살. 인, 식상. 재의 기세는 2수가 되고 재. 관살. 인, 비인. 식상. 재, 식상. 재. 관살 기세는 3수가 된다.

乾

時	日	月	年
戊	丙	甲	癸
戌	寅	子	酉
木	火	金	金

丁 戊 己 庚 辛 壬 癸
巳 午 未 申 酉 戌 亥

년간 癸부터 甲을 생하고, 甲을 丙을 생하고, 丙은 戊를 생하여, 곧 유통되어 일생 부귀하고 수명도 길었다고 하는데, 실제 이렇게 유통되는 사주를 보았는데 별 신통한 사람이지 않았었다.

丙 일간에 대한 각 십성의 왕쇠 살펴보면 戊土 식상은 시주時柱가 戊戌로 강왕하다. 丙火 일간도 자좌에 寅 생지가 있어 강하다. 甲木은 인수는 일지에 寅이 있어 강하다. 癸水는 관살은 년간에 있고 월지에 子 왕지가 있어 강하다. 金 재성은 酉가 년지에 멀리 있는데, 멀리 있으니 일간에 미치는 영향력이 약하다. 그래도 戊土가 시에 있고 아직 金의 남은 기운이 있어 강하다 할 수 없겠지만 튼실하다.

그래서 오행이 두루다 건강하다. 운도 다소 약한 財로 흐르니 좋은 사주가 되지 않을 수 없다. 水, 木, 土, 火, 金이 싸우지 않고 다 건강하고 유통되어 일생 부귀했고 수명도 길었다.

(3) 기세의 성립 ▶ YouTube 151, 152강

각 오행이 지지에 왕지旺地, 건록지建祿地, 생지生地, 묘고지墓庫地가 있어, 그에 뿌리를 내려 강한 힘을 받은 두 무리가 기세를 이루어야 한다.

論命 5

乾

時	日	月	年
辛	丁	乙	癸
亥	未	卯	酉
金	水	水	金

戊 己 庚 辛 壬 癸 甲
申 酉 戌 亥 子 丑 寅

亥卯未 木국을 이루었고 월간에 乙이 투출해 있어 인수가 왕하다.
재성 酉金이 卯를 충하지만 木이 강하여 酉金이 패한다.
관살 癸가 亥 왕지에 통근하지만 木 왕하여 생할 힘이 부족하다.
水木 관인의 기세를 탈 수도 있지만 水가 부족하여 기세를 이루지 못한다.
壬子 운, 辛亥 운에는 기세를 이룰 수도 있지만, 일간 丁火가 크게 약하고, 식상도 크게 약하여 즉 크게 편중되어 중화를 이루지 못하여 기세를 이루기는 커녕 사망한다.
辛亥 운, 壬子 년에 財와 煞을 만나 법을 범하여 형벌을 당했다.
辛亥 운, 壬子년 사망했다는데, 丁火는 다른 오행과 달리 水 칠살에 유달리 약해 사망하는 경우가 매우 많다.
운에서 관살이 들어와 흉하게 되었다. (적천수 5번째 명조)

 財가 印을 파괴하면 형상刑傷 되어 지게미로가 된다.

요즘 거의 모두 丁火가 木의 생을 받아서 강하다고 판단하는데 절대 그렇지 않다. 오행 편의 마지막 부분에 서대승 선생이 논한 木이 많아서 火가 꺼지게 될 뿐이다.

일간이 金일 경우 木은 재성이 되는데, 재성 木이 많고, 식상 水가 적다면 식상, 재의 기세가 잘 이루어지지 않기 때문에 재물을 얻지 못한다. 이러한 때는 운에서 水가 들어와서 水를 보조하여 주어 식상 水가 재성 木을 따르는 기세가 충분하게 되는 조화가 되어야 비로소 재물을 얻게 된다.

바람이 부는데 적은 물은 바람이 금방 걷어가서 없어져 인간에게 계속 온습한 공기를 충분하게 공급하지 못하지만 물이 많이 있으면 계속해서 바람이 걷어 갈수 있어서 인간에게 건조하지 않는 온습한 공기를 계속 공급할 수가 있게 되는 것과 같다. 이 상태가 가장 이상적인 방법으로 아주 큰 재물을 얻게 된다.

보편적으로 財가 강하고 다시 신身(일간)이 강하게 되면 큰 부자가 된다고 하는데 실제 임상하여 보면 전혀 그렇지 않고 도리어 피폐한 경우가 더 많다.

누구나 사주가 일간이 약하다고 인정했는데도 대운과 유년(流年=세운)에서 인성이나 비겁이 들어오면 이혼을 한다든가 재물이 깨어지는 것이 요즘 임상한 결과이니 신강하게 하는 대운이나 유년은 특히 주의를 기울여 판단하여야 한다.

乾

時	日	月	年
乙	壬	庚	丙
巳	午	寅	寅
火	木	木	火

丁 丙 乙 甲 癸 壬 辛
酉 申 未 午 巳 辰 卯

식신 寅이 월령과 년지에 있고, 상관 乙이 시간에서 통근通根하여 왕하다.
편재 丙이 년간에 있고 巳午가 있어 역시 왕하다.
인성金은 庚이 있는데 지지에 목화로 휴수가 되어 약하다.
관살은 土로 巳와 午가 있어 약하지 않다.
비견겁은 水로 지지에 뿌리 내리 곳이 없어 허약하다.

오행이 두루 건강하지는 않지만 기세가 잘 이루어졌다.
그래서 식상이 재를 생할 수 있어 식상. 재 기세가 잘 이루어진 명조다.
갑제에 올라서 벼슬이 시랑侍郞에 올랐다.

인수는 밥그릇인 식상을 깨는 성분이고, 겁재, 양인은 재물을 약탈하여 가는 성분일
뿐이다.

겁재, 양인이 재물을 약탈 때는 필히 官이 있어 財를 보호하여야 된다. 재물은 식상
과 재성과 관성의 조화가 잘 이루어져야 크게 얻을 수 있다는 것으로 이 3자가 또한
3수로 삼원三元이 된다.

乾

時	日	月	年
己	乙	庚	丙
卯	亥	子	子
土	火	土	水

76 66 56 46 36 26 16 06
戊 丁 丙 乙 甲 癸 壬 辛
申 未 午 巳 辰 卯 寅 丑

木 비겁과 水 인성이 매우 강하다. 거지 팔자에 속한다.

그러나 천을귀인이 亥가 자좌에 있고, 망신살亡神煞이 되는데 煞 이 천을귀
인이 되니, 살이 변하여 권력이 된다. 그래서 보완되어 거지 팔자는 면하지
만 끝까지 크게 될 팔자 원국은 아니다. 시간에 편재가 뿌리 없이 노출되어
있어 겁탈 당한다. 상관도 년간에 노출되어 있고 뿌리가 없다.

46세부터 火土 대운이 들어오게 되어 식상. 재의 기세를 이루게 되어 크게
발달하게 된다. 사주에 비인이 강하여 만약 천을귀인이 없었다면 그렇게
큰 발달을 되지 않았을 것이다.

대우가 IMF때 몰락했는데, 그때가 午 대운, 丙子년, 丁丑년, 戊寅년, 己卯
년, 庚辰년으로 달려 왕신충발旺神衝發로 火土가 역극逆剋당하여 매우 나쁜
데, 다시 대운이 未土로 亥卯未 木局을 이루어 재성이 깨어지니, 다시 식상
을 깨는 인수을 제어하지 못하여 火土 상관. 재의 기세가 깨어져 몰락하게
되었다.

왕신충발旺神衝發 : 사주가 한 오행으로 편중되어 있는데 운에서 들어오는 약한 오행이 사주의
왕한 오행을 충할 때 도리어 약한 오행이 발광하게 되어 사주의 강한 오행
이 제어하기는 커녕 큰 재앙을 일으키는 것을 말한다.

▶ YouTube 140강

(4) 체상體象

조화造化된 체상體象을 알아야 한다.

사주팔자가 형성하는 조화造花로 인한 체상을 먼저 파악하여, 조화된 체상이 운의 기운으로 인하여 변화가 일어나는 것을 알아야 한다. 일어난 변화가 운명이 된다.

이 변화는 간지의 상호작용에 의하여 나오는 氣가 사주팔자의 체상에 미치어 변화를 유도하여 해당 운명이 나타나게 된다.

사주팔자의 체상이 재물을 얻을 수 있는 체상으로 형성되어 있고 다시 운에서 재물을 얻을 수 있는 기운이 유정하게 들어오게 되면 큰 재물을 얻게 되고, 운에서 재물을 배척하는 운이 들어오면 도리어 재물을 잃게 된다.

체상이 형충파해刑沖破害, 악살惡煞들로 뒤죽박죽되어 있고 오행이 건강하지 못한 하격下格은 운에서 재물의 기운이 들어와 유정하게 받혀 준다고 하여도 큰 재물은 얻지 못한다.

간혹 유년에서 조화가 잘 이루어져 순간적으로 재물을 다소 얻게 되기도 하는데 그러나 또다시 운이 다하여 지나가게 되면 다시 궁핍하게 된다.

(5) 체상體象의 음양 구별 ▶ YouTube 139~142강

먼저 조합된 사주팔자가 陰이 많아 陰이 강한지 陽이 많아서 陽이 강한지 구별하여 음습한 사주팔자인지 양명陽明한 사주인지 먼저 구별한다.

① 음습한 사주 : 水, 金, 丑, 戌로 이루어진 사주

시 일 월 년	시 일 월 년	시 일 월 년
壬 辛 辛 壬	戊 甲 壬 壬	己 丙 壬 辛
辰 亥 亥 寅	辰 子 子 戌	亥 申 辰 亥

비교적 사주에 陰이 강하면 사람이 음흉한 면이 있고 정도보다는 사사롭게 행하는 편이 강하다. 비교적 심기가 음독한 편이다.

② 양명한 사주 : 火, 木, 未, 辰으로 이루어진 사주

시 일 월 년	시 일 월 년	시 일 월 년
甲 戊 戊 戊	甲 丙 壬 乙	甲 丙 丁 戊
寅 午 午 午	午 戌 午 丑	午 寅 巳 寅

비교적 밝고, 정도를 행하고, 화통하다.

陽이 강하여 공직에서 근무하다가도 陰이 강하게 되면 공직을 그만두고 사업 혹은 변호사를 하게 되는 등, 즉 비교적 생활에서 나타나는 일들의 상황도 정正보다는 편偏이고, 정도보다는 옳지 않은 사도私道쪽으로 나타난다.

그렇다고 절대적으로 그러한 사람이라고 단정은 하지 않아야 한다. 고저대소가 있기 때문인데, 다만 그러한 스타일에 가깝다고 여기는 것이 옳다.

음양오행은 상象일 뿐, 절대적인 값이 아니기 때문이다.

③ 음양이 비교적 중화가 된 사주

시 일 월 년	시 일 월 년	시 일 월 년
丙 庚 丁 己	癸 壬 乙 丙	戊 癸 丙 己
子 寅 卯 亥	卯 午 未 辰	午 未 子 酉

음양이 중화되면 강건하고 중정中正하다.

강건한 것은 군자의 체가 되고, 중정한 것은 군자의 덕이 된다.

사주에 陽중에 陰이 갖추어져 있으면, 강剛이 유柔의 制를 얻어 파破, 극剋, 형刑, 충衝을 범하지 않게 된다.

이것을 사용하는 자는 덕을 행하는 사람이고 중도를 곧음으로 세상을 덮으니 그래서 군자의 풍이라 말한다.

다음은 오행 십성이 월령을 얻고, 시령時令을 얻고, 또는 다른 地을 얻어서 건강한지 허약하지 그 강도를 정확하게 구별하여야 한다.

① 기세를 파악하여야 한다.

② 2수인지 3수인지 알고 또 천간과 지지 상호관계를 살펴야 한다.

③ 납음오행의 상황을 살펴야한다.

④ 신살을 경중을 교량較量 하여야한다.

⑤ 어떤 기세를 이룬 체상인지 파악하여야 한다.

⑥ 격에 집착하여 어떤 격에 속하는지에 집착하지 말고, 오행의 강와 기세 흐름의 강도를 파악하여야 한다.

3. 삼명명리의 자평법 추론

▶ YouTube 101강

(1) 실전 응용1

論命 8

乾

時	日	月	年
己	乙	辛	癸
卯	卯	酉	酉
土	水	木	金

78 68 58 48 38 28 18 08
癸 甲 乙 丙 丁 戊 己 庚
丑 寅 卯 辰 巳 午 未 申

이 명조는 한눈에 보아도 알 수 있다.

일간이 크게 강하고, 煞 또한 매섭게 강하고, 卯와 충한다. 일주日柱 乙卯와 월주月柱의 煞 辛酉는 강왕한 주柱인 팔전八專에 속한다. 남은 재성, 인수, 식상은 모두 허약하다. 편재와 편인이 천간에 있지만 통근처가 전혀 없어 힘없이 둥둥 떠다닐 뿐이고, 식상은 전혀 없다. 비전祕傳에 말하기를 살煞은 양인 羊刃이 있어야 한다 하였다. 酉酉는 자형에 속하고, 또 년지에 있으니 刑이 심하게 나타난다. 기세는 煞도 강하고, 일간도 강한 팔자에 속하고 역극逆剋의 기세가 되고, 발發하겠지만 큰 재앙이 따라다닌다. 적천수 6번째 명조로 煞을 制하는 운에 과거를 보지 않고 다른 길로 벼슬에 올랐으며, 丙辰 운의 뒷자락에 국법에 걸려들었다 하였다.

 煞이 왕한데 상관이 없으면 財로 나아가는 것을 꺼린다.

자형이 煞을 차면 좋지 않고, 년월에 刑이 있으면 피부에 손상이 있고, 도검에 의해서 머리를 잘리게 된다.

乾

時	日	月	年
甲	壬	壬	壬
辰	午	寅	申
火	木	金	金

71 61 51 41 31 21 11 01
庚 己 戊 丁 丙 乙 甲 癸
戌 酉 申 未 午 巳 辰 卯

壬 일간이 寅월 辰시에 태어났다. 비인은 壬인데 천간에 3개 있고 년지에 申 생지와 시지에 辰 묘지墓支가 있어 뿌리를 내렸다.

식상은 甲인데 월령에 록이 있어 왕하다. 재성은 천간에 없고 일좌日坐에 午와 월령의 寅 생지가 있고, 寅午 반합半合하여 세력을 장악하였다. 인수 金은 년지에 申 생지가 있어 통근하니 약하지 않다. 관살은 土인데 土는 세상에 없는 곳이 없으므로 허약할 수가 없는데, 시지에 辰, 일지에 午, 월령에 寅이 있어 강하다.

기세를 파악해보면 식상이 財로 흐르는 기세가 좋다.

식상이 월령에 있고 財가 일간의 좌에 있고 합하니 이 체상의 구조가 좋은 사주에 속한다.

적천수의 7번째 명조로 좋은 벼슬길에 올랐고, 戊申 운에 세상을 떠났다 하였다.

申은 편인(효신)으로 식상을 깨니 밥그릇이 깨어진다. 식상은 생명성으로 식상이 깨어지면 수명이 손상된다.

식상은 일간을 剋하는 煞(偏官)을 제어하여 煞이 일간을 剋하지 못하게 하는 것으로, 곧 식상이 깨어지면 煞이 마구 날뛰어 일간을 剋하니 어찌 수명을 다 하지 않겠는가? 또 식상은 활동성이니 숨 쉬는 것도 활동인데 숨을 쉬지 못하게 하면 어찌 살수 있겠는가?

論命 10

乾

時	日	月	年
辛	壬	壬	壬
丑	申	寅	申
土	金	金	金

74 64 54 44 34 24 14 04
庚 己 戊 丁 丙 乙 甲 癸
戌 酉 申 未 午 巳 辰 卯

비인 壬이 년월 干에 있고 년지와 일지에 申 생지가 있고, 시지에 丑 고庫가 있어 왕하다. 인수 金은 시간에 辛이 있고 시지에 丑 墓가 있고, 일지와 년지에 申 록이 있어 매우 왕하다. 식상은 木으로 역량이 가장 강한 월령을 차지한 록이지만 두 개의 申에 충당하고 있어 흉하다. 財는 丙 생지가 있어 통근할 수 있다. 관살은 丑이 있고, 寅 생지가 있다.

체상의 기세를 살펴보면 金水인 인수와 비인이 체상의 기세를 장악하여 있다. 인수는 식상을 깨고, 비인은 財를 깨 거지로 만들어 고독하게 하는 성분일 뿐이다. 심하게 편중된 사주다.

寅申은 충도 하지만 삼형에도 속한다.

납음오행에 金이 3개나 있고 또 자좌가 申 록지이니 매우 왕한 金이 되어 팔자의 오행을 돕고 있어 흉하다.

적천수에 있는 8번째 명조로 乙巳 운에 온갖 고생을 다한 것은 寅申巳 삼형이 되고, 또 金水가 많아 巳는 金水가 강하여 火의 역할 보다 金의 생지 역할에 치중되어 흉하게 되었다.

丙午 운에 수명을 다한 것은 화의 세력과 수의 세력이 전쟁하는데 유년流年을 살펴보면 丙午, 丁未, 戊申, 己酉, 庚戌, 辛亥, 壬子로 흘러, 金水의 地에서 약한 火가 패하여 수명이 다 하게 되었다.

論命 11

乾

時	日	月	年
甲	戊	辛	乙
寅	申	巳	亥
水	土	金	火

74 64 54 44 34 24 14 04
癸 甲 乙 丙 丁 戊 己 庚
酉 戌 亥 子 丑 寅 卯 辰

지지에 寅申巳亥, 각 오행의 생지가 있어 두루 강하다.

그렇지만 각 궁과 천간의 좌한 것에 따라 역량의 차이가 있게 된다. 관살 木은 시주로 강왕한 주가 되고, 년에 乙亥가 있어 강왕하다. 식상 金은 월간에 있고 생지 巳를 좌했으며, 일지에도 申이 있어 역시 강하다. 인수 火는 월지에 건록이 있고 시지에 寅이 있어 강하다. 재성 水는 일지에 申, 월지에 亥가 있어 왕하다. 비인 土도 역시 생지가 있고, 寅 생지가 있어 강하다.

체상에 오행이 두루 있고, 일정한 기세를 이룬 것은 없는데 가장 역량이 강한 순서는 관살, 인수, 식상, 재, 비인 순이다.

寅申巳 삼형이 같이 붙어 있고, 또 巳亥, 寅申이 붙어 충하여 흉하다. 즉 체상이 혼란하여 수명이 길지 않은 암시가 있다.

적천수의 9번째 명조로 중년 木火 운에 갑제에 급제하고 군수가 되었고, 丙子 운 후반부에 수명을 다하였다 하였다.

丙子 운, 유년의 후반부는 壬戌, 癸亥, 甲子, 乙丑, 丙寅으로 흐른다. 운과 일지가 子申 합하여 財가 강하게 되었고, 또 유년들도 水 財의 기운이 강한 곳이 되어 인수인 火가 깨어져 수명에 영향이 있게 된다.

水는 음기陰氣로 음기가 강화되면 양기陽氣가 절멸되어 수명에 지장이 있다.

또 삼명법으로 추리하면 년주의 납음 火가 시주의 납음 水 망신살에 극된다.

다시 유년에서 왕한 水가 들어와 납음 火인 신身(년지의 납음오행)이 깨어져 수명에 지장이 있게 되었다.

기운이 들어올 때 그 사건이 발생하고, 전쟁이 심하면 사망하게 되고, 또 오행이 심하게 한쪽으로 편중되면 사망한다.
수명은 水와 火사이에도 있게 되는데 사주에 水가 강하여 화가 미약하게 되면 또한 사망하기 한다.
각 오행의 기세가 일간에 미치는 역량의 영향은 일간에 가까운 곳일수록 크다.

 목화통명木火通明은 갑제에 오르고, 금한수냉金寒水冷은 끝까지 빈한하다.
식신이 효신을 만나면 감옥에서 죽는다.
인수가 財를 보고 재운財運이 되고, 겸해서 사절이 되면 황천에 간다.
寅申巳亥 네 개의 생지가 국국을 이루면 남자은 흥왕하고, 여자는 고독하다.
비인을 많이 보는데 한개의 관성이 있으면 필연 쟁탈한다.
합이 많으면 어둡고, 충이 많으면 흉하다.

論命 12

乾

時	日	月	年
庚	甲	辛	乙
午	子	巳	亥
土	金	金	火

80 70 60 50 40 30 20 10
癸 甲 乙 丙 丁 戊 己 庚
酉 戌 亥 子 丑 寅 卯 辰

甲 일간이 巳월 午시에 태어나 火 식상이 왕하다.

관살은 辛 정관인데, 생지 巳를 좌하여 월주에 있다. 또 시에 庚 편관이 있어 역시 巳에 뿌리를 내리고 있어 관살이 혼잡하다.

납음오행에도 金이 두 개 있어 약하지 않다.

財는 土인데 巳 록과 午 왕지가 있어 약하지 않다.

식상은 월지와 시지에 록왕이 있으니 매우 왕한데, 인수 水와 충되어 혼란하고 역량이 줄어든다. 인수는 水로 일간 좌와 년지에 있어 록왕한데, 식상과 子午, 巳亥 충한다. 비인 木은 겁재가 년에 있는데 일간보다 강하여 흉하다.

체상을 보면 년주와 월주, 일주와 시주가 천충지충天沖支沖으로 기운이 흐트러져 기세가 제대로 이루어지지 못했다. 기세를 이루고자 하니 충돌이 더 심하게 일어날 수밖에 없어 빈천한 하격의 명조다.

적천수 10번째 명조로 寅卯 운에 처자를 극하고 온갖 고생을 하다가 丁丑 운에 세상을 버렸다 하였다.

丁丑 대운의 유년은 甲寅, 乙卯, 丙辰, 丁巳, 戊午, 己未, 庚申, 辛酉, 壬戌, 癸亥로 흐르는데, 金水는 官印년으로 煞을 극하는 식상을 극하니 煞이 발광하여 세상은 떠났다고 할 수 있다.

乾

時	日	月	年
乙	丙	庚	辛
未	子	寅	亥
金	水	木	金

76 66 56 46 36 26 16 06
壬 癸 甲 乙 丙 丁 戊 己
午 未 申 酉 戌 亥 子 丑

財는 월간에 편재 庚과 년간에 정재 辛이 있는데, 지지에서 실어 줄 통근처가 없어 약하다.

인수는 乙로, 乙木 정인이 시간에 있고, 지지에 寅 록, 未 묘墓, 亥 생지가 있어 왕하다. 받혀주는 지지가 3개나 되니 세력을 장악했다.

관살 水는 일간 丙의 좌에 子와 년지에 亥 록왕이 있어 왕하다.

식상 土는 寅 생지와 未가 있어 약하지 않다.

비인 火는 寅 생지가 있고, 未 고지가 있어 약하지는 않다.

납음에 金이 두 개 있어 약한 財에 기운을 더해준다.

체상의 구조는 관인의 기세를 이루는데, 未 상관이 정관 子를 해害하여 명쾌한 좋은 구조에는 다소 못 미친다.

운의 흐름이 북방 水 관살에서 서방 財로 흘러 좋다. 운에서 관살 水가 약한 財를 보호하고, 다시 후반 財운은 약한 財를 부조扶助하여 좋다.

적천수의 11번째 명조로 사람이 관후 화평하고 일생 벼슬도 편안하다 하였다. 사람이 관후 화평한 것은 월령에 인수 寅이 있고 일간이 정관을 좌했기 때문이다.

乾

時	日	月	年
辛	壬	庚	戊
丑	寅	申	子
土	金	木	火

74 64 54 44 34 24 14 04
戊 丁 丙 乙 甲 癸 壬 辛
辰 卯 寅 丑 子 亥 戌 酉

壬 일간이 申월 丑시에 태어났다.

인수는 庚이 월간에 있는데 申을 좌하여 강왕한 주柱가 되었으니 인수는 왕하다. 또 辛이 시간에 있어, 庚, 辛 인수가 혼잡하다. 이렇게 월주가 강왕한 주가 되면 역량이 제일 높게 나타나고, 성격도 인수의 성정으로 확실하게 나타난다.

관살은 년간에 戊가 있는데, 丑, 寅에 통근하여 약하지 않다.

土는 온 세상에 깔려있어 웬만하면 약하지 않고 통근처가 조금 많으면 타 오행보다 강하다.

財는 火인데 일간 좌에 寅 생지가 있어 뿌리가 내릴 곳이 좋다.

식상은 木인데 일간의 좌에 있고, 寅申 충당한다.

비인 水는 申 생지가 월령에 있고, 子 왕지가 년지에 있어 합하여 水의 일가에 예속되어 왕하다. 또 丑 고庫도 있으니 크게 왕할 수밖에 없다.

이상에서 체상은 인비印比(印綬와 比刃)의 세력이 기세를 장악하였다.

납음오행을 보면 火木이 있어 식상과 財를 부조扶助해 주어 좋다.

대세를 장악한 세력이 인비印比가 되었으니 식상과 財가 제어당하여 좋은 구조의 팔자는 아니다.

적천수 12번째 명조인데, 癸 운에 입반入泮하였고, 亥 운에 과갑연등科甲聯 登하여 한원이 되었다가 지현으로 강등되었고, 甲子 운은 水木이 가지런하게 들어와 벼슬길이 평온했고, 乙丑 전반에 파직되어 집으로 되돌아왔다가 후반에 세상을 떠났다 하였다.

癸亥운은 水로 실제 나쁜 영향을 주지만 亥는 木의 생지가 되고, 또 유년을 보면 辛亥, 壬子, 癸丑, 甲寅, 乙卯, 丙辰, 丁巳, 戊午, 己未, 庚申, 辛酉, 壬戌 로 나아간다.

유년流年의 흐름이 木火의 강왕한 흐름이 되는 年에 식상, 재성의 기세를 형성하여 급제했다고 할 수 있고, 또 金水가 왕성한 년에 강등되었다 할 수 있다.

또 이 명조는 삼명법도 봐야 하는데, 戊의 천을귀인과 반안에 속하는 丑이 있어 子丑 귀인과 합하여 그나마 환원이 된 것으로 추정하는 것이 바람직 하다.

자평법인 십성으로 봐서는 비인이 강하고 운도 비인으로 흘러 고독한 삶이 될 수밖에 없는데, 그래도 한원은 했기 때문이다.

대세를 장악한 십성이 그 사람의 주된 성격이 된다

입반入泮 : 옛날, 부·현의 학교인 반궁泮宮에 들어가 생원이 되다.(과거 시험에서 '수재'의 자격을 취득한 후, 시험 준비를 위해 현·부에 설치된 학교에 들어가 '생원'이 되는 것)
　　　　[입상入庠, 입학入學, 진학進學]

乾

時	日	月	年
丁	丙	壬	丁
酉	午	寅	亥
火	水	金	土

73 63 53 43 33 23 13 03
甲 乙 丙 丁 戊 己 庚 辛
午 未 申 酉 戌 亥 子 丑

丙이 寅월의 酉시에 태어났다. 관살은 월간에 壬이 사절지死絶地를 좌하여 년지의 亥 록에 뿌리를 내렸다. 비인은 두 개의 丁이 시간과 년간에 있고, 丙午 일주日柱로 강왕하고 寅午 합이 있어 강하다. 財는 천간에는 없고 시지에 酉가 있는데 양인羊刃 午에 제어당한다. 인수 木는 월령에 록왕이 있고, 년지에 생지가 있어 강하다. 식상은 土인데 午와 寅 중에 있는데, 火 중에 존재하여 火를 흡수하기는 부족하다. 그러나 약하다고 할 수는 없다.

체상의 구조는 비인이 세력을 장악하였다. 천간에 丁이 두 개 있고, 월지와 일지의 寅午가 합했기 때문에 火가 크게 왕하다. 곧 일간이 왕하다. 그래서 이 명조는 하격에 속한다.

다시 운을 살펴야 한다. 초운初運은 북방 水로 관살이 비인을 억제하여 발전할 수 있다. 戊戌 운은 寅午戌 합되어 火가 왕하여, 일간도 크게 왕하게 되고, 또 土는 상관으로 관살을 극하니 의지할 곳이 없게 되어 매우 흉하다.

적천수 13번째 명조로 초운은 북방 金水로 유업이 풍성했고, 戊戌 운은 火국이 되어 金水가 극진剋盡되어 집안이 깨어지고 세상을 버렸다 하였다. 庚子 운은 일지의 양인(겁재)을 子가 충하여 몰아내 시지의 酉를 보호하고, 운의 천간 庚에 힘이 실려 발전이 있을 수밖에 없다.

乾

時	日	月	年
丙	戊	甲	己
辰	寅	戌	亥
土	土	火	木

75 65 55 45 35 25 15 05

丙 丁 戊 己 庚 辛 壬 癸

寅 卯 辰 巳 午 未 申 酉

戊 일간이 戌월 辰시에 태어났다. 영향력이 강한 월령과 시지이니 土 비인이 왕할 수밖에 없다. 관살 木은 甲이 천간에 있고, 일간 좌의 寅에 통근하고, 년지에 생지 亥가 있고, 시지에 고庫가 있어 강하다. 인수 火는 시간에 丙이 있고, 寅戌 합이 있어 약하지 않다. 財 水는 년지에 亥 록왕이 있고, 시지에 水 묘墓가 있다. 식상은 金인데 戌 고庫가 있지만 퇴기退氣라서 약하다. 비인은 辰, 戌, 寅중의 戊가 있는데 己도 천간에 있으니 강하다. 그러나 관살 또한 이에 못지않아 비인을 제어하여 좋다.

체상의 구조를 보면 상관상진傷官傷盡되었고, 寅辰은 卯가 공협拱夾, 寅戌은 午가 공협되어 官과 印이 왕성하여 관인의 기세가 완벽하게 이루어졌고 천간에도 나타나있다.

아주 좋은 체상의 구조로 사주가 맑다. 운도 火木으로 흘러 좋다.

적천수 14번째 명조로 제화制化가 합당하게 되어 이름이 높고 복녹이 크게 되었다 하였다.

목화통명木火通明의 체상이 이루어진 명조라고 할 수 있다.

목화통명木火通明이란 木과 火가 기세를 이루어 밝게 빛난다는 뜻으로 크게 출세하는 격을 일컫는다.

공협拱夾 : 예를 들어 亥未가 사주에 붙어있으면 卯가 중간에 없지만 끼여 있다고 본다. 또 申戌이 사주에 붙어있다면 酉가 끼여 있다는 이론. 丑卯가 있으면 寅이 공협된다.

간명요점

1) 각 십성의 생왕고사절로 강약 왕쇠를 살펴야 하는데,
2) 다음은 어떤 십성이 기세를 이루게 된 가를 살펴야 한다. 이때 억제 시키는 십성 즉 극하는 십성이 있으면 이를 감안하여 역량에 적용시키는 것이 좋다.
3) 보통 세상의 팔자를 보면, 역량이 한 십성에 편중되고, 혹은 쇠약하여 기세를 이루지 못한 십성, 천간은 시간에 있고 역량을 받혀줄 생지는 년지에 있는 이렇게 멀리 떨어져 있어 뒤죽박죽으로 된 명조가 허다하고, 충衝, 형刑, 해害 등 악살로 되어 전쟁하는 명조들로 기세를 이루지 못한 명조가 거의 차지한다. 이러한 명조는 중하격으로 분류하여 통변通辯하여야 한다.
4) 한 십성이 왕한 역량을 가졌다고 좋은 것이 아니고 이를 생해줄 왕한 십성이 있어 기세를 이루어져야 좋다.

사주에서 기세를 이루지 못했으면,

곧 관은 왕한데 이를 생해줄 재가 약하면 약한 재가 관을 생하지 못하여 기세를 이루지 못하고, 관이 쇠약한데 재가 왕하여도 관이 생을 받지 못하여 역시 좋지 못하다. 하지만 운에서 들어와 약한 십성을 받혀주면 크게 발전한다. 관은 왕한데 재가 약하다면 운에서 재가 들어와 약한 재를 실어주면 재관의 기세를 이루어 크게 발달한다. 재는 왕한데 관이 약하다면 운에서 관이 들어와 약한 관을 실어주면, 재관의 기세가 이루어져 크게 발달한다. 앞에 논하였지만 간단하게 재론하여 보았다.

또 사주에 기세가 잘 이루어진 사주는 대운 유년에서 오행의 중화가 잘 되어야 좋고 만약 오행이 편중되면 흉하다.

(2) 십성의 비전秘傳 구결口訣 ▶ YouTube 102강

◆ 정관正官

정관正官을 녹신祿神 이라고도 한다.

정관은 甲이 辛을 본 것, 乙이 庚을 본 종류가 되는데 음양이 배합을 이루어 서로 극하는 도가 된다.

● 하나만 있어야 하고 많으면 좋지 않다.

● 월령에 정관이 있어야 좋다.

● 오행의 氣는 오직 월령인 당시가 최고가 되기 때문이다.

이렇게 정관이 월령에 있으면 대체로 정관 세력이 대세를 장악하는 경우가 많다.

甲日의 酉月	乙日의 申, 巳月	丙日의 子月
丁日의 亥月	戊日의 卯月	己日의 寅月
庚日의 午月	辛日의 寅巳月	壬日의 午, 未, 丑月
癸가 辰, 巳, 戌, 月		

● 천간에 투출하여야 한다.

甲이 辛酉를 보고, 乙이 庚申을 본 예인데 지지에 감추어진 것이 천간에 투출되어야 가장 좋다.

● 財와 印이 도와야 하고, 주중柱中에서 상관과 煞이 없어야 하고, 운에서 官이 들어오면 크게 부유하고, 크게 귀한 명이 된다.

● 크게 꺼리는 것은 형, 충, 파, 해가 되는 것이다.

상관과 칠살을 만나고, 합을 탐하여 官을 잊어버리고, 겁재가 복을 나누어 가져 가면 좋지 않다.

- 甲생 酉월은 정관이 되는데, 卯와 충이 되고, 酉와 刑이 되고, 午와 파破가 되고, 戌과 해害가 되고, 丙과 합이 되고, 乙은 겁劫이 되고, 丁은 상관으로 극되고, 庚과 혼잡되면 좋지 않다.
- 관성은 오직 순수하고 오행이 화합하고, 순수한 곳이 되어야 정관의 체상으로 논할 수 있다.
- 앞에 말한 꺼리는 것이 있는데, 주중柱中의 그 물건을 제거한다 하더라도 순수하게 되는 것은 아니다.
- 운에서 다시 財와 煞이 왕하게 들어오면 질병이 많이 생기고 방랑하는 命이 된다.

- 만약 丁火 상관이 지지에서 국을 이루지 못하고, 시가 쇠衰, 패敗, 사死, 절絶이 되고, 제制가 있고, 합하여 가버리면 쇠절衰絶된 火가 되어 정관을 손상시키지 못한다.
- 관성이 쇠衰, 패敗, 사死, 절絶의 위치가 되고 丁火가 생왕한 곳이 되거나 혹 편관의 지지가 임하게 되면 벼슬에서 내려와 실직하게 된다.
- 일간이 사용하는 신神이 왕성하면 마땅히 시에서 절제節制하여야 하고, 일간이 사용하는 神이 점차 쇠약하게 된다면 마땅히 시에서 보조하여야 한다.

주중柱中에 비록 흉신이 있다고 하더라도 시에서 절제가 가능하면 재앙이 없다.

▶ YouTube 143~146강

- 丑 월에 생하였고(내內에 辛金이 있다.) 또 酉 시가 되었다면 이미 많은 것이 된다.
- 만약 천간에 辛이 많이 있고 다시 운이 서방이 된다면 많아 官이 변하여 귀鬼가 되어 재앙에 이르고, 또는 요절하게 될 수도 있다. 甲이 戌月에 생하면 비록 火의 고庫를 좌하였어도 화국火局을 이루지 않으면 해롭지 않다.
- 관성은 월령과 지지가 혼탁하면, 반드시 월령에서 취할 필요는 없고, 월간, 혹 년, 일, 시의 간지에 손상되지 않은 것을 취하여 사용할 수 있다.
- 관성이 하나의 식신을 보았는데, 식신의 좌가 튼실하면 국이 손상되니 오직 월령에서 관성의 록을 보아 관성이 튼실하게 된 후에 식신을 보아야 한다.

- 정관의 체상은 印으로 나아가는 것을 요한다.
- 일간도 약하고 印도 약하면 印을 도와야 하고, 일간이 왕하고 官이 약하면 官을 돕는 운이 좋고, 상관 운은 좋지 않다.
- 관성이 겁재를 만나면 비록 벼슬을 하겠지만 높지 않게 된다.
- 官이 운과 합하면 벼슬에 좋은 영향을 미치지 못하고 심하면 파직되기도 한다.
- 관성을 겹쳐서 만나면 煞이 되고, 官이 운에서 들어오면 재앙을 면하기 어렵게 되는데, 크게 많더라도 제어하면 복이 된다.
- 충衝, 파破, 공망을 만나면 官을 만났어도 만나지 못한 것과 같다.

- 합한 관성의 허실 여하는, 만약 관성의 좌가 튼실하고 합한 신神은 허약하면 官을 돕게 되고, 합한 神의 좌가 튼실하면 관성이 점차 약하게 되어 官이 합한 神을 따라 탐합망관貪合忘官하게 된다.
  탐합망관貪合忘官 : 合을 탐하여 官을 잊어버린다.

◆ 편관偏官

편관偏官은 甲이 庚을 보고, 乙이 辛을 보는 것인데, 마치 같은 성性은 배우자가 되지 못하는 것과 같다. 그래서 음양이 맞지 않아 밀치니 편관이라 한다. 십간의 7번째 위치로 이 위치의 수는 서로 극전剋戰을 하는 위치가 된다. 흉폭하고, 꺼리는 것이 없이 마음대로 하고, 예법도 없고, 징계하지 않으면 조심하지 않아 반드시 주主에 손상이 있게 된다.

- 편관은 제어가 있는 것을 말하고 제어가 없는 것은 칠살七煞이라 한다.
- 일간 건왕하여야 하고, 인수가 살煞을 화해시켜야 좋다. 煞이 印을 생하여 살기殺氣를 누설시키기 때문이다.
- 제制, 합合, 생生, 화化가 되어 크게 과하거나 부족하지 않으면 소인은 세력을 얻고, 군자는 위엄의 큰 권력을 얻고, 벼슬이 높고 성격도 총명하다.
- 일간이 쇠약한 것을 꺼리는데, 칠살이 강한데 삼형, 육해, 겁살, 망신을 아울러 만나고, 괴강과 서로 충하면 그 흉을 기술할 수 없이 크다.
- 칠살이 오직 하나만 있는데 제복하는 것이 2, 3곳이 되면, 도리어 煞이 왕한 地로 나아가는 것이 좋다.
- 운에서 제복하게 되면 사납기가 승냥이 같고, 재주도 뛰어나지 않다. 오직 제복이 좋다고 하지만 이와 같이 꼭 그렇지만 않으니 경중을 잘 살펴야 한다.
- 사주에서 제복을 하면 煞이 복이 되지만 사주에서 제복하지 않으면 煞이 재앙이 된다.
- 사주에 살기煞氣가 왕하면 마땅히 동남 운으로 나아가 제어되어 氣가 약하게 되어야 한다.(살이 金일 경우)
- 운이 印으로 흐르면 반드시 부귀하게 되고, 혹시 유년, 운에서 다시 살지煞地를 만나게 되면 재앙이 있게 된다.

- 甲寅 일에 태어난 사람은 일간이 강한데, 년, 월에서 庚申을 보아 煞이 왕하고, 사주에 火가 없어 제어하지 못하여도 지지에 子辰이 모여 印이 국을 이루면 煞이 印을 생하고 印은 일간을 생하여 좋다.
- 甲 일간이 庚년을 보고, 乙이 辛 년을 보았고 申, 酉, 丑 년에 태어났다면 사주 중에 金이 많은 것인데 운에서 다시 金으로 나아가게 되고 세운(유년)에서 아울러 보게 되면 흉이 더욱 심하게 된다.
- 오행이 월지에서 편관을 만났으면 오직 지지의 한 개는 허용되지만 많으면 좋지 않다.
- 사주의 강한 살을 제어하면 일품의 벼슬을 하게 된다.
- 한 개의 정관이 노략질 당하거나 관살혼잡되면 천하게 된다.
- 사주에 煞이 왕하고 운이 순純하고, 일간이 강하면 청귀淸貴한 벼슬이 된다.

- 일간과 煞이 함께 왕한데 제복이 없고, 煞이 왕한 운으로 나아가면 비록 귀하게 되지만 오래가지 못한다.
- 사주에 칠살이 오로지 창성하고, 일간이 약하면 극히 가난하고, 수명이 길지 못하다. 요절하고, 가난한 것은 반드시 일간이 쇠약한데 귀鬼를 만난 것이다.
- 권력을 맡는 자는 煞을 사용하고 印은 사용하지 않다.
- 관직을 얻는 것은 편관이 地을 얻었기 때문이다.
- 편관 체상은 상관을 기뻐하고, 일간이 강한 것을 두려워한다.
- 식신이 煞을 제어하는데 효梟를 만나게 되면 가난하지 않으면 요절하게 된다. 칠살이 印을 차면 오烏나라를 논하기 충분하다.
- 일간이 강하고, 煞이 얕으면 煞 운은 무방하고 煞이 강하고, 일간이 약하면 煞을 제어하면 복이 된다.
- 칠살, 함지는 양귀비와 같이 만 마리 말과 사망하게 된다.
- 칠살이 장생의 위치를 만나면 여자의 남편이 貴하게 된다.
- 칠살을 제어 하면 아이가 많다.

- 煞을 한 개 보아 제복하면 관직에 진출하는데, 사주에 양인陽刃이 배합되어 있어야 한다. 곧 煞은 刃이 있어야 벼슬로 진출한다.
- 칠살이 財의 도움을 받으면 煞은 더욱 흉하게 된다.
- 양인羊刃은 병기인데 煞이 없으면 존재하기 어렵고, 煞은 군령으로 양인이 없으면 존귀하지 못하고, 양인과 煞, 둘 다 있으면 그 위엄이 하늘과 땅을 진동시킨다.
- 煞은 印을 떠나서는 안 되고, 印은 煞을 떠나서는 안 되는데, 煞과 印이 서로 생하면 공명이 현달하게 된다.
- 칠살은 그 위세가 삼공三公을 누르고, 주색을 좋아하고, 옳지 않은 싸움과 다툼을 좋아하고, 위풍당당하고, 돕지 않고 잘 속이고, 성격이 호랑이 같고, 바람과 같이 급하다.
- 煞은 무예武藝가 되고, 印은 문화文華가 되어 煞은 있고, 印이 없으면 문채에 흠결이 있고, 印은 있고 煞이 없으면 위풍이 없다. 煞과 印이 같이 있으면 절묘하여 문무를 갖추게 된다.

가장 흉한 것은 칠살이 일간에 임하는 것으로 일시에서 천월덕을 만나면 상서롭다.

편관은 창검을 지녀서 해외를 정복하고, 煞이 권력으로 변하게 되면 한천한 집안에서 큰 벼슬을 하게 된다.

◆ 정재正財

정재正財는 甲이 己를 본 것, 乙이 戊를 본 것들로 내가 극제克制하는 것이다. 나의 처가 되어 내가 처를 취하는 것으로 처가 귀한 재물을 가지고 나한테 시집오는 것이다.

정신이 강건하여야 만 그것을 사용하고 누릴 수 있고, 내가 쇠약하면 거두어들이지 못하게 되어 비록 처재가 풍후하다고 하더라도 오직 바라만 볼 뿐 종내 얻어 사용할 수 없다.

- 財를 일시에 얻어서 왕하게 되어야 하지만, 편정偏正이 혼란하게 되지 않아야 하고, 첩첩히 많이 보지 않아야 하고, 일간이 힘이 있는 게 좋다.
- 처妻가 손상되는 것은 財는 약한데 형제가 많아서 일간이 강하기 때문이다.
- 財가 많고 일간이 약하면 묶인 부동산이 많은 상象으로 실제 쓸 돈은 없는 것과 같다.
- 먼저 財가 있고 후에 印이 있으면 도리어 복을 이루고, 먼저 印이 있고 후에 財가 있으면 좋지 않다.
- 財를 사용하면 財가 밖에 나타나는 것은 마땅하지 않다. 만약 사주에 비겁이 있고, 財가 밖에 노출되어 있으면 많은 사람이 지켜보기 때문에 겁탈하기 힘들지 않겠는가!
- 財는 감추어지는 것이 마땅한데, 감추어지면 풍후하고, 노출되어 있으면 떠서 움직인다.
- 간지에서 살煞을 보면 누릴 수 있다. 관살은 비겁을 제어하여 財을 보호하여 손상을 막는다.
- 食을 효梟(편인)가 빼앗으면 財를 생할 수 없어 두렵고, 비겁이 있으면 누리기 힘들고, 고庫가 공망을 만나면 모이지 않는다.

- 재물 손실의 유형

  甲일의 午월이면 壬은 효신(편인)으로 식신 丙을 손상시키고, 卯는 파破가 되어 乙이 빼앗아 간다.

  乙일의 巳월은 癸가 효신으로 丁을 손상시키고, 亥는 충하여 해중의 甲은 재물을 빼앗아 간다.

  壬이 戌월에 生하였다면 甲子 순旬은 戌은 공망이 되어 재물을 누리지 못한다.

- 財는 명命을 기르는 근원으로 사람의 팔자에 財가 없어서는 안 된다. 다만 크게 많은 것은 좋지 않다. 많으면 맑지 못하다.

  명命 : 목숨, 생명, 수명

- 財는 마馬가 되고 官은 록이 되어 이 두자가 하나라도 이지러지면 마땅하지 않다.

- 벼슬을 하는 자를 보면, 財가 많은 것은 두려운 것이 아닌데 財가 많은 사람은 벼슬로 재물을 얻게 되더라.

- 일간이 왕하면 임무를 맡을 능력이 있다. 財는 없고 官은 많으면 일간이 제어를 받게 되어 도리어 불길하다.

- 사주에 官이 없고 오직 財만 있어 식상이 도우며 복이 있다.

- 월지에 재관이 있고, 干에는 나타나있지 않아도 충분히 복이 있게 되지만, 지지에 재관이 없고 干에 재관이 있으면 곧 헛되어 실상이 없는 命이 된다. 설령 왕한 운으로 나아간다 하여도 별로 좋지 않다.

- 財가 월지에 없더라도, 년, 월, 일지에 있어도 또 사용하게 된다.

- 월지에 있는 재관은 득시得時, 일시에 있는 재관은 득위得位, 시지에 있는 재관은 유성有成이라 한다. 득시가 제일 좋고, 득위는 다음이고, 그다음은 유성有成이 된다.

- 정재격은 성실하고, 검소하고, 총명한데 인색하다.

- 財가 왕하고 일간이 약하면 처가 남편을 휘어잡고, 나무줄기의 벌레같이 가정을 유지하고, 또 자식을 좋아하고, 또 자식을 위해서 힘이 쇠약하게 되고, 또 도리어 유희를 즐겨 재산을 탕진한다.

- 官은 노출되고 財는 감추어져 있으면 벼슬이 높고, 풍후하다. 노출되어 있으면 허비되고, 충한 자는 투출되어 나타나니 마땅하고, 불어나 이롭게 된다.
- 재성이 입묘하면 반드시 처가 형벌 당하고, 지지에 財가 엎드려 있으면 애인을 총애한다.
- 財星이 매우 많으면 고지식하고, 어리석다.
- 대운, 세운의 財가 삼합하면 복이 들어오는 조짐이 된다.
- 財의 근원이 피겁되면 아비의 목숨이 먼저 기울어진다.
- 남자의 사주에 財가 많은데 일간이 약하면 처의 말이 기울어져 있고, 재성이 득위하면 처로 인하여 부유한 집을 이룬다.
- 財가 장생長生을 만나면 전원이 만경萬頃이 되고, 財가 왕하여 官을 생하면 자연히 영화가 있게 된다.
- 높은 벼슬하는 자는 財를 사용하지 官을 사용한 것이 아니다.
- 財가 왕지에 임하면 복이 많고, 홀아비는 재성이 피겁된 자다.
- 財월에 태어났고, 일간이 왕한자는 비견을 보지 않아야 한다.
- 비겁을 만나면 막혀 신음하는데, 관성을 보게 되면 막혀있는 것이 뚫린다.
- 財가 왕한데 일간이 약하면 재앙은 많고, 복은 적다.

◆ 편재偏財 ▶ YouTube 75강

甲이 戊를 보고, 乙이 己를 본 것이 편재가 되는데 자기 자신의 처妻라 할 수 없고, 또 여러 사람이 가질 수 있는 재물이 된다.

- 자매, 형제가 나누어 빼앗아가는 것을 절대 꺼리는데 사주에 관성이 없으면 온갖 재앙이 발생한다.
- 편재는 나타나는 것이 좋고, 감추어져 있어도 두렵지 않은데, 오직 분탈과 공망空亡이 되는 것을 꺼리고, 대부분 벼슬을 하지 못하고, 대부분 재물도 얻지 못한다.
- 財가 쇠약하면 財가 왕한 운을 만나면 영화가 있고, 財가 왕성한데, 향할 곳이 없으면 불리하다. 다만 신약한 것을 두려워하는데 임무를 맡기 힘들기 때문이다.
- 편재격의 성격은 **강개**慷慨*하면 재물에 인색하지 않고, 사람에 정이 많고 사기성도 있다.

  강개慷慨 : 의롭지 못한 것을 보고 정의심이 복받치어 슬퍼하고 한탄함.

- 득지했으면 재물이 계속 풍부하게 되고, 벼슬도 할 수 있는데 財가 왕성하면 자연히 官을 생하게 되기 때문이다.
- 재물이 많으면 돈을 풀어 정치를 할 수 있다.
- 사주에 관성이 있으면 아주 좋은 명命으로 간주한다.
- 사주에 비견인 형제의 무리가 많으면 설령 官운이 들어온다고 하더라도 발복이 아득하게 된다.
- 편재가 월령에 있는 것이 가장 중요하고, 사주 중에서 많이 보는 것은 좋지 않다.
- 일간이 흥륭하고 재성이 생왕하면 운이 財가 왕한 곳으로 나아가면 발복한다.

- 재성이 크게 쇠약하고, 일간도 크게 약하고, 혹 財가 많아 煞을 생하게 되면 모두 조부에 財가 없어 피곤한 팔자가 된다.
- 월령에 財가 있으면 젊어서 부귀하고, 만약 생시에 득지되지 않고, 혹 비겁이 있고, 다시 운이 흉지에 이르게 되면 만년에 깨어져 없어져 버리고, 종신 곤궁하게 되고, 먼저 부유했다가 나중에 가난하게 된다.
- 년, 월에 없고, 일, 시에 財가 있고, 비겁이 없고, 충극이 없으면 스스로 집안을 설립하게 된다. 일시에 있으면 중만中晩년에 대발한다.
- 소년에 재성이 왕하게 되었는데, 늙어 탈국脫局하면 허황하게 되고, 다시 일어나기 힘들다. 재물에 대해 자기 이익만 취하게 되고, 또 비방을 당한다.
- 사주가 상생하고, 다른 귀격이 되었고, 공망이 되지 않고, 또 운이 왕한 곳으로 나아가고, 재성과 삼합하게 되면 귀한 命이 된다. 그 복록의 적고 많은 것은 격의 경중에 따라서 결정된다.
- 사주에 두 개의 財가 있으면 일간이 약하여도 해롭지 않고, 정재를 사용하면 일간이 강하여야 재물을 얻게 되지만, 편재를 사용하게 된다면 일간이 왕하면 재물을 빼앗기게 된다.
- 편재가 튼실하면 그 복이 두터운데 비겁, 비견을 가장 두려워한다. 년에 있는 것이 가장 심하고, 월은 년보다 심하지 않다. 운에서 財가 왕한 地가 들어오면 또한 발복하고 , 비겁이 들어오면 퇴패하고, 간혹 사망하는 사람도 있다. 또 官을 만나도 깨어지는 자도 있다.
- 월상의 편재는 비겁이 없어 패하지 않으면 갑부가 된다.
- 편재가 나타나 있으면, 財가 약하면 좋은 의미가 되고, 애인을 만들고, 시비를 잘하고 , 술과 여자를 좋아하는 기질이 있다.
- 편재 체상은 일간이 강하면 장사 사업을 하는 사람이 된다.
- 편재가 나타나 있으면 정처正妻보다 첩을 사랑한다.
- 편재는 누구나 가질 수 있는 재물로 사주 간지에 비겁이 있는 것을 가장 꺼리고, 일간이 강하지만 財가 旺하면 또한 복이 되는데 관성이 있으면 더욱 뛰어나다.

- 편재가 정관을 차면 비겁이 재물을 겁탈하지 못하고, 비겁 운이 들어오면 마땅하지 않은데 온갖 재앙이 발생한다.
- 편재 체상에 일간이 강하면 정관이 있어야 하고, 운에서 官이 들어오면 명리가 있게 된다.
- 편재 체상은 재물을 타향에서 일으키고, 강개하고 풍류적인 성격이 매우 강하다. 다른 곳에 집을 몇 채를 세우고, 명리와 집안일로 항상 분주하다.
- 편재는 타향에서 살아가는 존재가 되어 첩을 좋아하고, 본처를 싫어하는 특성도 있고, 욕심이 많고 다정하여 많은 첩을 두고, 다시 주색을 즐긴다.

- 납음 본간本干이 스스로 진오행眞五行을 본 것인데, 가령 乙亥년이 월, 일, 시, 중에 庚을 보았다면, 乙亥는 납음이 火로 乙庚이 합하여 화化한 金을 극하니 스스로 財가 되는데, 이 이름이 천재天財로 부유하고 편안하다.
- 다른 주柱에 있는 丁卯火가 乙庚 합화合化한 金을 제어하면 귀재鬼財가 되어 일생 재물을 많이 얻거나 혹은 교활한 하급 관리의 우두머리가 되어 기울어져가는 집안을 일으킨다.
- 戊寅土, 戊申土의 납음 土가 丙辛 合化한 水(진수眞水)를 극하는 것과 乙酉水, 乙卯水가 戊癸의 진화眞火를 극하는 것도 이에 속한다. 다시 辰戌丑未를 차면 주主는 예술에 능하고 평생 큰 재물을 얻는다.
  록은 년간, 명은 년지 년의 납음오행은 신身

녹명신祿命身 세 등급의 재고財庫.

록은 년간, 명은 년지 년의 납음오행은 신身

甲子金에서 甲은 록이 되고, 木에 속한다. 土는 록의 財가 된다. 土의 고庫는 辰이된다. 그래서 이는 록의 재고財庫가 된다.

子는 命이 되고 水에 속하고 水는 火를 극하니 火는 재성이 된다. 火의 庫는 戌이 되고, 이는 命의 財庫가 된다.

납음 金은 신身이 되고, 金은 木을 극하니 木은 재성이 된다. 木의 庫는 未가
되고, 이는 身의 財庫가 된다.
재산은 풍영하고 소년에는 힘들고 늙어가면서 점차 이루어진다.

● 壬寅金이 戊辰木을 보고, 丁卯火가 癸酉金을 보면 극제剋制하지 못하는데,
  극하는 氣가 허약하여 도리어 역극逆剋당하게 된다. 남은 것도 이에 준한다.
  壬寅金이 戊辰木을 보면 납음오행 金이 寅, 辰, 木의 세력을 감당하지 못한
  다. 그래서 金이 도리어 당하게 된다.

◆ 정인正印

인수(印綬=정인正印)는 오행에서 나를 생하는 이름으로 가령 甲乙이 亥子 월에 태어난 것, 丙丁이 寅卯 월에 태어난 종류이다.

그래서 내 氣의 원천이 되고, 생기가 되고, 부모가 되고 또 상관을 극하여 관성을 극하지 못하게 보호한다.

인생에 비유하면 사물을 얻는데, 상조하고 상양相養하고, 현재 이루어져 있는 곳에 복이 되니 어찌 뛰어난 것이 아니겠는가!

이 격은 총명하고, 지혜가 많고, 자애롭고, 언어가 선량하고, 느리고 말을 잘하지 않고, 모양새가 풍후하고, 음식에 재능이 있고, 평생 병이 적고, 흉이 갑작스럽게 발생하지 않는데, 다만 재물이 인색하다.

- 정관이 있으면 벼슬로 나아가는데 임금이 칙서를 하사하고, 문무에 구애받지 않고, 모든 관청의 직인을 장악한다.
- 관성은 印을 생하여 좋다.
- 官은 있는데, 印은 없으면 참된 벼슬이 되지 못하고, 官印이 같이 있으면 두터운 복을 있게 된다.
- 재성은 꺼리는데 財는 印을 깨기 때문이다.
- 인성이 생월에 있고 천간에 재성이 없으면 인수격印綬格이 되고 인수가 피상 되면 영화가 지속되지 못한다.
- 인수가 생월에 있으면 년지에서 재성을 보는 것을 꺼리고, 세. 운에서 財가 들어오면 그곳을 피하여 몸을 사리는 것이 좋다.
- 인수는 손상되지 않아야 하는데, 그러면 부모의 음덕이 있고, 부를 이룰 수 있고, 부귀가 안녕하게 된다.
- 命에서 인수가 뛰어난 자가 가장 상上이 되는데, 월에 있는 것이 제일 중요하고, 일시는 다음이고, 년간은 비록 중요하지만 모름지기 월일시의 지지에 있어야 사용이 가능하다.

- 年에 印이 있고 월, 일, 시에 없으면 일을 구제할 수 없고, 사주에 관성이 있으면 더욱 뛰어나다.
- 인수는 공록拱祿, 전록專祿, 귀록歸祿, 서귀鼠貴, 협귀夾貴, 시귀時貴등의 격에서 더욱 특별하게 된다.
- 자식이 적고 혹은 자식이 없는 경우도 있다.
- 인수가 많은 자는 고독을 벗어나기 어렵다.
- 인수는 칠살을 좋아하는데, 그러나 칠살이 크게 많은 것은 좋지 않다. 많으면 신체에 손상이 있다.
- 사주에는 칠살이 없지만 운에서 만나게 되어도 발하고, 사주에 칠살이 있는데 재운으로 나아가고, 인수가 사절이 되고, 혹 묘지에 임하게 되면 모두 흉하다.

- 煞은 印을 생하므로 財로 나아가는 것이 두려운데, 印을 깨고, 귀鬼를 생하기 때문으로 좋지 못한 일이 발생하게 된다.
- 印의 묘墓가 있으면 요절한다.
- 사주에 財가 印을 손상시킨다면 운에서 비겁이 들어오면 발복하게 되고, 없으면 좋지 않다.
- 정인 체상은 천월덕을 만나는 것이 가장 좋다.
子의 천덕은 巳가 되고, 월덕은 壬에 있고 ,
亥의 천덕은 乙에 있고 월덕은 甲이 되는데,
시에 酉辛 정관이 있으면 더욱 뛰어나다.
- 官이 형벌을 범하지 않는 것은 인수가 천덕과 같은 궁에 있기 때문이다. 또 스님의 자애로운 마음은 인수가 천덕을 만난 것이 된다.

• 천덕이 인수와 동궁이 된 사주 [맹중도헌의 명조]

$$丙\ 乙\ 丁\ 乙$$
$$戌\ 丑\ 亥\ 亥$$
$$土\ 火\ 土\ 水$$

乙은 亥의 천덕이 되고, 亥 중의 壬은 乙의 정인이 되어 인수와 천덕이 같은
궁에 있는 사주가 된다.

• 천월덕과 인수가 동궁인 명조

$$丁\ 丙\ 丙\ 甲$$
$$酉\ 寅\ 寅\ 寅$$
$$火\ 火\ 火\ 水$$

이 명조는 천덕은 丁이 되고, 월덕은 丙이 되고, 인수는 寅이다.

• 대운에서 정인을 합하여 바뀌는 것을 가장 꺼린다.
  삼합이 되면, 변하여 상국傷局이 되고, 혹 변하여 재국財局을 이루고, 혹 변
  하여 살국煞局을 이루게 되어 가장 불길하다.
• 金은 土에 힘입어 생하지만 土가 두터우면 金이 매몰되고, 木은 水에서 배
  양되지만 水가 왕성하면 木은 표류漂流하고, 화염火炎은 土를 마르게 하여
  물질이 살아갈 수 없게 하고, 金이 강剛하면 水를 생할 수 없고, 왕토旺土가
  왕화旺火를 보면 主는 안질眼疾, 종기癰疽, 열병이 있고, 金을 생하지 못하
  고, 건조한 金은 水를 생하지 못하고, 끊긴 水는 木을 생하지 못한다.

火 印이 많으면 土가 말라 터지고, 水 印이 많으면 木을 뜨게 하고, 土 印이 많으면 金을 매몰 시키는 형상도 모두 불길하다.

- 甲 일이 子 월, 己巳 시가 되면 午가 충하는 것을 꺼리고, 乙 일이 亥 월, 戊 辰 시가 되면 巳가 충하는 것을 꺼리는데, 이 예와 같이 월지의 印이 충되 는 것은 매우 좋지 않다.

- 정인은 재성을 많이 만나면 온갖 일이 막혀 통하지 않고, 월에 印이 순수 한데 재성이 없으면 문장 출중하고, 또 일간이 왕한데 印이 많으면 재운 도 무방하고, 일간이 약한데 印이 있으면 살운煞運에도 손상되지 않는다.
- 정인에 뿌리가 있으면 재성을 만나도 기쁘고 인수가 무근無根하면 財를 보 는 것은 꺼린다.
- 정인에 뿌리가 있으면 재물이 일어나고, 벼슬을 하게 되고, 합하게 되면 어 둡게 되고, 충을 만나면 재앙이 있게 된다.
- 정인는 생기生氣로 관운官運에 이롭고, 재성이 들어오는 것은 두려워한다.
- 정인에 뿌리가 없으면 생을 만나야 복이 일어나고, 뿌리가 많아도 복이 충 분하지 않다.
- 운에서 財를 만나면 벼슬이 깨어지고, 집이 깨어지고, 또 인수의 뿌리가 적으면 왕하게 될 때 영화가 있고, 인수에 뿌리가 많으면 도리어 복이 일 어나지 않는다.
- 정인에 비견이 있으면 재운財運도 무방하고, 인수에 비견이 없으면 재운 을 두려워한다.

- 정인을 만나 생이 있게 되면 모친이 귀하다.
- 일간이 강하고 印이 많으면 재지財地로 나아가는 것이 좋다.
- 印이 왕한데 官의 생이 있으면 명성이 높다.
- 財가 많은데 印을 사용하면 비견 운을 좋아하고, 印이 제강提綱을 지키면

살신煞神이 도와야 한다.

- 정인이 財를 보면 흉하고, 官을 만나면 길하고, 官은 있고 印은 없으면 설령 부귀하더라도 상잔된다.
  印은 있고, 官이 없으면 설령 영화가 있다고 하지만 쉽게 잃는다.
- 사주에 印이 많고, 財가 노출되어 있으면 수명이 길다.
- 정인이 財를 만나고 비겁도 있으면 재물이 많다고 하더라도 복이 온전하지 않다.
- 財를 탐하여 印을 깨면 비인比刃 운이 좋다
- 정인이 피상되면 조상의 업業을 잃어 고향을 떠나게 된다.
- 印이 자식의 위치에 임하면 자식이 생기는 영광이 있다.
- 사주에 印과 官이 있는데, 官을 만나면 10중에 7은 귀하게 된다.
- 귀인이 印을 차면 문무를 겸한다.
- 정인이 화개를 차면 환원의 벼슬을 한다.

- 정인이 많고 다시 일간이 왕하면 사람이 극형刑尅되어 고독하고, 가난하다.
  다시 관살과 財를 만나면 매우 좋다.
- 財가 많고, 印이 사死가 되면 어려서 모친을 잃고, 인수가 많으면 자식이 적다.

◆ 편인偏印

도식倒食은 편인을 말한 것이다. 탄담살吞啖煞이라고도 한다.

식신이 가장 꺼리는 것은 편인이다.

甲이 丙火를 생하니 食이 되고, 火가 생한 土는 甲의 財가 되고, 財가 왕하면 金을 생하는데, 金은 甲의 官이 된다. 그래서 식신이 생왕하면 재관이 갖추어지게 된다.

甲에 壬은 도식倒食인데 壬이 왕하면 丙火를 극하여 丙火가 깨어져 제거 되어 土를 생할 수 없어 甲에게 財가 없게 된다.

壬이 丙 식신을 극하여 제거시키면 庚金 煞은 편안하게 되어 甲木을 손상시키니 甲에 재앙이 발생하게 된다. 소위 食을 사용하면 편인을 꺼린다는 것이 이것이다.

일을 하는데 과오를 많이 발생시키고, 시작은 하지만 마무리는 하지 못하고, 재물을 얻었다가 다시 잃게 되고, 용모가 단정하지 못하고, 체격이 아담하고, 소심하여 겁이 많고, 범사에 이룸이 적고, 육친을 해롭게 하고, 어릴 때 모친을 잃고, 장년에는 처와 자식이 손상된다.

제합制合

甲日이 壬辰, 壬戌을 보면 戌 중의 상관 丁이 편인 壬을 제합制合한다.

乙日이 癸未, 癸丑을 보면 丑未 중의 己가 癸 편인을 제制한다.

- 命에 도식을 차면 복이 적하고 수명이 짧다.
- 命에서 食이 효효梟를 만나면 마치 웃어른이 나를 제어하는 것 같이 자유를 얻지 못하는 것과 같다.
- 효신이 권력을 장악하면 성격이 처음에는 부지런하다 나중에는 게으르게 되고, 학문과 예술을 좋아하는데 학식은 높지만 이루는 것은 적다.
- 살성이 만약 생하면 책임감이 없다.

- 일간이 약한데 편인을 많이 만나면 얼굴에 근심이 가득하다.
- 올바른 食이 효신을 만나면 한신과 같은 재앙을 만난다.
- 초에 만난 자는 버릇이 없고, 게으르고, 편인이 강한 자는 용모가 단정하지 못하다.
- 효신이 관살을 보면 많이 이루지만 다 패하고, 편인이 튼실한 財를 만나면 도리어 욕이 영화로 바뀐다.
- 년, 월, 일에 편인이 있으면 흉하고, 길한 것이 명확하지 않고, 대운, 유년에서 식신을 만나면 재앙이 발생하게 된다.
- 효신이 년에 있게 되면 조상의 터전이 파괴된다.

- 편인은 효신인데 사주에서 재성이 있는 것이 가장 좋은데, 일간이 약하지 않고,이것을 만나면 복이 되고, 일간이 약하고 효신이 왕하면 무정하게 된다.

壬 甲 丙 丙
申 戌 申 戌
金 火 火 土

丙은 식신이 되고, 壬은 도식倒食되며 도식된 사주다.
壬 효신이 申월의 申시에 생지를 얻어 강하다. 그래서 식신 丙이 힘을 발휘할 수 없어서 명리名利를 얻지 못하였다.

```
丙 甲 壬 壬
寅 戌 子 申
火 火 木 金
```

편인 壬이 모여 있지만 甲 일간의 건록이 있고, 시간의 丙이 寅 생지를 좌했고 다시 寅戌 합으로 火국이 되니 곧 식상이 왕하고, 財는 戌과 寅 생지가 있어 木火土의 기세를 이루어 좋은 사주가 된다.

```
丙 甲 壬 己
寅 子 申 未
火 金 金 火
```

식신 丙은 寅 생지가 있어 강하다.

일간도 寅 건록이 있어 강하다.

편인 壬은 申子가 왕지와 생지가 있어 왕하다.

金 관살은 월령을 차지한 申 록이 있어 왕하다.

다소 강은 맛이 있은 효신을 己未 정재가 제어하여 유정하다.

각 오행이 두루 건강하고, 서로 시기하여 싸우지 않고, 기세의 흐름도 정이 있다. 좋은 명조에 해당한다.

그래서 편인이 있다고 하여 무조건 도식으로 보아 흉하다고 하는 것은 옳지 않다.

◆ 잡기雜氣

잡기雜氣는 辰, 戌, 丑, 未로 辰 중에는 乙, 戊, 癸가 있고, 水土의 고庫가 된다. 戌 중에는 辛,戊,丁이 있고 火의 고가 된다.

丑 중에는 癸, 辛, 己가 있고, 金의 고庫가 된다.

未 중에는 丁, 己, 乙이 있고 木의 고가 된다.

각 소장되어 있는 氣를 따르는 것으로 곧 잡기가 된다.

일간을 나로 보았을 때 官, 財, 印등이 되는데, 官은 신身(일간)에 복이 되고, 財는 생명을 기르는 의 근원이 되고, 印은 身의 근본에 도움이 되는 것으로 사람에 가장 도움이 되는 절대 필요한 것들이다.

네 개의 庫는 각 3개의 물건이 암장되어 있다. 곧 천지의 정기正氣가 되지 않은 혼잡된 것이다.

잡기는 財, 官, 인수가 완전하게 갖추어져 사계四季 중에 저장되어 쌓여있는 것이다. 이 체상은 충, 刑되거나 투출되어 노출되는 것이 좋고, 압복은 꺼린다. 그 상세한 희기는 앞에 설명한 財, 官, 印과 같다.

- 甲日 생이 丑월에 태어났으면 丑 중의 辛金은 官이 되고, 己土는 財가 되고, 癸水는 印이 되는데, 천간에 투출한 글자가 복이 되고, 다음 절기의 심천을 나누어 어떤 물건이 당령한 것인가를 보아야 한다.
- 財가 투출했으면 부자가 되고, 官이 투출했으면 귀하게 되고, 인수가 있으면 조부가 이룬 복을 누리고 조부의 음덕으로 벼슬을 얻게 된다.
- 잡기재관雜氣財官은 일간이 왕하게 되었을 때 충하면 발하게 되고, 또 충이 태과하면 도리어 고빈孤貧하게 된다.

잡기재관은 사주에 재성이 많은 것을 요하니 재성이 많으면 좋은 命이 된다.

- 중첩하고 사주에 刑, 충이 없으면 귀기가 나타나지 못한다. 겸해서 戊己가 그 위에서 누르면 젊어서 발달하기는 매우 어렵다. 그래서 재관이 폐쇄된 묘중墓中에 있는 사람은 소년에 발달하기 어렵다.

- 未는 木의 묘墓로 木운으로 행하고, 戌은 火의 묘로 火운으로 행하고, 辰은 水의 묘로 水운으로 행하고, 丑은 金의 묘로 金운으로 행하게 되면 운이 생왕한 地가 되니 귀하게 된다.

- 고인들은 오행의 묘처墓處는 창고가 되는 것으로 보았다.
사주 중에 창고가 있고, 년주年柱의 납음오행이 묘墓의 납음오행을 극하면,
년의 납음 木이 辛未의 납음 土를 극하고 [未는 木의 묘墓]
火가 庚戌의 납음 金을 극하고 [戌은 金의 묘]
土가 壬辰의 납음 水를 극하고 [辰은 土의 묘]
水가 甲辰의 납음 火를 극하고 [辰은 水의 묘]
金이 癸丑의 납음 木을 극하고 [丑은 金의 묘]
이 묘처墓處는 고庫에 財가 있는 것이 되어 그 사람은 반드시 풍후하게 된다.

- 년주年柱의 납음오행이 묘墓의 납음오행에 극되는 것은 두렵다.
년주의 납음이 木인 사람이 乙未金.
火인 사람이 壬戌水.
土인 사람이 戊辰木.
金인 사람이 己丑火.
水인 사람이 丙辰土.
이렇게 년의 납음오행에 극받고 다시 의지할 곳이 없으면 그 사람은 반드시 머뭇거리고 막히게 된다.

- 이 묘고庫墓 체상은 귀천을 불문하고, 다만 자기의 영화는 왕하고 육친에는 불리하고 자식을 얻기도 어렵다.
- 재고財庫가 삼합이 되면 큰 부자가 된다.
- 월령月令은 제강提綱으로 충되는 것이 좋지 않아 10중 9는 모두 좋지 않다. 오직 財, 官이 묘고에만 있다면 운에서 충하면 도리어 성공한다.

● 官, 財가 노출되어 있지 않으면 도리어 파해破害, 형충刑衝이 마땅한데, 다시 어떻게 구성되어 있는가를 상세히 살펴야 하고, 또 상하 어느 순旬에 속하여 있는가를 구별하여야 한다.

● 년의 납음이 극(=귀鬼)받고 지지는 묘墓가 된것

年의 납음 金이 金墓의 납음 火 귀를 본 己丑火 ,

年의 납음 木이 木墓의 납음 火 귀를 본 乙未金,

年의 납음 水가 水墓의 납음 土 귀를 본 丙辰土,

年의 납음 土가 土墓의 납음 木 귀를 본 戊辰木 ,

年의 납음 火가 火墓의 납음 水 귀를 본 壬戌水

이러한 격은 곧 묘중墓中의 귀를 만난 것으로 의심이 나서 마음이 불안하게 된다.

● 고庫중에 있는 물건이 천간에 나타나 있어야 비로소 풍요하게 되고, 충하여 고가 깨어져야 고중의 물건이 나타나야 좋다.

● 물건이 개고開庫하는 가를 알아야 하고, 고의 열쇠가 형충衝刑, 파해破害되는 것인데, 財官이 노출되어야 사용할 수가 있다.

● 일간이 쇠약하면 귀묘鬼墓는 의심이 나서 마음이 불안하게 된다.

잡기재관과 정인살正印煞과 동일한데, 가장 꺼리는 것은 귀재鬼財가 강한 것이다. 오직 마땅한 것은 일간이 강하여야 한다.

● 만약 충이 있는데, 합이 또 있으면 충이 되지 않는다.

● 월에 고지庫地가 있으면 동서남북 네 각의 氣가 된다.

● 사주 중 다른 곳에 戊辰, 己丑이 있으면 고庫가 압복되어 재관이 발하지 못하니 좋은 命이 되지 못한다.

● 왕처旺處는 묘고에서 절絶하고, 묘고가 나타나면 생왕을 벗어버린다. 생이 생왕을 만나면 지나치게 과하게 되어 좋지 않다.

● 월에 辰이 있으면 辰은 水의 氣가 있는데, 운이 남방으로 나아가게 되면 합하지 못하게 되니 오직 土로 논한다.

墓運묘운

유년幼年에 묘고墓庫를 만나는 것은 마땅하지 않고, 노년이 되면 도리어 융성하게 된다.

왕관旺官, 왕인旺印, 왕재旺財가 입묘入墓하면 재앙이 있고, 상관, 식신은 일간이 강한데 庫를 만나면 재앙이 일어난다.

왕살旺煞이 입묘入墓하면 수명이 길지 않고, 官, 印, 상관, 칠살을 사용하는 자는 모두 묘고墓庫 운을 꺼리고 오직 만년의 자고지自庫地를 만나면 길하다.

◆ 상관傷官

상관은 내가 타他를 생하는 것인데 나와 음양이 다른 것으로 甲이 丁을 보고, 乙이 丙을 보는 종류다.

甲에 辛은 官이 되며, 丁火가 왕성하면 나의 氣를 훔쳐 가고, 또 辛金 관성을 극제剋制하여 甲이 귀貴를 사용하지 못하게 하니 상관이라 한다.

이 체상은 예술에 능하고, 오만 도도하고. 음흉하고, 꺼리는 것이 없고, 꾀가 많지만 성취는 적고, 재주를 피우다 일을 망치고, 항상 천하의 사람을 자기 같이 여기지 않아 모든 사람들이 꺼리는 대상이 된다.

물기物氣가 높고, 사기성이 많고, 사람을 조롱하고, 뜻이 크고, 광대뼈가 높고, 골격도 크고, 눈이 크고, 눈 가장자리가 거칠다.

거만, 경쟁심이 매우 강하고, 궁중 앞에 잘 나서고, 분노를 하면 보통이 아니다. 강자를 억누르고 약자를 돕는 간섭을 쉬지 않는다.

- 상관은 상진傷盡되어야 한다. 즉 상관만 힘이 없게 되는 것이 매우 중요하다. 곧 진력되면 귀하다.
- 사주에 관성이 있으면 더욱 상진 되어야 귀하게 된다.
- 상관이 官을 보면 온갖 재앙이 발생한다.
- 상관은 비록 흉하지만 내가 소생한 물건이니 자기가 상진하여 財를 생하면, 財가 왕하게 되어 官을 생하여 좋다.
- 월령에 상관이 있어 사주와 합하여 국을 이루면 상관 체상이 된다. 충파가 없고 한 점의 관성도 없으면 상진이라 한다.
- 월지에 상관, 시상에 상관이 있는데, 사주에 관성이 없으면 상진이 된 것이라 하고, 다시 일간 왕, 재왕, 인왕하면 높은 벼슬을 하게 된다.
- 상관에 財가 없으면 빈궁하다.

- 사주에 관성은 없어야 하고, 그러나 財는 있어야 한다. 만약 사주에 한점의 財도 없어 의지하지 못하면 비록 총명하고 기교가 있지만 명예도 헛되고, 재물도 헛되게 된다.
- 상관에 財가 없으면, 비록 솜씨와 재치가 있지만 가난하다.
- 사주에서 상관이 제어되면 財를 보아야 발달하게 된다.
- 상관에 가장 좋은 것은 財 운이다.
- 사주에 상관이 많고 官을 본 자는 상관운으로 나아가는 것은 마땅하지 않다.

상관의 종류

火土, 土金 상관은 관성을 꺼리고,
金水, 水木, 木火 상관은 관성을 꺼리지 않는다.

① 火土 상관

水가 官, 土는 상관,
水 官은 土 상관의 극을 두려워하고,
土 상관이 水 官을 얻어 봐야 이익이 없다.

② 土金 상관

土에게 木은 官, 金은 상관,
木 官은 金 상관의 극을 두려워하고,
金 상관이 木 官을 얻어 봐야 별 이익이 없다.
그래서 火土 土金 상관은 관성을 보는 것을 꺼린다.

③ 金水 상관

金에게 水는 상관, 火는 官,
水 상관이 火 官을 극하지만, 금한수냉金寒水冷하다면 火를 얻어서 따뜻하게 되어야 물질을 구제한다. 또 水가 火를 얻으면 구제[기제旣濟]되는 공이 있다.

④ 水木 상관

水에게 木은 傷官, 土는 官,

木 상관이 비록 土 官을 극하지만 水가 木 상관을 뜨게 하면, 土 官을 얻어서 土 官이 튼실하게 되어야 木 상관이 재배되어 힘을 얻는다.

⑤ 木火 상관

木에게 火는 상관, 金은 官,

火 상관이 金 官을 극하지만 木이 번성하면 火가 식게 된다. 그러면 金을 얻어 木을 쪼개 火를 살려 통명通明되게 하여야 기물器物을 이루게 된다.

그래서 金水, 水木, 木火, 체상은 관성을 꺼리지 않는다.

- 火土 상관은 상진傷盡이 마땅하고,
  金水 상관은 官을 보기를 요하고,
  木火 상관은 官을 보아 官이 왕하여야 하고,
  土金 상관은 官을 제거하여야 도리어 官을 이루고,
  水木 상관은 재관을 같이 보아야 기쁘게 된다.

- 상관상진傷官傷盡도 복이 일어나지 않는 자가 있고, 상관견관傷官見官도 재앙이 일어나지 않는 자도 있다.

乾

丙 丙 丁 丁
午 午 未 未　　　庚 辛 壬 癸 甲 乙 丙
水 水 水 水　　　子 丑 寅 卯 辰 巳 午

丙 일의 좌에 午가 있어 일간이 왕하다.

2午, 2丁, 2未가 있고 재관은 없다. 비록 상관상진傷官傷盡 하였지만 사주에 火가 크게 왕하다.

운이 동남 火가 왕한 곳으로 나아가고 일점의 財氣도 없고, 일간도 왕하여 의지할 곳이 없어 빈곤한 사람이다.

- 상관이 官을 보아 官이 약하면 운에서 官이 들어와 국을 이루면 도리어 귀하게 된다. 상관 체상에 財를 본 자는 벼슬이 높고, 재주도 많고, 또 상관이 官을 본 자, 印. 財의 地에 들게 되면 뛰어나다.
  또 상관이 財을 만나면 자식이 있고, 상관이 인수를 보면 귀하지 않다.
- 상관에 財가 없고 인刃을 차면 교활하다.
- 상관이 많으면 평생 고달프다.
- 상관이 많고 일간이 강하면 승도, 혹은 예술의 선비가 된다.
- 상관에 財가 있고, 印을 차면 일품의 벼슬을 한다.
- 일지에 상관이 있고 시에 財가 있으면 공명이 영현하게 된다.
- 상관이 財를 만나면 한가롭고 편안함을 누릴 수 있다.
- 상관은 원래 산업의 신으로, 상진 하게 되는 것이 참되어 큰 귀인이 된다.
- 상관이 진력을 다하지 못했는데, 官이 왕하게 들어오면 재앙이 가볍지 않다.
- 월령에 官이 있는데 상관이 있다면, 상관이 약하여 官을 해치지 못하면 무방하지만, 상관이 官을 형刑, 충衝, 파破, 해害하면 벼슬이 오래가지 못한다.

- 상관이 상진 되어 다시 財를 생하게 되면 財가 왕하여 官을 생하여 사주에 官이 없어도 부귀하게 된다.
- 상관을 만나는 것은 원래 마땅하지 않는데, 財는 있고 官은 없으면 복의 터가 된다.
- 시, 일, 월에서 상관이 국을 이루고 운이 財가 왕한 곳이 되면 귀하게 되는 것을 의심하지 않아도 된다.
- 년상 상관이 튼실하면 싫은데, 강하면 일간이 손상되고, 수명도 짧다.
- 財가 절絶되었는데 官을 만나면 재앙이 연이어진다.
- 官이 없으면 마땅히 비견은 꺼리는데, 상관이 왕한데 다시 만나는 것도 싫다.
- 庚 일이 완전한 寅午戌을 만나고 월에 子水를 만나면, 金水가 번성하면 복이 되고, 火土가 많아 상관이 깨어지면 좋지 않다.

이 체상은 천 가지의 변화가 있으니 상세히 추리하여야 모름지기 그 심기心機를 사용할 수 있다.

◆ 식신食神

식신은 일간이 생하는 것으로 순수로 제3위에 있는데 즉 甲은 丙, 乙은 丁의 종류가 식신이 된다.

甲이 丙을 생하여 설기洩氣하고, 丙이 戊를 생하고, 戊는 甲의 편재가 되는데 편재는 천록天祿으로 자연의 재물이 되어 고달프지 않고 복록을 이루어 누릴 수 있다.

甲은 庚이 煞, 戊는 財가 되고, 식신은 丙火, 丙은 庚 煞을 제복制伏하여 甲木을 보호하고, 戊 財을 일으킨다.

命에 財, 煞의 地가 있고, 식신이 왕하면 煞은 食에 제어를 당하여 감히 재앙을 일으키지 못한다.

財는 식신에 생을 받아 넉넉하게 채워지니 마르지 않고, 식신은 수명성壽命星, 벼슬성이라는 좋은 이름도 있다.

일간과 식신이 함께 왕하여야 하고 충파가 없어야 한다.

사주 주인은 재물이 두텁고 식량이 풍부하고, 복이 많고, 체격이 비대하고, 유유자적하고, 자식이 있고, 수명이 길다. 도식되면 시작은 하는데, 마무리를 하지 못하고, 용모가 간사하고, 왜소하고, 몸을 사리고, 수심이 많고 이루는 것이 적다.

관살이 나타나있으면 의사, 무당, 역학자 등 잡다한 선비가 된다.

월령에 식신이 있고 일간이 건왕하면 음식을 좋아하고, 맵시가 통통하고, 사주에 길한 것이 있어 상부하게 되면 금옥이 산같이 쌓이고, 명성을 크게 떨친다.

- 사주에서 財, 食이 년, 월 상에 있으면 조부의 사업이 풍성하고, 일시에 있으면, 처복이 있다. 다만 건강할 때 그렇다.
- 식신이 생왕하면 그 뛰어남이 財官과 같고, 또 식신은 편인이 도식하는 것을 크게 꺼린다.

- 甲이 丙을 보면 食이 되는데, 사주에 壬이 있으면 편인으로 丙火 식신을 극제하여 戊土를 생하지 못하게 하고, 또 庚金 칠살을 제어하지 못하게 하여 甲木이 칠살에 제어되어 힘이 부족하여 財을 얻지 못한다.
- 식신이 효신을 만나게 되면 가난하거나 요절하게 되고, 또는 재물에 큰 손실이 있게 된다. 또 양일陽日의 식신은 관성과 합하고, 음일陰日의 식신은 정인과 합하는데, 합하면, 官, 印이 좋지 않게 된다. 다만 식신이 순수하면 귀하고, 복록이 있고 부유하고, 수명도 길다.

食이 많으면 인성운이 좋고, 食이 적은 자는 인성운이 좋지 않다. 이것이 효신탈식梟神奪食(=도식倒食)이다.
食은 왕한 록이 돕는 것이 좋다. 월령에 건록이 있는 것이 가장 아름답고 시의 록은 그 다음이다.

- 귀인貴人을 만나고, 식신을 생왕하게 하는 地를 만나면 큰 땅의 복록이 되고, 일간이 쇠약하고 효신(=편인)이 왕한 것은 싫어한다.
- 사주에 비록 財를 보면 좋지만 많은 것은 마땅하지 않다. 많으면 청하지 못하여 일개 부유한 늙은이가 될 뿐이다.
- 식신을 많이 보면 변하여 상관이 된다. 자식이 적고. 자식이 불량하다.
- 식신이 극되거나, 공망되면 귀하지 않다. 사절 혹 효梟운은 食의 기운에 연관된 재앙이 발생한다. 음식으로 인한 위장 장애가 있고, 의식衣食이 이지러지고 가난하고 고단하게 된다.
- 甲의 丙火 식신에 制하는 효신이 없고, 생왕한 록으로 향하면, 즉 丙이 여름에 생하고, 운도 동남이면 火土가 함께 왕하게 되니 甲이 財의 사용이 풍부하다.
봄에 생하여 甲이 왕하면 丙火는 비록 생을 얻지만 戊己의 氣가 박하게 되니 모름지기 남방의 火土가 왕하게 갖추어져야 발복하게 된다.

• 식신은 효효를 꺼리지만 그렇지 않은 자도 있다.

① 己亥는 丁의 도식이 두렵지 않다.
丁壬 합화合化 木이 되어 곧 합해서 효신 丁이 이탈되고, 또 壬의 록은 亥에 있기 때문에 재성이 강하여 효신을 극하여 식신을 보호한다.

② 丙午는 甲의 도식이 두렵지 않다.
甲과 己가 합화하여 土가 되어 곧 효신 甲이 이탈되고, 己의 록은 午에 있기 때문에 상관이 강해서 효신이 두렵지 않다.

③ 乙巳는 癸의 도식이 두렵지 않다.
戊癸 합화하여 火가 되어 곧 효신 癸가 이탈하고 乙巳는 지지에 巳火가 되기 때문에 효신 癸가 두렵지 않다.

④ 癸巳는 辛의 도식이 두렵지 않다.
丙辛 합화하여 水가 되어 곧 효신 辛이 이탈하고, 癸의 천을귀인은 巳가 되기 때문이다.

⑤ 庚은 陽의 무리 중의 우두머리로 戊의 도식을 두렵지 않다. 戊는 양기陽氣가 근원에 되돌아가는 수數로, 戊는 좋은 신을 일으키기 때문이다.

⑥ 己는 辛의 도식倒食(=효신)이 아닌데 음기陰氣가 최초 발산되는 근원이 되기 때문이다. 庚은 壬의 도식倒食이 아닌데 양기陽氣가 최초 발산하는 근원이 되기 때문이다.

⑦ 辛에 丁이 있으면 己의 도식倒食이 두렵지 않다.

丁이 있는 곳에 己土가 있어 辛金을 양육하기 때문이다.

丁이 있는 곳은 식신 水의 차가움을 극복하여 맑은 복의 도움을 받는다. 그래서 辛은 丁이 필요하다.

• 식신은 음식을 좋아하고 체격이 두텁고 노래 부르기를 좋아한다.
• 식신이 왕하면 어진 사람이 된다.
• 식신이 왕상하면 수명이 길다.
• 식신은 생활에서 물러나 유람을 좋아한다.
• 식신이 앞이 있고 煞이 후에 있으면 공명이 현달한다
• 월에 식신이 있고, 시에 官이 있으면 벼슬이 높다.
• 식신이 역마가 되면 다른 가정을 만든다.
• 식신이 귀인貴人이 되면 식록이 있고, 벼슬이 높고 복이 많다.

• 식신이 왕하고, 비겁이 많은데, 편인이 식신을 극하면 요절하지 않으면 거지가 된다.
• 묘墓에 든 것은 좋지 않다. 곧 상관이 입묘入墓하면 수명이 짧게 되고, 공망은 크게 꺼린다.

◆ 양인陽刃

이 편의 陽刃은 일간이 양간陽干일 경우로 甲은 卯, 丙은 午, 戊는 午, 庚은 酉, 壬은 子를 두고 논한 것이다.

陰 일간은 음인陰刃으로 칭하는데 乙은 辰. 丁은 未, 己도 未, 辛은 戌, 癸은 丑인데, 음인도 역시 물질이 과다하게 되어 발생된다. 음인의 흉은 양인 만큼 크지 않다.

陽은 음양의 陽이 되고, 인刃은 칼날의 刃이 된다.

록 앞의 1위는 왕함을 넘어서 넘친 연고로 험준하여 위태로워 甲은 卯를 보면 남김없이 절취 당한다.

卯 중에 乙木이 있고, 乙은 甲의 아우가 된다. 형의 재물을 겁탈해 간다. 酉 중의 辛은 甲의 官인데 卯와 충하여 흉하다.

甲, 丙, 戊, 庚, 壬인 양간陽干에는 刃이 있고, 乙, 丁, 己, 辛, 癸인 음간陰干에는 刃이 없다. 그래서 陽 글자를 사용하여 양인陽刃이라 한다.

이 체상은 상관과 비슷하다. 눈이 크고, 수염이 황금색이고, 성질이 강건하고, 뜻 포부가 높고, 측은, 자혜한 마음이 없고, 각박하고 인자하지 못하고, 고질병이 있고, 부족하면 흉악하게 탐하고, 나갈까 말까 의심이 많고, 정상적이지 않은 서출이 많고, 양자가 되고, 부친을 극하고 처가 손상된다.

- 상관과 양인은 그 재화災禍가 동등하다고 보아서 乙이 丙을 보면 刃이라고도 한다.
- 乙 일간일 경우, 丙은 乙의 官인 庚을 손상시키고, 辛 煞은 乙木을 剋하는데, 陰金이 陰木을 剋하는 것은 독이 되어 그 흉이 양인과 동등하다.

- 겁재, 양인을 시지에서 만나는 것은 꺼린다. 유년, 운에서 아울러 임하면 재앙이 있다.
- 甲일 생 사람이 시상에 乙卯를 보면 이것이 확실한 양인이 된다.
- 사주 중에 양인이 있으면 처와 재물이 손상된다.
- 흔히 비견, 비겁이 많으면 경쟁심이 강하고 고집이 세다고 하는데 결코 그렇지 않다. 경쟁심은 상관이 가장 강하고 고집은 살煞이 가장 강하다.
- 사주가 천박하면 더 흉하고, 사주가 왕하고, 氣가 심후하고, 천월덕, 구원이 있으면 큰 허물이 없다.
- 유년에서 충, 합하고 운에서는 충, 합하지 않고, 운에서 충, 합하는데 세운에서는 충, 합하지 않으면 재해가 반으로 줄게 된다.
- 일간이 무기無氣하면 시의 양인은 흉하지 않다.
- 일간이 사死, 절絶, 쇠衰, 병病, 패敗의 地에 임하고, 월의 氣에 통하지 않아 재관을 맡을 능력이 없으면 양인이 겁재로 변화한다.
- 형의 힘은 약하고, 財가 무거우면 아우의 도움으로 재물을 쉽게 얻게 되니 흉으로 논하지 않는다.
- 일간이 약한데 재관을 보면 양인이 財를 나누고, 煞을 합하여 힘을 덜어주니 기쁘다. 식상을 보아 氣를 빼앗겨 일간이 약하면 양인이 도와주면 힘이 덜 들게 되니 좋다.
- 양인을 꺼리는 자는 일간이 강하여 財를 맡을 힘이 있는 자가 되고, 양인이 기쁜 자는 일간이 약하여 財를 얻을 힘이 부족한 자가 된다.
- 양인이 삼형, 자형, 괴강이 되면 변방에 자취를 남기고, 정이 없고, 형해刑害를 완전하게 갖추었다면 득지得地하고 구원의 神이 있어도 귀하다고 할 수 없다.
- 甲에 乙卯가 있으면 처와 자식에 손상되고, 유년, 운에서 거듭 임하게 되어 더 왕하게 되면 면하기 어렵다.
- 財가 노출되어 있다면 흉하다.

- 甲에 丁火는 상관으로 官을 극하여 官이 財를 지키지 못하니 乙木 陽刃이 財를 빼앗아가게 되고 유년, 운에서 아울러 임하게 되면 재앙을 면하기 어렵다.
- 양인이 있지만 흉하지 않은 것도 있다.
① 乙酉 일의 庚辰 시를 보면 刃이 아닌데 酉 중의 辛金이 辰 중의 乙木을 制하기 때문이다.
② 丙子 일의 甲午 시는 刃이 아닌데 子 중의 癸水가 午 중의 丁火를 극하기 때문이다.
③ 丁亥 일의 丁未 시는 刃이 아닌데 壬丁 합이 되기 때문이다.
④ 庚午 일의 乙酉 시는 刃이 아닌데 午 중의 丁火가 辛을 제制하게 때문이다.
⑤ 壬午 일의 庚子 시는 刃이 아닌데 午 중의 己土가 癸를 制하기 때문이다.
⑥ 辛巳 일의 戊戌 시는 刃이 아닌데 巳 중의 丙火가 辛과 합하기 때문이다.
⑦ 癸巳 일의 癸丑 시는 刃이 아닌데 巳 중의 戊土가 癸와 합하기 때문이다.
이상의 모든 일을 만난 자는 형刑, 충衝, 파破, 해害는 나쁘고, 없으면 좋은 命으로 판단한다.

- 양인은 천상의 흉성, 인간의 악살로 편관, 인수는 좋고, 반음, 복음, 괴강, 삼합은 꺼린다.
- 칠살에 양인이 없고 양인에 칠살이 없으면 위엄이 약하다.
① 煞과 刃이 완전히 갖추어져 있으면 뛰어나고, 일간이 왕하고, 상관을 보지 않으면 뛰어나다.
② 사주에 煞, 刃이 있고 유년, 운에서 또 만나고, 혹 刃은 있고 살煞은 없는데 유년, 운에 煞이 있게 되면 발달한다.
③ 사주에 刃. 印은 있고, 煞은 없는데, 유년, 운에서 煞을 만나면 복이 두텁게 된다.
④ 사주에 刃. 煞이 없고, 재관은 있는데 다시 유년, 운에서 刃. 煞을 만나면 형제와 헤어지고, 처첩과도 헤어진다.

- 사주에 刃이 없는데 인운刃運으로 나아가면 해롭지 않지만 처를 극하는 일이 있게 된다.
- 사주에 刃이 있고 유년, 운에서 상관, 財를 만나는 것은 마땅하지 않다.
- 사주에 상관, 재성을 차고 유년, 운에서 刃을 만나면 재앙이 심하고 일간이 강하면 더욱 흉하다.
- 일인日刃은 3일이 있는데 戊午, 丙午, 壬子로 양인과 동등하다. 戊午, 丙午는 홀로 자고, 壬子는 공방空房을 지키고, 남자는 처가 헤살 놓고, 여자는 남편이 헤살 놓는다.
- 일인日刃은 충, 합을 크게 꺼리고, 관살이 制하기를 원한다. 刑하는 자는 흉하고, 印을 만난 자는 길하다.
- 사주에 刃이 있는데, 운에서 刃을 만나면 재앙이 있게 된다.
- 戊午 일이 년, 월에서 火를 많이 만나면 인수로 논한다.
- 자인自刃은 3일이 있는데 癸丑, 丁未, 己未로 좌하坐下의 비견이 음인陰刃이 된다.
- 비인飛刃은 4일이 있는데, 丙子, 丁丑, 戊子, 己丑으로 下의 충출衝出이 일어나는 연유에서 陽刃이 된다. 앞의 日刃과 희기가 대동소이하다.

  비인飛刃 : 지지의 충하는 것이 비인飛刃이다. 丙子의 子를 충하는 午가 비인, 丑을 충하는 未가 비인이 된다. 이하 이에 준한다.

- 사주의 월, 일 간지에 財가 많으면 일간이 쇠약하여 시에 양인을 차게 되어도 해롭지 않다.
- 월에 칠살을 차고, 시에 양인을 차면 일간은 氣가 있게 되어 크게 귀하게 되는데, 월에 양인을 차고 시에 官이 있으면 시는 월보다 힘이 약하니 제어하기 부족하여 흉하다.
- 財가 비겁을 만났고 운에서 財가 들어오면 스스로 가정을 이루고, 사주에 財는 없고 비겁을 만나면, 설령 財 유년이 아니더라도 깨어짐이 있다.
- 사주에 비겁이 있는데, 또 비겁 운을 만나면 곤궁한 처지가 되고, 일간이 강한데 또 印의 도움이 있으면 영화가 있고 발복한다.

陽이 陽을 보고, 陰이 陰을 본 곳은 비견이 되고, 陽이 陰을 보고, 陰이 陽을 보면 비겁 또는 패敗가 되는데, 이 두 자는 화환禍患이 서로 같지 아니하다. 일간이 건왕하고 비견의 좌는 약하다면 필연 나는 왕하고 형제는 쇠약하게 되어 나는 조상의 거처를 얻게 되고, 형제는 다른 곳에서 거주하게 된다. 비견의 좌가 왕하고, 나의 좌는 약한 地가 되면 도리어 형제의 도움을 받고, 동생과 형은 영화가 있고, 자기는 고단하고, 처재妻財가 쇠박衰薄하게 된다. 세운에서 다시 만나면 벼슬도 잃게 되고, 사주에 양인이 있는데, 다시 비견을 보아도 재앙이 크게 된다.

- 사주에 비견이 없는데 대운에서 만나게 되어도 재물에 손상이 있게 되고, 처도 손상이 있게 된다.
- 양인은 조부와 헤어져 타향으로 떠나고, 외심外心은 좋은 뜻과 화합하는 것을 싫어하고, 내심은 승냥이 같이 독하고 무지하고, 각박하고, 자애로운 마음이 없다.
- 양인이 많은데, 煞을 만나면 대귀하여 과거에 급제한다.
- 양인은 편관을 극히 좋아하고 화란을 평정한다.
- 양인에 인수가 있으면 빼어난 것으로 성문 밖에서 권력을 가진다.
- 양인의 권력은 변방의 장수가 된다.

- 남자 사주에 양인을 만나면 신약하면 뛰어나다.
- 칠살은 말을 타고 달리는 벼슬이라고 하였고, 또 양인에 관살이 들면 변방을 진압하는 위용이 있다.
- 월인月刃, 일인日刃, 시인時刃이 煞과 겸하게 되면 부귀하여 영화롭다.
- 火金의 양인은 푸른 구슬이 늘어트려진 고루高樓에서 사망하고, 또 양인이 3, 4개로 많이 있으면 눈과 귀에 질병이 있다.
- 가득 찬 양인은 반드시 시신이 분리된다.
- 양인이 인수를 만나면 부유하다고 하더라도 질병이 몸에 있다.

• 양인살을 범한 자는 맹인이 많다.

| 癸 戊 戊 癸 | 乙 丙 庚 丙 | 乙 甲 癸 丁 |
| 丑 寅 午 酉 | 未 午 寅 寅 | 亥 子 卯 卯 |

이상의 세 사주가 맹인의 사주다.

• 양인이 세군(歲君=세운=유년)과 충, 합하면 싫은데 유년에서 충, 합을 만나면 재앙이 있게 되고, 삼형, 칠살과 교우하면 반드시 염라대왕이 끌고 간다.

• 일간이 왕성하면 믿고 의지할 곳이 없어 도리어 歲, 운에서 재지財를 만나야 하는데, 사주에 財가 있을 때는 財를 보면 발달하는데 財가 없는데 財를 보면 요절한다.

• 戊己가 午월에 생했고, 또 양인이 천간에 있다면 많은 金과 水가 있어야 귀하고, 火가 많은데 비겁을 만나면 흉하게 된다.

• 丙丁에 巳午는 刃으로 뿌리가 되는데, 운이 水로 흐르게 되면 명리가 참되고, 官이 왕하면 도리어 寅午戌로 흐르는 것이 좋고, 官이 없으면 申子辰이 좋다.

| 乙 戊 壬 壬 |
| 卯 午 子 申 |
| 水 火 木 金 |

자좌自坐에 양인 午가 있고, 2壬과 申子가 있어 財가 왕하고 많은데, 子午가 비록 충되지만, 申子가 회會하여 午와 충하지 않는다. 시에 官이 양인을 제복한다. 재관의 체상이 성립되어 크게 귀하였다.

```
丁 戊 癸 丙
巳 午 巳 戌
土 火 火 土
```

戊가 巳에 귀록歸祿하였고, 午가 비록 양인이지만 소이 록을 획득하였고 또 刃이 인수로 변하여 귀하게 되었다.

戊癸 합하여 화化되어 화격化格 체상이 되었다. 납음오행도 火土가 되어 완벽한 화격의 체상이다.

- 양인이 있는데 인수가 있으면 상당히 청렴하고 날카로워 백계百計에 능하다.
- 일간이 강하고 사주에 財가 없거나 손상을 입었고, 공망, 화개가 있으면 스님이 된다.
- 煞이 刃과 교류하면 병권을 장악한다.
- 남자 사주에서 양인를 보고, 또 상관을 보면 반드시 처자를 극하고, 여자는 남편을 극한다.
- 煞은 있고, 刃은 없으면 용감하지만 위엄이 없고, 刃은 있고 煞이 없으면 하는 일이 탁하여 지위가 높지 못하다.
- 양인이 유년을 충, 합하면 돌연 재앙 발생한다. 양인이 충, 합하는데 유년, 운에서 다시 충, 합하면 크게 흉하다.

◆ 건록建祿

건록建祿은 甲일이 寅월, 乙일이 卯月, 오행의 임관의 위치가 된다.
甲은 金이 官인데 金은 寅에서 절絶이 되고, 土는 財인데 土는 寅이 병病이 된다. 그래서 즉 일간이 크게 왕하며 재관을 얻어 갖추기 어렵다.
다른 곳에 재관을 취할 곳이 없거나 있어도 다시 겁劫을 만나 빼앗기게 되면 財는 이미 官을 돕지 못하게 되니 복록도 길러지지 못하게 되어 빈천하다.
시에 편관을 차거나 편재 혹은 식신이 있고, 다시 년, 시상을 보아 干이 투출되어 있으면 재관이 사용된다. 그러나 재관이 침략당하면 도리어 쟁탈이 일어나 불길하기도 하다.

월령의 건록은 조상의 업을 얻기 어렵고, 또 평생 재물을 모으지 못하고, 질병이 많고, 수명도 짧다.
운에서 다시 비견을 보면 처, 부父, 자식에 해롭고, 재물과 벼슬이 깨어지고, 처와 자식으로 인해서 재물을 쟁탈 당한다.
재관이 있고 득지하여 왕하게 되면 관성이 사용되고, 운에서 관성의 유기한 地가 들어오면 귀하고, 운이 財가 왕한 地가 되면 또한 부유하다.
시에 재고財庫가 있고 운도 財로 나아가면 만년에 큰 부자가 된다.
년상의 재관은 도움이 되어 조상의 음덕이 있고, 사주에 재관이 없는데 歲, 운에서 다시 비견이 들어오면 일생 빈곤하게 된다.
사주에 재관이 없으면 운에서 재관을 만난다고 하더라도 발복이 크지 않다.

甲일 寅월 생

사주 중에 乙, 卯, 未가 많으면 조상의 재물도 없고, 처를 극하여 일생 고독, 가난하고, 하는 일마다 헛되게 되고, 신체는 큰 사람이다.

乙일 卯월 생

주柱에 庚, 辛, 巳, 酉, 丑, 申 및 戊, 己, 巳, 午, 辰, 戌 등이 있어 재관이 완성되면 귀하게 된다.

壬, 癸, 申, 子, 辰, 亥水 印이 국을 이루면 또한 아름다운데, 다시 운에서 만나면 뛰어나고, 사주에 財, 官, 印, 食을 보지 못하면 甲일과 같이 추리한다.

丙일 巳월 생

년과 시의 간지에서 金水가 국을 이루고 운에서 재관의 왕지가 들어오면 부귀하게 된다.

丁일 午월 생

金이 패敗가 되고 水는 절絶이 되니 재관이 모두 등진 것이 되는데, 순운은 처를 극했고, 역운도 3명의 처를 극하였다.

사주에 巳, 酉, 丑, 庚, 辛, 壬, 癸, 亥, 申, 子, 辰이 있고, 운이 재관의 왕지가 임하게 되면 발하고, 煞, 印을 사용하여도 왕성하면 귀하다.

戊일 巳월 생

년, 일, 시에 水가 없으면 처를 극하고, 조부에 업이 없고, 자식은 많지만 불량하고, 사주에 官이 뛰어나면 길하다. 년, 월에 만약 火 인수가 많으면 재관이 없어도 길할 수도 있다.

사주에 壬, 癸, 亥, 申, 子, 辰의 水국이 은현하면 늦게 1, 2명의 자식을 보고, 甲, 寅, 乙, 卯, 亥, 未의 木국이 있고, 운이 재관 왕지를 만나면 또한 발한다.

己일 午월 생

壬水 財가 휴수가 되어 조업이 없고 처를 극하고 자식도 많지 않다. 년, 시에 寅甲 정관이 있으면 午월은 甲이 사死하게 되어 벼슬이 반드시 낮고, 亥, 卯, 未, 乙을 보면 좋다.

일간이 강한데 관살을 보면 뛰어나고, 편재도 또한 아름답다.

庚일 申월 생

상순上旬 생은 아직 木의 남은 氣가 있어 조부의 재물이 약탈당하지 않는다. 상순은 절기가 水가 절絶한 곳이지만 오히려 3, 4분의 고庫에 財가 남아 복이 있다. 운이 丙戌에 이르게 되면 재물이 없어지게 된다.

년, 일, 시에 財가 많으면 좋은 命이 되고, 丙, 丁, 巳, 午, 寅, 戌 火 국은 官으로, 煞도 官으로 변하게 된다.

官이 적으면 좋은 벼슬이 되지 못하고, 壬, 癸, 亥, 子는 官을 극하여 뜻을 이루지 못한다.

辛일 酉월 생

조부의 재물을 이어받지 못한다. 사주에 건록이 왕성하면 분탈이 많이 발생하고, 가난하고, 처도 없고, 혹은 있어도 처를 극하고 재물도 없다.

木火가 생왕하다면 또한 부귀하다. 재관이 없는데 金의 생지로 나아가면 재앙이 크다.

辛酉를 보면 전록專祿*인데 다시 財, 官, 印, 食이 있고, 다시 유년 및 운에서 財, 官, 印, 食의 地를 만나면 좋다.

전록專祿 : 자기 지지에 건록이 있는 것

역운은 남방이 되니 길하고, 순운은 북방으로 모든 일이 이루어지기 어렵다. 辛卯일, 辛未일은 일간의 좌에 財가 있어 의식주가 풍부하고, 辛巳 일도 귀한데 관록官祿 또한 크지 않다.

壬일 亥월, 癸일 子월 생

조부의 업이 없고, 火土가 왕성하면, 자수성가하고, 水가 왕성하여 범람하면 이루지 못하고 처를 극하고 빈곤하다.

- 甲일,寅월,壬申시,　　乙일,卯월,辛巳시,
  丙일,巳월,己亥시,　　丁일,午월,庚子시,
  戊일,巳월,甲寅시,　　己일,午월,乙丑시,
  庚일,申월,丙戌시,　　辛일,酉월,甲午시,
  壬일,亥월,乙巳시,　　癸일,子월,己未시

이상은 나쁘지는않다.

- 煞을 보면 귀하게 되는데, 그러나 과한 것은 불가하여 유년. 운에서 다시 煞을 만나면 요절한다.

```
乙 辛 丁 丙
未 酉 酉 戌
水 木 火 土
```

월령에 건록이 있고, 일 좌도 건록이다. 48세 壬寅 운 壬申 년에 사망하였다. 유년과 운이 충하고 또 상관과 煞이 함께 있다.
건록 체상에 재관을 사용하는데, 상관이 丙火를 제거하여 요절하게 된 것이다.

- 월령에 건록이 있으면 조부와 거주하지 못하고, 재관을 보면 복을 이루고, 또 건록이 월지에 있으면 재관이 천간에 있는 것이 좋고, 다시 일간이 왕하면 좋지 않고, 오직 財가 왕성하게 되는 것이 가장 좋다.

• 건록, 좌록坐祿 혹 거록居祿은 오직 財, 官, 印을 만나야 부귀하고 수명이 길다.

지지에 있는 자가 刃, 祿이 되고 천간에 있는 자는 비견, 겁재로 그 사용은 대략 서로 같다.

건록은 양인의 뒤에 있는 것인데, 예전에는 건록격은 없었는데, 근래(명나라 중반)에 와서 월지로써 취하였다.

그러나 구태여 건록이라 하여 격을 취할 필요는 없게 보인다.

왜냐하면 건록은 취하는 것이 비겁과 같은 것인데, 이상에서 본 것과 같이 실제 사용하는 것은 財나 官이기 때문이다.

(3) 자평법 추가 간명 비전祕傳

◆ 십성+星 비전祕傳

- 煞이 刑을 만난다면 흉폭한 승냥이가 된다.
- 財가 많아 印이 깨어지면 조년에 모친을 잃는다.
- 印이 財를 만나면 파직되고 財가 印을 만나면 관직이 바뀐다.[관직이 바뀌는 것은 승진이나 좌천에 해당한다.]
- 財가 많고 일간이 약하면 건물은 거창하지만 사는 것은 궁핍하다.[부동산이 묶여있는 이런 경우에 해당한다고 할 수 있다.]
- 財가 官을 生하는 자는 회(賄;뇌물)를 사용하여 官을 구한다.[재산이 많은 사람이 돈 풀어 국회의원하는 경우 등]
- 財가 印을 깨는 자는 財을 탐하여 사직한다.
- 재성이 공망에 떨어지면 거처를 옮기고 방랑한다.
- 팔자에 재성이 없으면 모름지기 본분本分을 요한다. 본분을 넘어서 탐욕을 부리면 반드시 흉사가 찾아온다.
- 비견이 국을 이루면 신랑을 몇 번 맞는다.
- 록이 충을 만나면 고향을 떠나서 떠돌아다닌다.
- 식신이 효를 만나면 감옥에서 사망한다.

- 官과 煞이 섞여 있고,상관이 모여 있으면 남자는 주색에 빠져들고, 여인은 중매 없이 시집간다.
- 官과 煞이 섞여있으면 음란하여 색을 좋아하고 일을 하는데, 빈천하고 財와 印이 있으면 길하고 財와 印이 없는 자는 흉하다.
- 煞과 刃이 사주에 같이 있으면 병권을 장악한다.
- 칠살과 효가 많으면 궁벽한 곳으로 떠돌아 타향의 객이 된다.
- 煞과 刃은 제어하지 않으면 여자는 산액이 많고 범법을 범한다.

- 두 위치의 귀鬼가 도식을 만나면 반드시 노비가 된다.
- 귀貴의 종류에 합이 많게 되면 비구니, 창녀, 종, 첩이 된다.
- 상관을 만났는데 도리어 남편이 있는 것은 命에 財의 기운이 있기 때문이다.
- 官과 煞이 섞여 있으면 기예技藝로 흐른다.

- 煞과 印이 두 개가 완전하게 있으면 문무를 겸비한다.
- 煞과 식신이 합하면 귀하게 된다.
- 사주에 편재가 있으면 반드시 횡재한다.
- 왕한 財가 官을 생하면 남편에 창부唱婦가 따른다.
- 약한 財가 겁재에 의해 줄어들게 되면 방탕 유랑한 사람이다.
- 財가 많아 신약한데 財 운으로 나아가면 이것은 무덤에 들어간다는 것을 알아야 한다.

- 인수가 일찍 손상되면 조상의 업을 지키기 어렵다.
- 인수가 너무 많으면 늙도록 자식이 없다.
- 印이 화개를 만나면 한원이 된다.
- 인수가 財를 보고 또 운에서 거듭 만나고 인수의 좌하坐下가 사절이 되면 반드시 황천으로 되돌아간다.
- 인수가 가득 차 일간을 생하면 빈천하게 된다.
- 印과 財를 둘 다 잃으면 젊어서 아비와 처를 잃는다.
- 효신이 흥興하면 요절한다.
- 만약 財을 만나서 印를 해롭게 한다면 대들보에 매달리거나 물에 빠져서 사망한다.
- 시時의 煞이 충衝당하고, 양인을 제어하지 못하면 여자는 산액이 많고 남자는 형상刑傷을 범한다.
- 刃이 많으면 정재가 있는 곳에서 사망한다.
- 양인은 칼과 창에 의한 머리 없는 귀신이 된다.

- 양인 금신金神이 칠살을 만나면 반드시 크게 귀하게 된다.
- 양인을 유년에서 충 또는 합하면 갑자기 재앙에 이른다.

- 남자 사주에 陽刃이 많으면 반드시 거듭 결혼한다.
- 傷. 효梟가 가지런하게 구비되면 자식이 타국에서 사망한다.
- 상관이 官을 보면 일찍 죽는다.
- 상관과 양인이 같이 왕성하면 비록 몸은 온전하나 핏빛으로 죽는다.

- 상관이 刃을 차면 아버지를 극하고 어머니가 손상된다.
- 식신이 煞을 제어하는 데 효를 만나면 가난하고 혹 요절한다.
- 食이 많은 印을 만나고 다시 양인이 충하면 반드시 요절한다.
- 상관과 식신이 함께 있고 일간이 왕한데, 고庫를 만나면 재해가 일어난다.
- 어릴 때 젖을 잃는 것은 식신궁이 형극刑尅을 만난 것이다.

◆ **일간의 신강약 비전祕傳**

- 일간이 강한데 의지할 곳이 없으면 조상과 이별하여 출가한다.
- 일간이 강한데 의지한 곳이 없으면 도의 반열에 적합하다.
- 일간이 강하여 의지할 곳이 없으면 재물과 처가 손상된다.
- 일간이 왕하고 印도 왕하면 재물이 깨어지고 결혼도 하지 못한다.

- 일간과 印이 모두 강하게 갖추어지면 평생 병이 많지 않다.
- 일간이 약한데 생이 있으면 반드시 발하고 財는 꺼리는데 서로 상해하기 때문이다.
- 일간이 강한데 재관이 돕지 아니하면 기예技藝가 아니면 반드시 스님이 된다.

- 일간이 강하면 고독해진다.
- 록이 왕하고 食이 강하면 빼어난 가문의 귀한 사람이고, 일간이 약한데 食이 많으면 요절한다.

◆ 궁위宮位 비전祕傳

- 년월에 관성이 있으면 조년早年에 벼슬을 하고 일시에 정관이 있으면 만세晩歲에 이름을 얻는다.
- 월령에 재관이 있으면 발복하고 년에 官이 있고 월에 傷이 있으면 조부는 강하고 부친은 약하다.
- 시상의 편재는 형제를 만나는 것을 꺼리고 월상에서 財를 만나면 비견을 꺼리지 않는다.
- 시, 일이 공망이 되면 처자에 근심이 있고, 시에 쇠패衰敗가 있으면 죽지 않으면 재앙이 있게 된다.
- 년이 월령을 충하면 고향을 떠나서 객지에서 생활하고, 일이 월령과 통하면 조업을 얻어 편안하게 된다.
- 년과 시가 충하는 것은 꺼리고, 대운 및 유년이 월지를 충하게 되면 재앙이 있다.
- 월령이 충을 만나면 조부와 이별하고, 시일이 충하면 복상卜商*의 울음을 면하기 어렵다.

  복상卜商 : 춘추시대의 위나라 사람.

- 일시의 공망은 처자에 근심이 있고, 일시에 귀묘鬼墓의 장소가 되면 근심은 많고 즐거움은 적다.
- 생월에 인수가 있으면 유년, 시에서 재성을 보는 것을 꺼리는데, 운에서 財가 들어오면 파직된다.

- 유년이 일간을 손상시키면 재해禍가 가볍고, 일이 유년을 범하면 재앙이 중하다.
- 뒤의 흉살이 년을 극하면 부모를 일찍 잃고, 앞의 흉살이 뒤를 극하면 자식이 어그러진다.
- 월령이 형충되는 것이 가장 좋지 않다.
- 시상 편재는 형제를 만나는 것을 꺼리고, 월의 印이 財를 만나면 비견을 꺼리지 않는다.

◆ 오행상련五行相聯 비전祕傳

- 土는 사절이 없다. 천지 사이는 土로 차 있기 때문에 사계절로 나누지 못하니 어찌 사절의 이치가 있겠는가! 다만 경중을 분별하여야 한다.
- 火는 木에 장藏하고, 土에서 숙宿하여 왕하지 말아야 한다.
  왕하면 분소하게 되고, 또 死하지 말아야 한다. 사死하면 곧 멸滅하게 되니 평平을 도모하여야 아름답게 된다.
- 甲乙이 봄에 태어나면 인덕의 마음이 품어져 있고, 丙丁이 여름에 갖추어지면 달변의 재주가 있고, 가을의 金은 성性이 강직하여 굴하지 않고, 겨울의 水는 지혜가 많아서 권모에 능하다.
- 금귀金鬼는 죽이는 것을 좋아하고, 왕성한 水는 음란하다.
- 甲이 金의 장소에 거주하게 되면 바람의 재해로 괴로움을 당하고, 金이 水국으로 갖추어지면 타향을 떠돌게 된다.

- 록이 깨어지면 사망하고, 氣가 절絶되면 병이 있게 된다.
- 水火의 사이에서 사망한다.
- 처는 많은데 힘이 약하면 바람둥이의 생애가 되고, 재성이 약한데 비견. 겁이 많으면 떠돌이가 된다.

- 金木이 싸우면 인의仁義가 없고, 水火가 서로 갈마들어 손상이 되면 시비가 있는 날이다.
- 金水는 총명하고 색을 좋아한다.
- 子午卯酉를 중첩되게 만나면 주색으로 문란하다.
- 여자 사주에서 일간이 양간陽干과 합하면 창娼아니면 기妓가 되고, 비겁과 분쟁하는데 자신이 약하면 첩이 아니면 노비가 된다.

- 寅申巳亥 사생국四生局은 남자은 흥왕하고, 여자는 고독하다.
- 진기進氣와 퇴기退氣가 命에서 서로 싸우면 진기는 죽지 않고, 퇴기는 살지 못한다.
- 陰水가 근根이 없으면 火는 귀한 곳이 되고, 陽水는 뿌리가 없으면 火의 장소는 두렵다.
- 陽火가 무근하면 水는 반드시 꺼리는 곳이 되고, 陰火가 무근하면 水는 구원하는 곳이 된다.
- 학문의 근원은 水가 壬癸에 거주하는 것이다.
- 亥는 곧 마시는 귀신으로 酉金을 만나면 잔을 즐기는 사람이 된다. 즉 술을 잘 먹고 많이 먹는 사람이라는 것이다.
- 辰이 많으면 너그럽고 戌이 많으면 소송을 좋아한다.
- 일이 같은 간지를 만나면 재물 손상되고 처가 상傷한다.

- 일지가 년지와 같으면 조상의 터전이 깨어진다.
- 金이 水 운으로 펼치는데 일간이 쇠약하면 요절한다.
- 역마가 공망에 떨어지면 거처가 달아나 정처 없이 돌아다닌다.
- 록이 충을 만나면 고향을 떠난다.
- 천간이 한 기운이 되고 지지가 전부 같으면 비록 횡사하지만 위치가 삼공三公에 이른단.
- 水가 왕성하여 木이 표류하면 종내 외귀外鬼가 된다.

- 생왕은 고묘庫墓에서 사死하고 庫墓는 생왕에서 절絶한다.
- 金木은 생왕하고자 하여 사절을 보는 것을 두려워한다. 金이 사死하면 가라앉고 木이 死하면 재가 되니 水土와는 같지 않다.
- 金이 왕하여 태과하면 동작에 흉함이 많다.
- 불꽃이 왕한 자는 멈추게 하는 것이 귀하고, 멈추게 하지 못하면 스스로 불살라져 재앙이 있게 된다.
- 물이 그득하여 흐르는 자는 멈추는 것이 귀하고, 멈추지 못하면 스스로 빠지는 근심이 있다.
- 卯巳는 즉 陽이 열리는데 그런 후에 만물의 자생滋生이 가능하다.
- 일시의 간지와 유년의 간지가 같으면 가령 庚申일이 庚申 혹은 庚寅 태세의 종류인데 약하면 멀리 옮기고, 강하면 집이 훼손되고 재물이 깨어진다.
- 水 윤하潤下는 학문으로 귀하게 나타나고, 土 가색稼穡은 경상經商으로 부귀하게 된다.
- 왕한 火와 水가 서로 刑하면 승僧을 반복하게 된다.

- 화염으로 水가 마르면 종신 시장에서 재물을 구한다.
- 해害는 인친과 헤어지고, 전戰을 만나면 질병에 몸이 얽맨다.
- 세 개의 辛이 丙을 보면 파산되고, 두 개의 壬이 丁을 보면 집안이 흥륭한다.
- 사주에서 간지가 같은 종류인데 유년, 운에서 煞을 만나면 흉이 많다.
- 金水의 기세가 맑고, 장생을 만나면 총명하고 출중하다.
- 金이 많아 火를 잃으면 성격과 도량이 흥하고, 木이 왕성한데 金이 없으면 공명이 따르지 않는다.

- 金水의 기세가 청淸하고, 효신에서 벗어나면 문장이 뛰어나다.
- 금신金神이 煞을 차면 외적을 물리치는 조정의 큰 그릇이 된다.
- 木이 약한데 火가 왕성하면 재灰로 변하여 공명이 느리고 요절을 피하기 어렵다.

- 水土가 혼잡하면 반드시 우둔하다.
- 세 개의 戌이 辰을 충하면 재해가 가볍지 않다.
- 음양이 순일純一한 자는 고독하다.
- 水가 많으면 스스로 슬슬 거닐어 돌아다닌다.
- 순음純陽의 남자는 반드시 외롭게 되고, 순양純陰의 여자는 반드시 궁핍하다.
- 寅申巳亥가 서로 의지하여 기대면 옮겨지지 않으면 타향으로 출두한다.
- 寅申巳亥가 겹쳐서 범하게 되면 총명하고 생발生發하는 마음이 있다.

- 평생 빈요貧夭한 것은 재식財食이 효인梟印의 地를 중重하게 얻었기 때문이다.
- 火가 강한데 水가 없으면 비록 그릇은 되지만 일찍 요절한다.
- 木火의 기세가 같이 왕하면 통명通明되어 갑제에 오른다.
- 金이 단단하고 火가 약하면 상업에 종사하는 사람이 되고, 土가 子水에 응결되면 조업이 깨어져 타향 생활을 오래 한다.

- 金이 가을에 생했고 土가 크게 왕하면 가난하여 한 조각의 쇠도 없고, 여름의 火에 金이 첩첩하면 큰 부자가 된다.
- 팔자가 구슬같이 연이어 있고, 지지에 뿌리를 내려 조화가 이루어지면 명리가 반드시 크다.
- 병病이 있는 곳이 귀하게 되고, 傷이 없으면 뛰어나지 않다는 것은 격중의 병을 제거함으로 인하여 재록財祿이 따르게 된다는 것이다.
- 丁壬이 무기無氣하면 반드시 창음娼淫하고, 戊癸가 휴수가 되면 탁람濁濫이 많다.

- 년상 상관합은 반드시 늙은 남편을 맞는다.
  유부남을 좋아하는 象이라고 할 수도 있다.
- 金이 많은 水에 가라앉으면 감옥에 간다.
- 水가 많은데 土가 없으면, 음란하고, 火가 많고 水가 없어도, 음란하다.
- 사계四季〈辰戌丑未〉月에 생한 사람은 태양을 등져서 태어나기 전에 부친이
  먼저 사망한다.
- 복음은 갈등, 경쟁, 분탈, 균열, 변동, 혼란의 象이다.
  여명女命에 관살이 섞여 있고 부궁이 복음이 되면 재혼의 형상이다.
- 財를 탐하여 印을 깨면 직업을 잃게 된다.
- 여명에 財가 왕하고 官을 생하면 남편의 권력을 반드시 빼앗는다.
- 합이 많으면 암약하여 실제의 약속(불륜)은 어긴다.
- 水火가 서로 갈마들어 서로 손상되면 시비가 있는 날이 된다.
- 왕한 자가 쇠약한 자를 충하면 쇠약한 자가 뽑히게 되고, 쇠약한 자가 왕한
  자를 충하면 왕한 자가 일어난다.

- 사주가 유정하게 왕래하면 혼인을 하게 된다.
- 어릴 때 쌍친을 잃은 것은 재성이 크게 많기 때문이다.
- 子午가 사死나 묘墓에 거주하면 객이 되고, 子午는 巳亥, 卯酉는 寅申을 절
  대 꺼린다.
- 辰戌이 서로 더해지면 옥리獄吏가 되고, 酉戌을 겹쳐 만나면 사내종이 된다.
  옥리獄吏 : 감옥에 딸려 죄수를 감시하고, 형옥을 심리하는 벼슬아치.

- 辰, 戌, 丑, 未가 분명하게 더해지게 되면 도사 및 승도가 된다.
- 양간陽干 여명에 식신이 많은 자는 창娼이 되고, 음간陰干 여명에 식신이 많
  은 자는 기妓가 된다.

- 대운과 유년이 충하여 재앙이 발생한다.
- 水가 많은 사주는 동요하니 탁람이 많게 되어 여자는 더욱 꺼리는데, 음란하기 때문이다.
- 양수陽水는 일간이 약하면 궁窮하게 되고, 음수陰水는 일간이 약하면 귀하게 된다.
- 土가 많은 火를 보면 그을리고 갈라져 여명에서 낳고 기르지 못하는 경우가 많다.
- 상관이 좌했으면 반드시 남편을 능멸한다.
- 칠살을 좌하고, 官이 투출하면 혼인이 좋지 않다.
- 財가 官을 생하면 여명은 많이 꺼리는데 기둥서방을 만든다.
  ▶ 숨겨둔 애인이 있다.

- 부처성夫妻星이 년상에 임하면 일찍 혼인한다.
- 일지에 비겁이 임하면 남자 사주는 정조를 잃은 여자에게 장가가기 쉽고, 혼 후에 배우자가 바깥에서 다른 이를 쉽게 만난다.
- 일지에 칠살을 좌하면 여인는 혼전에 정조를 잃고, 결혼 후에 밖에서 짝을 만나기 쉽다.
- 효신이 탈식奪食하면 감옥에 간다.
- 비겁이 煞에 대항하면 감옥에 간다.
- 대저 일이 유년을 범하면 陽干은 중하고 陰干은 경하다.
- 천충지격天衝地擊이 사주에 원래 있으면 유년에서 다시 만나도 큰 허물은 없다.
- 혹 상관의 자리는 멀리 시집 가기도 하고, 남편을 극한다.
- 효신과 인수가 겹쳐있으면 생이별 아니면 사별한다.
- 사주에 관귀官鬼가 입묘해 있으면 남편은 이미 황천에 들어갔다.
- 무릇 巳酉丑이 온전하고 辛을 찬 자는 골육이 타향에 존재하여 되돌아오지 못한다.

- 官이 뛰어나면 정출正出이고, 煞이 뛰어나면 서출庶出이 되고, 煞이 겹쳐있으면 여자가 많고, 官이 겹쳐있으면 아들이 많다.
- 또 간지로서 자녀를 나누게 되는데 간지가 겹친 자는 자녀가 많고, 시에 공망이 떨어져 있지만 원原에 관살이 있으면 자녀가 2, 3명이 된다.
- 상관이 없고 재인이 있으면 다르게 논하는데 印은 딸이고, 財는 아들이 있는 것이다. 만약 상관이 격을 이루고 서귀鼠貴, 형합刑合이 되는데 사주에 관살이 있으면 자식이 있고 공망에 떨어지면 없다.
- 상관의 좌에 煞이 있는 가령 丙일이 己亥 시를 보는 종류는 아들이 있는데 다만 화순하지 않다.

운에서 득남 징조
- 유년, 운에서 아들을 낳는 것을 논하면
- 관살이 왕하면 상관, 식신이 있는 歲,운에 아들을 낳고,
- 관살이 약하면 財 년이나 관살 년에 아들을 낳는다.
- 관살이 약하고 식상이 왕하면 편인, 정인 년에 아들을 얻게 된다.
- 관살이 왕하고 財 또한 많으면 비겁, 양인을 얻는 歲, 운에 아들을 낳는다.
- 천지합天地合, 삼합, 육합이 되는 년에 자식을 낳는다.

- 관살이 섞여 있는데 삼형을 차고 財가 없으면 구차하게 살아가게 된다.
- 丙, 丁 쌍자雙者는 정수리에 쌍령雙靈이 있다.
- 젖이 없는 것은 식신이 충되었기 때문이다.
- 불륜은 陽 간지가 매우 왕하기 때문이다.
- 식신이 입묘하면 숫자 개념이 없다.
- 상관이 왕상하고 관살이 입고入庫하고 일주日柱과 형충하는 象은 이혼의 조짐이다.
- 천해穿害는 상심의 의미와 왕복의 의미가 있다.
- 합은 낭만 다정하고, 교태 스럽고 정이 많다.

- 일이 丙子인 남자는 미 부인을 만나고 일이 戊午인 여자는 미남자를 만난다.
- 물질적 욕망은 재성의 위치가 되는데 재성만 있고 식상이 없으면 구동을 잃는다.
- 처궁이 충이 되거나 복음이 되면 사소한 일에도 싸우기 쉽다.
- 金과 木이 교전하면 근골 요통이다.
- 金이 크게 왕하거나 卯酉 충이 있으면 외과 의사가 된다.
- 관성은 채찍으로 자기 분발 향상한다.
- 공부는 식상, 관인성이 운에서 유창하게 될 때 좋다.
- 합이 있으면 부부간 마음을 피차 걸어 잠근다.
- 합이 많으면 기생 혹은 노래를 부르고 혹은 정조가 손상된다.
- 편재가 출현하면 정처를 사랑하지 않고 애첩을 사랑한다.
- 印이 왕하고 財가 깨어지면 장가가지 못한다.
- 정. 편재가 노출되어 왕하면 財를 가벼이 여기고 의義를 선호하고 애인에 추봉趨奉한다.
- 투합妬合은 무정하여 도리어 원수가 된다.
- 식신의 좌에 묘墓가 되면 자식이 등제하기 어렵다.
- 역마가 귀인을 차고 지지에 합이 많으면 여명은 이성의 인연이 아름답다.
- 식상이 피극되면 생산에 불리하고, 효신이 탈식奪食하여도 생산에 불리하다.

- 재성이 입묘했으면 반드시 처에 형벌이 있다.
- 비견, 겁재가 왕한 자는 홀로 살게 된다.
- 관살이 왕하고 일간이 약하면 고독하고 가난한 여인이 된다.
- 관살이 섞여 혼잡하면 색을 좋아하여 음란한데 남자는 색色을 좋아하고 여자는 음천하다.

- 水가 왕하면 지혜롭고, 金이 견실하면 의롭고 능력이 있고, 金水는 총명하나 색을 좋아한다.
- 상관 체상에 도화를 차면 기녀 팔자가 된다.
- 水火가 교전하면 창과 칼이 움직여 피를 보는 재앙이 발생한다.
- 함지를 보면 회임이 손상된다.
- 여자 사주에 효신이 식신을 깨면 자녀가 손상된다.
- 길신이 노출되어 있으면 쟁탈이 일어나고, 흉물이 깊이 감추어져 있으면 호랑이를 기르는 것과 같다.

▶ **YouTube 76강**

- 사주에 4개의 水가 있으면 배를 타고 있는 중, 주위에 저수지, 하천에 많은 물이 흐르거나, 비가 갑자기 왔거나 했을 때 때어났다.
- 3개의 金이 사주에 있으면 여행중, 혹 종소리가 울렸거나, 金을 고치는 소리가 나는 곳에서 태어났고, 혹은 초상이 있었거나, 흰옷을 입은 여인이 보조했거나 도움이 있었을 때 태어나게 된다.
- 사주에 3개의 木이 있다면 시끄러운 소리 때문에 공포감을 느꼈을 때, 혹은 정당正堂에 있지 않았을 때, 혹은 근처에 산림, 촌장정사村莊庭舍가 있는 곳에서 태어났다.
- 3개의 土가 사주에 있으면 살고 있는 곳의 근처에 무덤, 산꼭대기, 둑, 댐, 土를 쌓아 둔 곳, 土를 사용하는 공사장 등이 주위에 있었다.
- 사주에 3개의 火는 이웃집에 초상이 있었을 때 집안에 근심과 공포 이별한 일이 있을 때, 때어 난 아이에 3개의 火가 있다.

4. 운세 간명

▶ YouTube 115강

(1) 대운大運

대운大運은 인생의 전사傳舍인데, 命을 추리할 때 먼저 사주의 체상體象을 파악하고 체상에 따른 규격, 즉 격의 고저를 파악하여 그 사람의 삶의 등급 즉 레벨이 상위 등급인가 하위 등급인가를 결정하고, 또 삶을 영위하는데 필요한 직업의 형태를 살펴야 한다.

직업의 형태를 대략적으로 분류하면 공직, 직장 계통과 사업, 자영업 계통으로 크게 두 부류로 나눌 수 있고, 또 종교 계통, 연예인 계통으로 나눌 수 있겠다.

그래서 체상에서 이러한 직업에 관하여 추리하고 또 건강을 추리하고, 또 자식 배우자도 추리한다.

직업의 높이와 재물의 정도, 건강, 배우자(이성), 자식, 부모 등을 기분적으로 그 등급을 체상으로 파악한다.

연후 이에 따른 것들이 대운의 기운을 받아 각 어떠한 경향으로 될 것인가 징조를 파악하고, 그 징조가 실제 나타나는 것은 매년이 되니 즉 대운의 징조가 사주에 응하여 유년流年에서 나타나게 되어 그 해에 사건이 있게 된다.

매년인 유년도 그 흐름이 12단계로 되어 있고, 亥子丑, 寅卯辰, 巳午未, 申酉戌의 흐름에 따라 또한 좋은 곳 나쁜 곳이 있다. 기존의 삼재三災와 유사한 것이지만 기존의 삼재와 같은 방법으로 구하는 것은 아니다. 사주의 체상에 의해서 나타나니 체상에서 구한다.

근기根基가 가령 木이면 운기運氣는 마땅히 봄이 마땅하고 봄에 木이 없으면 분명하게 두드러지지 못하고 木이 봄이 없으면 영달하지 못한다.

근기가 천박한 것은 가령 묵은 밭의 쑥같이 미미한 곳에 봄바람이 숨어서 발發하여 쑥만 무성하게 된다.

근기가 두텁고 건장하면 가령 튼튼한 송백이 한파를 만나도 변하지 않는 것과 같다. 이와 같은 까닭에서 먼저 근기를 논하고 후에 운기를 논한다.

체상이 높은 등급에 속하면 나쁜 운이 되어도 크게 깨어지지 않는다.

사람의 생활에는 직업, 재물, 배우자, 자식, 보모, 건강 등이 있겠는데 이 종류들의 고저를 사주에서 추리할 때는

직업은 관성,

재물은 재성,

인증認證은 도장이 있어야 하니 인성이 되고,

자기 자신이 행하는 행위는 식상이 되고,

그 바탕은 지지의 건록이 되고,

내 것을 빼앗아 가는 것은 비겁이 된다.

이들의 각각의 뿌리가 사주 상에서 튼튼하여야 그 징조가 확실히 나타난다.

사주 상에서 그 뿌리가 튼튼하지 않으면 운에서 그 뿌리를 튼튼하게 하는 성星이 들어온다고 하여도 복이 크지 않고 작은 복이 될 뿐이다.

옛사람은 대운의 기간을 정할 때 1辰(12地支의 명칭)을 10년으로 하여 절제하여 3日로서 1년에 해당하게 하였다. 대개 1개월이 완성되는 것은 초하루에서 그믐까지 한 주기가 되어 30日이 되고, 1日이 완성되는 것은 주야가 한 주기로 12시진이 된다. 운기는 총 10年이 되는데, 무릇 3日은 36시진이 되어 360日이 1년을 나타낸 수數가 된다.

"즉 3日은 36시진이 되고,
30일은 3이 10개가 있는 것이니 360시진時辰이 되고,
360이라는 숫자는 360日로 1년의 象이 된다."

"象이란 개념을 이해하지 못하면 동양학은 절대 이해하지 못한다. 예를 들면 하루가 12의 수數, 일 년도 12의 수인데 하루는 12시진時辰이라고 시진이 붙고, 1년은 12개월로 개월이 붙는 것인데 시진과 개월을 빼면 12란 숫자만 존재하게 된다."

"이러한 것은 또한 차원적 개념으로 이해할 수도 있는데 아인슈타인의 상대성원리에서 우주에 어느 곳으로 들어가서 지구의 시간으로 1시간 지났지만 지구에 오면 10년이 지난 기간이 된다고 한다."

"곧 상대에 따라서 기간의 차이일 뿐 그 수는 12란 수 일뿐이다. 하루는 상대했을 때 우리가 인식하는 시간의 하루인 12시진일 뿐이고 1년을 상대했을 때는 1년이란 상대 때문에 12개월이란 인식이 되었을 뿐 본질은 12란 수 일 뿐이란 것이다."

이러한 연유에서

3일이 대운 1년에 해당하고,
1개월은 3이 10개가 되니 대운 10년에 해당한다.
1일은 3의 3분의 1이니 4개월에 해당하고,
1시진은 년의 360시진을 일의 36시진으로 나누면 10일에 해당한다.
곧 대운의 기간으로 절제折除하게 된다.

인생은 120세가 자연의 주기가 되는데 이를 절제법折除法으로 논한 것으로 반드시 태어난 자의 실제 일시를 역과歷過한 것을 사용하고 그 수는 절기에서 헤아려야 한다.

사용하는 성星을 덜고자 하면 운에서 제制하기를 원하고,
사용하는 성星에 더해야 된다면 운에서 부조扶助하여야 한다.
일간은 운에서 왕하게 하기를 원하고,
官은 운에서 생하기를 바라고 운에서 상傷하게 하는 것은 원하지 않고,
煞은 운에서 제어하기를 원하고, 운에서 돕기를 원하지 않고,
財는 운에서 돕기를 원하고, 운에서 겁탈하는 것을 원하지 않고,
印은 운에서 왕하게 하는 것을 원하고,
운에서 쇠약하게 하는 것은 원하지 않고,
食은 운에서 생하기를 원하고.
운에서 효梟에 의해서 극되는 것을 원하지 않는다.

즉, 각 십성을 운이 왕성하게 하는 것이 좋다는 것인데 사주에서 벌써 왕성한 십성이 되었다면 운에서 다시 더 왕성하게 하면 도리어 역 효과로 좋지 않다.

가령 이러한 사주가 있다면

論命 17

乾

時	日	月	年
己	戊	己	庚
未	子	丑	寅
火	火	火	木

71 61 51 41 31 21 11 1
丁 丙 乙 甲 癸 壬 辛 庚
酉 申 未 午 巳 辰 卯 寅

재성은 水인데 丑월로 고庫에 들었지만 일지인 자기 자리에 있어 아주 극히 약한 것은 아니다.

그러나 비겁이 己未, 己丑으로 겁탈되기 일보 직전으로 壬辰 운은 子辰 합되어 水氣가 일가一家를 이루어 재물이 넉넉하게 된 징조가 있다. 하지만 癸巳, 甲午, 乙未 운으로 나아가면서 水가 巳에서 절絶되고, 휴수休囚가 되어 水 재성이 약하게 되니 궁핍한 삶을 면하기 어렵게 된다.

낙록자가 말하기를 운은 氣가 되는 것으로 장차 오는 자는 나아가고, 공功을 이루게 된 자는 물러간다 하였다.

대운은 운의 지지가 중요한 것으로 운의 지지를 심도 있게 관찰하여야 한다. 다만 또 氣일 뿐으로 즉 징조가 된다.

늙었을 때와 어릴 때에는 부디 강이 좌하지 않아야 하는데, 생왕이 비록 길하지만 반드시 길한 것은 아니고, 쇠멸이 비록 흉하지만 반드시 흉한 것은 아니다. 이것을 통달한 자는 비로소 운을 논할 수 있을 것이다.

쇠약한 자가 다시 쇠약한 운으로 행하면 일컬어 미치지 못하게 되어 막혀 고생하게 되고, 왕성한 자가 다시 왕성한 운으로 행하면 태과하여 좋지 않다. 과하지도 않고 부족하지도 않은 중中이 되는 것이 가장 좋다.

운을 소이 전후 5년씩 나누는 설이 있는데, 운은 월지의 기운이 중요하니 5씩 나누는 것은 옳지 않다. 地를 중점으로 干을 참조하여야 한다.

호중자가 이르기를 통하게 된 것이 있으면 통하지 못한 것이 있고, 편안히 있으면 오래되지 않아서 재앙이 있고, 교류를 원하나 교류하지 못하면 오히려 잔인한 재앙이 있다 하였다.

그래서 운을 설명할 때 쇠절衰絶한 곳에 존재하였다 장차 길하고 경사스럽게 하는 地가 들어오면 헤어지게 될 때에 재차 어지러움이 크게 발생하게 되고, 운이 길경吉慶한 地에 존재하였다 장차 쇠절한 곳이 들어오게 되면 처음 들어올 때 반드시 재차 복이 크게 발생하게 된다.

길운은 도착하여 먼저 복을 만들지 않고, 흉신은 지나간 후 비로소 재앙을 되는 것으로 이는 불은 불이 붙기 전에 먼저 연기가 나고 물은 지나간 후에 오히려 습기가 많은 것과 같은 이치이다.

음남과 양녀를 설명하면 내려받은 氣가 불순하므로 대운이 출운出運하고, 입운入運하는 때를 관찰하면 길흉의 변화가 많이 있고, 양남과 음녀는 내려받은 氣가 비록 순順하여도 출입하는 때에 말미암지 않고 응應한다. 또 원진을 만나면 재앙이 있으므로 만나는 것은 불가하다.
호중자가 이르기를 원진이 운에서 범하면 공자가 진채陳蔡*에서 굶주림을 당한 봉변과 같은 것이라 하였다.
陳蔡 : 진나라와 채나라.

무릇 命의 화복을 추리할 때 마땅히 먼저 기지基地도량度量의 후박을 살핀 후에 재앙과 복을 정한다.

子, 丑, 寅, 卯, 辰, 巳의 陽이 사주에 많은 사람이 운에서 午, 未, 申, 酉, 戌, 亥 上이 되면 음기가 승乘하여 발달하고, 午, 未, 申, 酉, 戌, 亥의 陰이 사주에 많은 사람이 子, 丑, 寅, 卯, 辰, 巳의 운으로 행하면 양기가 승乘하여 발달한다. 음양이 균협하게 되기 때문이다.
그리고 여자 사주에 陽이 나타난 자는 빠르고, 남자 사주에 陰이 나타난 자는 느리다.

命에는 기상氣象이 있는데, 마땅히 생시生時 간干에서 氣를 취하여야 한다.
사주 干은 象이 된다. 가령 甲己는 土氣가 있고 乙庚은 金氣가 있고 丙辛은 水氣가 있어 이러한 종류는 화상化象이 된다.
甲, 乙, 丙, 丁은 본상本象이 되는데 운에서 기상氣象이 득지하면 길하고 득지하지 못하면 흉하다.

운에서 득지

庚, 辛, 壬, 癸, 乙庚, 丙辛은 金水 기상으로 운이 申, 酉, 丑에 이르면 득지된다.
庚, 辛, 戊, 己, 甲己, 乙庚은 金土 기상으로 운이 申酉辰에 이르면 득지된다.
庚, 辛, 丙, 丁, 乙庚, 戊癸는 金火 기상으로 운이 巳午戌에 이르면 득지된다.
庚, 辛, 甲, 乙, 乙庚, 丁壬은 金木 기상으로 운이 丑寅卯에 이르면 득지된다.
甲, 乙, 壬, 癸, 丁壬, 丙辛은 水木 기상으로 운이 亥子辰에 이르면 득지된다.
丙, 丁, 甲, 乙, 戊癸, 丁壬은 火木 기상으로 운이 寅卯未에 이르면 득지된다.
戊, 己, 壬, 癸, 甲己, 丙辛은 水土 기상으로 운이 辰에 이르면 득지된다.
戊, 己, 丙, 丁, 戊癸, 甲己는 火土 기상으로 운이 戌에 이르면 득지된다.

戊, 己, 甲, 乙, 甲己, 丁壬은 土木 기상으로 운이 未에 이르면 득지된다.
戊, 己, 庚, 辛, 乙庚, 甲己는 金土 기상으로 운이 丑에 이르면 득지된다.

사주의 干이 어떤 기상氣象을 얻었는가를 살펴야 하는데, 가령 金, 木, 水, 火, 土가 순수하면 오상五象이 되고, 만약 혼잡하면 입상入象된 것이 아니기 때문에 나타나지 않고 나타나도 오래가지 못한다.
가령 다섯개의 순상純象은 태과한 象이 있으니 생한 월령에 득지한 것인가 상세히 살핀 후에 운에 득지한 것인가 그 유무를 살펴야 한다.

녹마, 귀인을 만나는 것은 득운得運이 되고 공망, 양인, 겁살을 만나는 것은 실운失運이 된다고 하는 것은 옳지 못하다.

납음의 득지

무릇 년의 납음 金, 木, 水, 火, 土가 어떤 종류에 해당한 사주가 되는지 살펴 운과 어떻게 이어지는지를 살펴야 한다.
가령 土命이 서남방으로 나아가면 서남에서 친구를 얻은 것으로 경사가 있고, 木命이 동방으로 나아가고, 火命이 남방으로 나아가고, 金命이 서방으로 나아가고, 水命이 북방으로 나아가면 모두 득지한다.

재차 운이 나아가는 곳을 살펴 납음과 命이 서로 믿고 복종할 만한 같은 무리가 된다면 최고 좋은 길이 되고, 재관은 다음이고 만약 설기泄氣되고, 혹 극이 심하면 불길하다.

(2) 유년운流年運

일반적으로 세운歲運이라고 하는데 학습하다 보면 사주의 년주年柱를 세歲라고 하여 착오가 있는 경우가 많아 본서에서는 유년流年이라고 하였다.

태세는 일세一歲를 주재하여 모든 신을 영유領袖하는 자로 그 설은 두 개가 있다. 사주 중의 생년을 당생태세當生太歲라 하고, 해마다 잇달아 윤전輪轉하는 것은 유년태세流年太歲라 한다.

당생태세는 종신토록 주主가 되고, 그 이치는 이미 앞에 논하였다. 유년 태세는 12궁을 유행하여 1년의 화복을 결정하여 한 해의 길흉이 있게 된다.

태세는 많은 무리를 총괄 단속하는 주主로써 命에 들어와도 반드시 흉이 되는 것은 아니다 무릇 태세는 임금과 같고 대운은 신하와 같은 것으로 군신이 화평하게 되면 그년은 길하고, 형전刑戰하게 되면 그 年은 흉하게 된다.

유년의 干이 일간을 상傷하게 하면 화禍가 반드시 가볍지만 일이 유년의 干을 범하면 흉하다.

세군 즉 유년이 일을 상傷하게 하는 자.
가령 甲 일을 庚 년이 극하는 것은 곧 편관으로 임금이 신하를, 아비가 자식을 다스리는 것에 비유하여 비록 재앙이 있지만 큰 해害가 되는 것은 아닌데, 어찌하여 그러한가 하면 상이 하를 다스리는 것은 순順으로 그 정이 다 끊어지지 않기 때문이다.

일이 유년을 범하면 가령 甲 일이 戊 년은 극하는 것으로 편재가 되는데, 비유하면 신하가 임금을 범하고 자식이 아비를 거역하는 것으로 심하게 불리하게 된다.

어찌하여 그러한가 하면 하下가 상을 능멸하면 거슬리는 것으로 그 흉함을 면할 길이 없기 때문이다.

오행에 구원이 있고 사주가 정이 있으면, 가령 甲일이 戊년을 극하는데, 사주 원국에 庚申 金이 있거나 혹은 대운 중에 또 甲木을 순수하게 제복制伏하게 되면 戊土를 극하지 못하여 구원된다.

대운과 아울러 사주 중에 있는 한 개의 癸와 戊가 합하면 유정하다.

전지살轉趾煞

甲子생 사람이 甲子 년을 보는 것은 일컬어 진태세眞太歲라고 또 이름이 전지살轉趾煞이라 하여 변동과 이동이 있다.

대운과 일간 더불어 태세와 서로 화순하면 그 년은 길하고 만약 충衝, 파破, 해害가 되고 더불어 태세와 상호 전극戰剋하면 흉하다.

癸巳 일이 丁亥 유년을 만나면 일의 간지가 태세를 충극衝剋하니 탈취하는 것이라 하고, 운의 간지가 유년을 충하여 상傷하게 하는 것은 탈취가 되고, 유년 간지가 일의 간지를 충하는 것도 탈취가 된다. 그 해는 재화災禍의 흉함을 면하지 못한다.

세운병림歲運併臨

甲子 유년이 甲子 운을 만나면 일컬어 세운병림歲運併臨으로 오직 양인, 칠살은 흉하고 財, 官, 인수는 길하다.

군신경회君臣慶會

甲子 일이 甲子 유년을 보면 일컬어 일과 년이 서로 아우르게 되어 군자가 뜻을 이루는 것으로, 일컬어 군신경회君臣慶會하여 그년은 주대奏對가 통하여 임금의 얼굴에 기쁨이 넘치는 곳이니 선비는 뜻을 이루어 벼슬로 나아가는 형상이 된다.

주대奏對 : 임금의 물음에 신하가 대답하여 아룀.

유년과 대립하면 다른 모든 신은 감당하기 어려워 관사의 시끄러움을 당하고, 또는 초상을 당하게 된다.

더 설명하면 구교, 원진, 망신, 함지, 고해孤害, 택묘, 병사病死, 상조, 백호, 양인, 폭패등의 모든 흉살과 병림하면 온갖 화환이 나타나고 심한 사람은 사망하게 된다.

甲 일이 戊 년, 태세를 만나고, 甲 또한 寅, 卯, 亥, 未, 년월에 생했고 일시에 또 甲乙이 겹쳐있어 함께 戊년을 극하는데 사주에 庚, 辛, 酉, 丑 金 국이 木을 제어하지 못하고, 丙, 丁 火국이 木을 분소하지 못하는 자는 크게 흉하다.

```
甲 戊 戊 戊
寅 戌 午 辰
水 木 火 木
```

이 사주는 양인 체상인데 세 개의 戊가 壬을 극한 壬申년 4월 목에 부스럼이 발생하여 머리로 번져서 사망했다.

```
乙 壬 乙 乙
巳 申 亥 丑
火 金 火 金
```

이 사주는 辛未 대운의 丙寅년에 일간 壬이 태세 丙을 극한다.

또 일지 申 중의 庚이 태세의 寅 중의 甲을 극하니 즉 천충지충天衝地衝이
된다.

또 寅巳 刑, 巳申 刑, 申寅 刑. 辛未 대운과 태세 寅과 寅未 木국으로 상관이
되니 모두 불길하다.

그 해 甲午월에 火가 왕하여 전극戰剋되니 사망했다.

대저 일이 유년(세운)을 범하면, 양간陽干은 심하고, 음간은 약하다.

만약 일간의 천월덕이 되고, 혹은 년주年柱의 용신이 되면 허물이 없고 도리
어 사로잡게 된다.

(3) 총론유년과 대운 ▶ YouTube 66강

무릇 유년은 년중의 천자로 한 해의 모든 신을 총괄하는 존귀하고, 정방위를 관리하고 육기六氣가 회송하여 사시四時를 운용함으로써 한해의 공덕을 이루는 존귀한 존재이다.
그 위에서 존재하는 자는 없다.
그래서 사주에서 유년을 극충剋衝, 압복壓伏하면 모두 상스럽지 못한 징조가 된다.

대운은 24氣가 협화協和하여 일생의 길흉을 선회 운용하고 사주를 부지扶持하고 삼원三元을 보필한다.

운과 유년은 서로 표리가 되는데, 인명人命의 화복, 생사를 잇는 곳으로, 유년은 천간을 사용하고 운은 지지를 사용한다.

무릇 좋은 운으로 행하는데 일간이 유년의 천간을 손상시키면 화禍가 적고, 좋지 않은 운으로 행하거나 또 재관 운을 벗어났는데, 일간이 유년 干을 손상하시키면 화禍가 심하게 일어나고 만일 이미 발한 命이라도 화환이 발생한다.

운은 생월에 비롯되는 운원運元으로 가장 두려워하는 것은 운과 유년인 태세가 충극하는 것이다. 유년과 운이 월을 충하면 필히 화禍가 있게 된다.

유년과 운이 일과 상대(相對:마주 겨룸)하면 반음이라고 하고 유년과 운이 일을 압박하면 복음이라 하여 두 개다 육친에는 불리하고 갑자기 어긋나지 않으면, 재물이 깨어지게 된다.

회기晦氣가 있는데, 곧 밝지 않고 혼미한 것이다.

예를 들면 甲 일시가 己 유년과 합하고, 乙일시가 庚 유년과 합하는 것을 회기晦氣된 것이라 한다. 즉 사주 일시의 천간이 유년의 천간과 합하는 것을 말한다.

甲일이 己년과 합하면 재앙이 크고, 己일이 甲년과 합하면 재앙이 가볍다.

유년과의 위치가 가까운 자는 재앙이 크고, 먼 자는 재앙이 가볍다. 가령 일이 유년의 천간과 합하는데, 일의 지지에서 5번째 지지가 되면 태세입택太歲入宅이라 하여 회기가 문에 임하는 것으로 재액이 크다.

> 태세입택太歲入宅 : 乙亥일이 庚辰 유년을 만나면 乙庚 합이 되고, 亥에서 5번째 지지가 辰이
> 된다. 甲午일이 己亥 유년을 만나는 것들. [즉 파택살에 해당한다.]

회기는 일은 약하고 시는 심하다.

인원의 왕쇠를 관찰하여야 하는데 문호 권속에 재해가 있고 사절인데 아울러 충되면 몸에 재해가 있게 된다.

천간이 합하고 지지도 육합으로 합하면 일컬어 원앙鴛鴦합으로 유용하여 좋은 일이 있다.

간지가 함께 합하면 식구가 늘어나고 길신이 같은 위치가 되면 선비가 벼슬길에 오르게 되는 기쁨이 있고, 만약 미워하는(흉신) 자가 되면 이별의 고통이 있다.

刑의 위치가 되고, 재차 휴수가 되면, 본신에 재화가 있다.

육해의 위치가 되면 질병이 다소 있게 되고, 혹은 재물을 잃는 근심이 있다.

일시의 택묘살의 위치가 되면, 문호가 편안하지 않고, 여자는 혼란스러움이 있고, 만약 회임이 있으면 산후에 반드시 편안하지 않은 象이 된다. 낳는 아기가 딸이면 이롭고, 아들이면 불리한데 아들을 낳게 되면 모자 중에 하

나는 잃게 된다. 유년과 대운의 합도 또한 동등하게 논한다.

대운과 유년이 상극, 상충하면 좋지 않고, 더욱 꺼리는 것은 운이 유년을 극하는 것이다.
일이 범하는 것도 마찬가지인데 주主가 깨어져 모든 것이 줄어들고 초상을 당하는 일이 있다.

귀인, 녹마가 있으면 구원되어 도리어 조금 길한데 팔자가 구원되어 근심이 없게 된 것이다.

유년이 운을 충극하면 길하고, 운이 유년을 충극하면 흉한데 격국이 불길한 자는 사망하고, 유년, 대운이 상생하는 자는 길하고, 녹마, 귀인이 상합 교호交互하는 자도 길하다.

▶ YouTube 105~109강

論命 18

乾

時	日	月	年
丙	己	丁	甲
寅	亥	丑	申
火	木	水	水

乙甲癸壬申庚己戊
申酉未午巳辰卯寅

비인比刃은 土인데 월령에 丑이 있어 역량이 있다. 인수는 火인데 丙丁이 있고 丙 정인 좌에 寅 생지가 있어 丑월이지만 역량이 있다. 관살은 甲인데 일지에 亥 생지가 있고 시지에 록 寅이 있고, 또 丑월이지만 진기進氣에 속하여 왕하다. 財는 水로 일지에 亥 財의 록지가 있고, 丑 고庫, 申 생지가 있어 왕하다. 비인은 丑이 월령에 있고, 시에 寅 생지가 있어 약하지 않다. 土는 세상에 없는 곳이 없기 때문에 어지간하면 약하지 않다.

이에 따른 체상을 살펴보면 오행이 두루 건강하고, 丑은 甲의 천을귀인이되고, 또 전쟁도 없다. 官이 寅으로 흐르는 체상인데, 官이 왕하고, 印은 다소 좀 약한 듯 하지만 그래도 충분히 견딜만하게 강하니 흐름이 막히지 않아 생할 수 있는, 곧 官이 印을 생하는 체상이 되어 매우 좋다. 또 납음오행을 보아도 년의 水가 木을 生하고 木은 火를 生하여 상이 하를 생하는 순수로 흐르고, 납음 水는 申 생지를 좌하였고, 또 천을귀인의 납음 水는 고庫가되어 뿌리를 내렸고, 木은 亥 생지, 火는 寅 생지를 좌하여 왕하니 금삼첨화가 아닐 수 없다.

이 명조는 삼명통회 비기의 소식부에 있는 팔자로, 만년에 기묘한 인연을 만나 삼공에 올랐고, 수명도 70을 넘겼다 하였다.

乾

時	日	月	年
丙	庚	癸	壬
戌	寅	丑	午
土	木	木	木

辛 庚 己 戊 丁 丙 乙 甲
酉 辛 未 午 巳 辰 卯 寅

비인은 金으로 월, 시에 묘고墓庫가 있어 뿌리를 내릴 수 있으니 약하지는 않다.

상관은 水인데 월간에 癸, 년간에 壬이 있고, 월령은 丑으로 水의 퇴기인 丑에 통근하였고, 戌은 진기進氣가 되어 허약하지는 않다.

관살은 火로 시간에 丙 煞이 일지의 寅, 년지에 午가 있고, 시에 戌이 있어 寅午戌이 일가를 이루었다. 하지만 월령을 차지하지 못했고, 사이에 다른 지지가 끼어있어 세력은 강하지만 크게 왕하지는 않다.

인수는 土로 천간에는 없고 지지에 午, 丑, 戌이 왕하다.

財는 일간의 자좌에 있어 약하지 않은데, 다시 납음오행에 木이 3개나 있어 財가 약하지 않다.

체상의 구조는 재관의 기세와 관인의 기세가 양존하는데 寅午戌이 가족을 이루니 財, 官, 印 3생의 기세를 이룬다고 추명推命할 수 있다.

문제는 식상이다. 식상이 財의 기세를 탈 수 있겠는가 하는 문제가 대두된다. 천간에 財가 없어 官을 상하게 할 뿐이다.

선생의 명조는 삼명통회 비기의 명통부 끝자락에도 수록되어 있는데, "겁재, 양인을 시에 만나는 것을 절대 꺼리는데 다시 유년, 운에서 아울러 만나면 재앙이 나타나고, 유년이 운을 충하면 붕괴되고, 운이 유년을 극하면 어둡게 된다."라는 설명을 위해 수록하였다.

내 命이 丁巳 운의 癸亥 유년일 때 유년의 癸와 월간의 癸가 운 천간의 丁을 상하게 하고, 巳亥 충하여 그해 파직되었고 모친이 사망하여 가장 참혹한 재해를 입었다 하였다.

그런데 이것만으로 재앙이 있다고 단정하면 오류를 범한다.

팔자에 상관이 官을 상하게 하는 징조가 있는데, 다시 운에서 丁巳가 들어오고 유년에 癸亥 식상이 들어와 천충지충天衝地衝한다. 상관이 官을 충하여 날려버리기 때문에 재앙이 있게 되었다 할 수 있다. 일지가 유년의 亥 식상과 육합되어 상관의 기운이 강하게 적용된다.

육오 선생께서 선생의 명조를 세 차례 운에 대비하여 말씀하셨다. 앞에 설명한 것과 3권 총론제신살에서 천화살天火殺에 관해서 설명하실 때이고, 다음은 6권 장성부덕에 관한 설명에서 운에 대비하여 말씀하셨다.

천화살에 대한 내용을 먼저 소개하니, 여러분과 다 같이 연구해보는 것도 좋을 것 같다.

천화살天火煞, 이 煞은 오직 완전한 寅午戌을 취한다.

천간에 丙丁이 있고, 오행 중에 水를 전혀 보지 않아야 한다. 水가 있으면 이 煞에 해당하지 않는다.

만약 유년, 운에 火氣의 생왕한 곳이 들어오면 불의 재앙을 막아야 한다.

시詩에 말하기를 寅午戌이 완전하면 천화살이라한다.

丙丁이 없어도 여전히 재해가 있고, 오행들 중에 한 개의 水가 없으면 火가 생왕한 유년이 되면 불로 인한 재앙이 있다.

나의 命은 寅午戌이 완전하고, 월간에 癸가 있고, 戊午운에 戊癸가 합하여 火로 화化하고, 甲戌년 甲戌월에 마침내 화재火災를 만났다.

선생의 명조는 천간에 水가 있어도 화재를 만났다. 여러분은 여기서 생각하여야 할 것이 있는데, 자연은 절대로 절대적은 값이 아니라는 것이다. 항상 象으로 생각하는 것이 바람직하다는 것을 다시 한번 느끼게 하는 현상이지 않나 한다.

또 만약 팔자에 申子辰이 있고 천간에 水가 있고, 土가 없다면 물에 의한 재앙을 볼 수도 있지 않을까 하는 생각은 해볼 수도 있지 않을까?

6권 장성부덕將星扶德의 내용을 살펴보자.

나의 命은 庚寅일 丑월 생으로, 대한 후로 태양은 丑궁 두斗 19도에 있다. 일간 庚이 丑의 월덕과 천덕에 속하고, 또 丑은 庚의 천을귀인이 되어 장성부덕, 천을가림天乙加臨이 된다.

庚이 丑월 생으로 비록 휴休이지만, 묘墓로 약하지는 않다. 년의 壬午는 본本으로 丑에서 왕旺하고, 시는 丙戌로 편관이 된다. 그래서 전典, 병兵, 형刑의 권력이 있는 命의 받침대가 맑게 되었다.

그러나 일간이 휴休가 되어 官은 높지 않아, 허리에 구슬(괘인掛印)을 차, 군사를 거느려 돌보는 직위가 될 뿐이다.

나의 命이 이와 같다.

庚 일이 득지하여 서인西人을 돌보게 되고, 무과 출신이 되었다. 命이 그러한 것으로 나는 믿는다. 이렇게 기록되어 있다.

▶ 휴休, 왕旺은 왕상휴수사旺相休囚死를 말한 것인데, 아래에 그 내용을 올리니 참고 바란다. 생왕고사절과 거의 유사하다.

❖ 왕상휴수사

인생과 천지는 그 이치가 오행의 궁달에서 비롯된다. 사계절은 오행이 아 닐 수 없으니 각 계절에 각 오행에 따라 왕하고, 바탕이 되고, 쉬게 되고, 꼼짝 못 하게 갇히게 되고, 물러나 존재가 없어지게 되는데 이것을 각 오행 의 왕상휴수사라 한다.

木은 봄에 왕기旺氣을 받았으니 왕하고, 여름에는 火를 생하여야 하니 힘이 부족하여 쉬어야 하니 휴休가 되고, 未월은 土가 왕할 때로 土를 뚫기 역부 족하여 도리니 갇히게 되니 수囚가 되고, 가을에는 나무가 조락凋落하여 소 멸되니 사死가 되고, 겨울에는 이제 다시 생을 얻게 되니 상相이 되는 것이 다. 남은 오행도 이 원리에 준한다.

❖ 왕상휴수사旺相休囚死일람표

五行 \ 계절	봄:木 寅.卯	여름:火 巳.午	가을:金 申.酉	겨울:水 亥.子	사계:土 辰戌丑未
甲乙 木	왕旺	휴休	사死	상相	수囚
丙丁 火	상相	왕旺	수囚	사死	휴休
戊己 土	사死	상相	휴休	수囚	왕旺
庚辛 金	수囚	사死	왕旺	휴休	상相
壬癸 水	휴休	수囚	상相	왕旺	사死

論命 20

坤

時	日	月	年
己	甲	己	戊
巳	辰	未	戌
木	火	火	木

77 67 57 47 37 27 17 07
辛 壬 癸 甲 乙 丙 丁 戊
亥 子 丑 寅 卯 辰 巳 午

여명에서 財가 官을 생하면 남편의 권력을 빼앗는다.

합이 많아서 정조 관념이 낮아 헤프고, 정이 많다.

財가 많은데 일간이 약하면 물질적 욕망이 크고, 육욕도 크다.

식상은 남편을 극하는 성星이다.

乙卯 운, 辛巳 년에 밀애, 癸未 년에 사기당함.

남편을 존경하지 않으니 외간 남자에 눈이 돌아갈 것이고, 일간 甲이 두 개의 己와 합하는데, 다시 乙卯 운에 卯未 합이 일어나니 합이 많으니 정조 관념이 없어지고, 또 일간의 양인 卯가 들어와 타인에 의한 겁탈 암시가 강하고, 또 일간이 강하게 되어 자만으로 억압에서 벗어나고자 하고, 또 양인이 가정궁인 월령과 합하여 가정을 파괴시킨다.

그래서 辛巳 년은 이러한 기운이 응하게 된다. 辛은 정관이 들어오니 이에 해당 사건이 일어난다.

巳는 자액살, 원진살, 망신살, 공망, 파택살에 해당하는데, 사주에 있고 또 유년에서 들어왔다 그래서 사통이 발생한 것이다.

癸未 년은 양인 卯가 다시 未와 합하고, 천간은 이 癸 정인으로 木에서 절絶된다. 곧 이는 문서, 도장 인증에 속한다. 곧 인증서가 양인에 絶되어 이탈하니 사기당하게 된다.

乾

時	日	月	年
丁	戊	癸	丙
巳	戌	巳	戌
土	木	水	土

66 56 46 36 26 16 06

庚 己 戊 丁 丙 乙 甲

子 亥 戌 酉 申 未 午

이 명조는 무계가 합하여 化화하여 化화한 체상이 되지 않을 수 없을 것이다. 그런데 化화한 체상은 찾아보기 매우 힘든다. 거의 없다고 하여도 과언이 아니다.

이 명조는 戊癸가 合하여 火로 변하게 되는데 巳월의 巳시에 丙丁이 천간에 있고, 癸에 역량을 받혀 줄 오행이 없기 때문에 化화한다. 그러나 巳, 戌 중에 金이 있고, 특히 납음오행이 火土로 전일하지 않고 水가 있어 완전하게 化화한다고 할 수 없다.

이러한 化한 체상은 化한 오행의 역량을 증가시키는 火와 木운은 좋고, 역량을 훼손시키는 水, 金은 흉하다. 土은 평범하게 된다.

본 命은 24세 전에 집안이 부유했는데 25세부터 형편이 좋지 않았고, 丁酉운 辛酉년에 도난으로 재물 손실, 丁酉운 癸亥, 戊戌운 癸酉년에 교통사고의 재해를 입었다.

삼명통회 기상편에 이르기를 과하게 조열燥烈한 팔자는 水가 들어와 부딪치게 되면 도리어 재앙이 있다 하였다.

坤

時	日	月	年
壬	癸	己	乙
子	未	卯	巳
木	木	土	火

72 62 52 42 32 22 12 02
丁 丙 乙 甲 癸 壬 辛 庚
亥 戌 酉 申 未 午 巳 辰

癸 일간이 卯월 子시에 태어났다.

식상은 木인데 卯未 합이 있어 강하고, 乙이 월간에 있어 그 영향이 표면적으로 쉽게 나타난다.

관살은 土로 월간에 있고, 일간 좌에 있고, 년지 巳 록이 있어 약하지 않은데 왕한 木 식상에 의해 제극制尅 당하는 官이 상관을 보아 극당하는 구조가 되어 좋지 않다. 또 납음오행에 木이 2개가 더 있어 흉이 증가한다.

비인은 水로 壬이 시지에 子 왕지를 깔고 앉아 왕하다.

財는 火인데 년지에 巳 록이 있고, 일간 좌에 未는 火의 墓로 약하지만 巳에 힘을 보탤 수 있어 火가 약하다고 할 수 없다.

印은 金인데 巳 생지가 있었지만 卯월의 子시가 되고 巳는 멀리 있어 영향력이 적을 수밖에 없으니 약하다.

체상의 구조는 卯未 합과 납음에 木이 있어 식상의 역량이 가장 강하여 체상을 장악하였고, 기세의 흐름은 水, 木, 火, 土로 흐를 수 있는데 金이 약해서 막힌다.

그래서 이러한 명조는 비교적 어떤 오행이 들어와도 크게 흉하지는 않다.

그래도 식상과 비인은 좋지 않다. 특히 식상이 들어와 관살을 제극制尅할 때 가장 좋지 않은 결과가 초래된다.

• 27세 壬午운 辛未년에 결혼

午는 남편성 己의 록이 되고, 유년 癸未는 일주日柱와 천동지동天同地同으로 복음이 되어 동動하고, 辛은 인수로 즉 도장 즉 증명서이니 결혼하였다. 午未 합이 있다.

• 癸未 운, 丙子年에 입사

운의 간에 癸가 있고 유년의 지지가 子水이니 일간이 강하게 되었다. 일간의 역량이 증가할 때 회사를 그만두거나 또는 입사하거나 이혼을 하거나 한다. 즉 자기 주체를 살리려는 특성에서 기인되는 것으로 볼 수 있다. 유년이 木火로 흐르니 회사 생활도 무난하고 또 인정도 받게 된다.

• 甲申 운의 유년의 흐름이 초반은 丁亥, 戊子, 己丑, 庚寅으로 흐른다.

운의 申이 팔자의 子와 합하여 水 비인比刃이 강한데, 또 유년의 지지가 水가 되고, 운의 甲은 상관으로 기세가 비인이 상관의 기세에 올라타 지출이 많았을 것이다.

비인에서 식상으로 흐르는 기세는 결실이 없는 소비 형태로 나타난다. 이것은 생각 없이 즐기는 이기적인 象이 된다.

甲申 운 후반에 해당하는 유년은 辛卯, 壬辰, 癸巳, 甲午, 乙巳로 흐른다. 유년에 火 財이 들어왔다. 印, 比刃, 食傷, 財, 官으로 흐르는 기세가 유창하여 크게 발달하게 되어, 큰 이득을 취하게 된다.

• 乙酉 운의 유년은 丙申, 丁酉, 戊戌, 己亥로 흐르는데, 酉 효효梟가 운과 유년에 겹쳐 刑이 되고, 酉巳 합까지 되니 金氣가 과하게 일어나지 않겠나? 과한 金氣가 월령의 수명성 식상을 극제하니 문제가 발생하고, 戊戌 년에 다시 관살이 왕하여 일간을 극제하게 되니 어찌 신체에 이상이 생기지 않겠는가?

論命 23

乾

時	日	月	年
辛	壬	丙	甲
亥	寅	子	申
金	金	水	水

78 68 58 48 38 28 18 08
甲 癸 壬 辛 庚 己 戊 丁
申 未 午 巳 辰 卯 寅 丑

壬 일간이 子월의 亥시에 태어났다.

재성 火는 월간에 있고, 또 일간 좌에 寅 생지가 있어 뿌리는 내렸다.

인성 金은 시간에 있고 년지의 申에 통근하였다.

식상은 년간에 있는데, 일지에 寅 록이 있고, 시지 亥 생지가 있어 왕하다.

비인 水는 월령과 시지에 있고, 또 子申 합이 있어 매우 왕하다.

관살은 寅중에 있는 戊에 속하는데, 묘하게 식상의 극제를 피한다. 그래서 식상이 관을 의식하지 않고 재성으로 흐른다.

체상을 보면 일간이 매우 강하고, 식상과 財가 같이 일간 좌에 뿌리를 두었다. 그래서 체상이 식상에서 재성로 흐르는 기세를 하고 있다. 또 오행이 두루 건강하고 싸움이 없어 체상이 높은 격에 속하는 사주이다.

財와 印이 싸움하지 않고 상호 유정한 구조가 되었고, 특히 官이 식상에 숨어있다. 즉 상관이 있으면 官이 없어야 하고, 官이 있으면 상관이 없어야 하는 상관상진傷官傷盡된 명조가 되었다.

더 좋은 것은 운이 木火로 흘러 큰 부자가 될 수 있는 식상, 財의 기세로 흘렀다.

乾

時	日	月	年
戊	癸	丙	壬
午	亥	午	申
火	水	水	金

74 64 54 44 34 24 14 04
甲 癸 壬 辛 庚 己 戊 丁
寅 丑 子 亥 戌 酉 申 未

적천수 부귀편에 있는 명조로 임철초 선생께서, 재기財氣가 문호를 통하여 재물이 백여만이나 되는 거부의 命이라 하였다.

일간 癸가 午월의 午시에 태어나 財가 왕하다.

비인 水은 일간 좌에 亥가 있어 강왕하고, 비겁이 년간에 있고 자좌에 申 생지를 좌하여 강하다. 일간도 강하고 財도 강한 명조다.

관살은 土로 시간에 있고, 일간과 戊癸 합한다. 또 午는 己의 록이 되는데 월령과 시지에 있어 약하지 않고, 다만 조열하다.

인수는 金인데 년지에 있으며 좀 약하다.

식상 木은 亥 생지가 일지에 있어 뿌리는 있지만 약한 편이다.

납음오행에도 木 식상이 없다.

체상의 구조는 재관의 기세로 이루어진 명조다. 財는 강하고 官은 財보다는 약하다.

적천수 부富에 있는 명조인데 유산 받은 재물도 많았고, 스스로 창업하여 수십만의 재물을 얻었다 하였다.

앞의 명조보다는 체상의 구조가 떨어지니 재물 복도 적었나 보다.

그 당시는 벼슬길로 나가는 것이 보통인데, 특히 戊癸 합까지 하여 官에 정이 있을 수밖에 없는데, 창업하여 사업의 길로 나아간 모양이다.

또 기세론으로 보면 官이 들어와야 맑은 기세로 이루어져 발하는 것이 기본인데, 이 명조는 운이 金水로 흘렀지만 발하였다.

그러나 알지 않으면 안 되는 것이 있다.

이 명조는 火가 너무 강해서 억제하여 중화를 이루어야 비로소 발하게 된다. 모든 命은 각 오행끼리도 중화가 되어야 비로소 발하게 된다는 것이 기본이다. 金水 운에서 크게 왕한 재성을 억제시켜 관을 살리는 구조가 되어, 곧 기세론에서 역극에 해당하는 구조가 된다. 역극을 하더라도 또한 발한다.

• 일간이 강하면 자립심이 강해서 어떤 무리에 동화 소속되는 심리가 적다. 그래서 벼슬보다는 창업을 택했다고 할 수 있다.

 TIP　　연해자평 보법寶法 제일第一에서 말하기를

서산역감 선생이 취한 통변을 보면 대부분 10격으로 구분하여 그중 6격을 중요시하였다. 官, 印, 財, 殺, 食神, 傷官인데 영고, 성쇠가 증험되지 않는 것이 없었다. 官을 설명하면 財를 살피고, 殺을 만나면 印을 찾고, 印을 만나면 官을 보고, 이는 참으로 오묘한데 법이 전해지지 않았다. 네(印, 官, 財, 食傷) 者를 취하여 편중되지 않고, 기울지 않고, 생극제화生剋制化를 취하여야 하고, 깨어짐을 만나고, 체體가 수囚되면 운명이 밑바닥이 되고, 生에 있고 거去가 되면 복이 되고, 도움이 있고 벗겨지면 화禍가 되고, 그 이치가 매우 깊다. 자세히 살펴 취하면 사리에 꼭 들어맞는다. 몽매하지 않고 떳떳한 술사가 되려면 열심히 숙독熟讀하면 행운이 있게 될 것이다."하였다.

乾

時	日	月	年
辛	丁	癸	癸
亥	卯	亥	卯
金	火	水	金

75 65 55 45 32 25 15 05
乙 丙 丁 戊 己 庚 辛 壬
卯 辰 巳 午 未 申 酉 戌

丁 일간이 亥월 亥시에 태어났고, 편관이 년월에 있으니 관살이 왕하다.
재성이 金으로 辛 편재가 시간에 있는데 뿌리가 없다. 다만 납음오행에 있
어 도와주고 있다.
인수는 木인데 천간에 없고, 일지와 년지에 편인이 있고, 亥卯 합한다.
식상은 土로 없지만 土는 세상에 없는 곳이 없으니 허약하지는 않다.
비인은 火인데 없어 일간이 허약하다.

체상의 구조는 水木의 기세로 곧 관인의 기세를 이루었다. 하지만 水木으로
치우친 명조로 체상의 구조가 좋지 않다.
일간의 뿌리가 전혀 없으니 종격從格이 될 만도 한데 인수가 있어서 종從하
지 못한 것인가?

辛酉, 庚申 운은 金이 木을 제극하여 관인의 기세를 깨니 흉하고, 金이 水로
다시 木으로 흐르는 3수의 기세도 성립될 수 있는데, 관이 사주에서 너무
강하고 다시 金이 木을 극하니 3수의 기세가 이루어지지 못했다. 己未 운은
亥卯未 합하여 木의 일가一家인 국을 이루어 흉하지 않다. 곧 상관편관이 되
지 않게 되었다.

戊午 운이 문제가 되는데, 편중된 사주가 운에서 편중된 오행에 대항하는 오행이 들어오면 크게 흉한 사건이 빈번하게 일어나기 때문이다. 水가 팔자에 강한데 운에서 火가 들어오면 큰 충돌이 생긴다.

그러나 이 명조의 경우는 다르다. 비록 편중되었지만 亥卯 합으로 水와 火가 충돌하지 않고, 水가 木으로, 木이 다시 火로 3수가 유통되는 기세를 이루어 흉하지 않고 크게 발한다. 戊가 煞을 제어하고, 火가 木을 화化하고, 일간도 뿌리를 얻었기 때문이다.

적천수 귀貴편에 있는 명조로 초운에서 庚申과 辛酉 부귀공명이 뻣뻣하여 마음대로 되지 못했고, 己未 운에는 지지에 완전한 木국을 이루면서 천간에는 다시 식신이 투출하여 벼슬길이 바로 수직 상승을 했으니 벼슬이 상서에 이르렀다 하였다.

論命 26과 같이 사용할 수 있는 기세가 많은 사주를 현대에 적용하면, 일간이 강할 경우는 기세의 기운이 운에서 더해질 때마다 직업 변동을 하게 된다.

다만 흉하게 되는 것은 식상운을 만나 官이 극제되는 때이다.

乾

時	日	月	年
壬	丙	丁	癸
辰	午	巳	酉
水	水	土	金

77 67 57 47 37 27 17 07
己 庚 辛 壬 癸 甲 乙 丙
酉 戌 亥 子 丑 寅 卯 辰

丙午 강왕한 일간이 丁巳 월주로 비인이 매우 왕하다.

관살이 시간과 년간에 있고 시지에 뿌리를 두고 있는데, 묘墓로 강하지는 않다. 그런데 납음에 두 개 있어 돕고 있다.

재성은 金인데, 巳 생지가 있고, 년지에 酉 왕지가 있고, 巳酉 합하여 국을 이루니 왕하다.

인수는 木인데 시지에 辰이 있는데, 庫인 퇴기退氣로 약하다.

식상은 土인데 己의 午 록이 있고, 戊의 록 巳가 있고, 시지에 辰까지 있으니 왕하다.

이렇게 분석이 되었으니 이제 체상을 알아보자.

식상에서 財로 흐르는 기세가 있고, 또 財에서 官으로 흐르는 기세도 있다.

어떤 기세를 탈까? 다 사용된다.

운이 水金으로 흐를 때 크게 발하게 된다. 음양이 조화를 이루기 때문이다.

적천수 귀貴편에 있는 명조인데, 나이 삼십을 넘기면서 운이 북방으로 행하여 벼슬길이 발달되어 명리가 빛나게 되었다 하였다

팔자에 관살이 강하지 않아서 관살혼잡이라 할 수 없다.

모든 오행은 심하게 편중되었을 경우가 흉하게 된다.

그래서 본 서書에서 정正, 편偏을 구분하지 않고, 인수, 관살, 식상, 財, 비인으로 같이 사용한 이유이기도 하다.

乾

時	日	月	年
己	辛	丙	甲
丑	酉	寅	午
火	木	火	金

76 66 56 46 34 26 16 05
甲 癸 壬 辛 庚 己 戊 丁
戌 酉 申 未 午 巳 辰 卯

寅월 丑시에 태어났다.

辛酉 일간이 강왕하다. 팔전八專에 속한다. 酉丑 합까지 되어 너무 강하여 흠이 아닐 수 없다.

관살은 정관이 월간에 있고 좌에 寅 생지가 있고 이 또한 財인 甲木의 록지가 아닌가! 또 년간에 투출하였고 좌에 午 편관이 떡하니 자리 잡고 있다.

대박! 재관의 기세가 이루어진 귀격의 사주라는 것을 단번에 알 수 있다. 또 년간 甲의 천을귀인 丑도 있다.

시주가 인수로 이루어졌다. 대박! 사주다 자평에서 말하는 財, 官, 印 삼기三奇를 완벽하게 갖춘 命이 아닌가.

식상도 시지 丑 고庫에 있어 퇴기가 되니 약한 편으로 상관이 약하여, 곧 상관상진되어 官을 극당하는 폐해를 완벽하게 피하고 있다.

적천수 귀貴 편에 있는 명조로 庚午운 癸酉년에 등과하고, 午火 대운에서는 煞이 왕해지니 병환으로 고통을 겪었고, 辛未 운의 己卯년에는 장원급제를 하여 사림에 들었다 하였다.

팔자의 격은 대박이지만 운의 흐름이 좋지 않다. 아무리 팔자가 좋다고 하더라도 운을 이길 수 없다.

乾

時	日	月	年
甲	庚	辛	乙
申	辰	巳	巳
水	金	金	火

72 62 52 42 32 22 12 02
癸 甲 乙 丙 丁 戊 己 庚
酉 戌 亥 子 丑 寅 卯 辰

巳月의 申시에 태어났다.

비인은 金인데 辛이 월간을 차지하여 좌에 생지인 巳를 차지하였고, 시지에 申, 또 년지에 巳 생지가 있어 호시탐탐 겁탈을 엿보고 있어 흉하다.

財는 木으로 시간 甲과 乙이 년간에 있고 일지의 辰 고庫에 뿌리를 내려 약하다.

식상은 水인데, 申 생지와 辰 묘墓가 있고 申辰 공협하여 약하지 않다.

官煞은 월령과 년지에 巳 祿이 있어 약하지 않다.

체상의 구조를 보면 申辰 반합으로 수국水局을 이루고, 재성이 천간에 투출하여 있으니 식상이 財를 타는 기세를 이루었다. 운은 식상도 괜찮고, 재성운은 더욱 좋다.

적천수 귀貴편에 있는 명조로 가난한 집안에서 출생하여 丁丑 운으로 바뀌면서 관성의 원신 丁이 나타났고, 戊寅과 己卯의 두 해에는 財星이 득지하니 과거에 급제하고 또 사림에 들어갔다 하였다.

乾

時	日	月	年
辛	戊	戊	壬
酉	戌	申	子
木	木	土	木

73 63 53 43 33 23 13 03
丙 乙 甲 癸 壬 辛 庚 己
辰 卯 寅 丑 子 亥 戌 酉

申월의 酉시로 金氣가 크게 왕하다.

辛酉, 壬子, 戊戌, 3개 주柱는 간과 지가 같으니 곧 식상, 재성, 일간이 강왕하다. 반면에 관살은 팔자에 없고, 납음에 3개 있어 돕지만, 식상이 매우 강하여 역량이 크게 떨어진다. 인수는 일지 戌 묘墓에 들어 매우 약하다.

체상의 구조를 살펴야 하는데, 언뜻 보면 식상이 財의 기세를 타 매우 좋은 기세가 이루어진 것으로 보인다. 하지만 자세히 살펴보면 酉戌및 申이 있고, 申子가 있어 식상과 재성이 과하게 왕하여 좋지 않다.

다시 운을 살펴보면 사주에 식상, 재의 기세가 강한데, 다시 운이 辛亥, 壬子, 癸丑으로 흘러 주柱의 천지가 같아 강왕하니 좋지 않다. 모름지기 모든 오행은 중화를 요하고 중화가 이루어져야 좋다. 기세만 이루어졌다하여 좋은 명이라고 판단하지 말기 바란다.

적천수 빈貧 편에 있는 명조로 큰 부잣집 출신으로 운이 서북의 金水로 달리니 재물은 가벼이 여기고 의리를 중히 여겨, 재산이 흩어지고 애로가 많았으며 오직 戌土 대운에만 공부도 하고 자식도 얻었을 뿐, 辛亥와 壬子에서는 그 가난함을 견딜 수가 없었다 하였다.

乾

時	日	月	年
己	丁	甲	癸
酉	巳	寅	卯
土	土	水	金

79 69 59 49 39 29 19 09
丙 丁 戊 己 庚 辛 壬 癸
午 未 申 酉 戌 亥 子 丑

甲寅이 월주月柱가 되고, 卯가 년지에 있어 인수가 크게 왕하다.
財는 시지에 왕이 있고, 일지의 생지와 합하여 강하다.
식상이 시간에 투출하여 巳에 통근하여 강하다.
년간에 癸 관살이 있는데 지지에 통근처가 없어 바람에 촛불같이 매우 허약
한데, 납음에 水가 한 개 있지만 寅 절지絶地를 좌하여 약하다. 또 납음 土에
극되어 힘이 되어주지 못한다.
일간은 巳 건록을 좌하여 강왕하다.

이상에서 체상의 구조를 추론하면 인수와 비인이 세력을 장악하였다. 이러
한 구조는 하격이다.

운을 살피면
癸丑운은 巳酉丑 삼합이 되어 식상, 재성의 기세를 이루어 좋다.
壬子 운은 우선 유년을 살펴보자!
초반에는 왕한 水가 지지로 들어오는 유년으로 별 탈 없다가, 후반부는 戊
辰, 己巳, 庚午, 辛未, 壬申의 유년이 된다.
壬子운의 庚午년은 천간은 庚壬으로 상생하고 지지에 午와 子가 충한다. 곧
천생지충되어 흉하다고 할 수 있다.

또 丁巳 일주日柱와 壬子 운은 丁壬 합하고 巳의 子는 파묘살이 되어 이 또한 회기晦氣에 속하여 좋지 않다.

또 여러분은 丁巳 일주日柱의 생각을 염탐할 필요가 있습니다.
巳 중에는 火, 土, 金으로 흐르는 3數의 기세가 들어있다.
일지에 있으니 일간의 심리가 쉽게 진입하게 된다.
金은 아직 여려 약해 생색이 미흡하여 진입에 머뭇거리게 될 것이고, 그래서 火, 土의 심리로 흐르니 곧 火土 상관으로 강하게 나타나게 되어, 그래서 상관이 官을 깨는 구조가 이루어지니 흉하지 않을 수 없다.

여러분 생각해봅시다.
자존심이 강한 놈한테 월등히 센 자가 찝쩍이면 찍소리 못하고 꼬리를 내리겠지만 비등한 자가 찝쩍이면 강하게 저항하여 싸우게 되지 않겠습니까?
壬子 운은 이러한 일간의 심리 동향의 발로라고 하여도 될 것입니다.

총평하면 사주에 인성 木이 크게 왕하고, 火土의 세력도 강하여 인성 木이 일간으로 흐르고 다시 식상으로 강하게 흐르는데 운에서 壬子가 들어오지만 불행하게도 다시 운의 후반부 유년이 火土로 되어 상관이 官을 보아 크게 깨어지게 되었다.

적천수 빈貧 편에 나온 명조로 壬子 운에 한번 깨어지더니 다시는 일어나지 못하고, 辛亥 운 후반에 마침내 굶어 죽었다 하였다.

▶ YouTube 119, 124, 129, 130, 138강

乾

時	日	月	年
庚	丙	壬	庚
寅	寅	午	午
木	火	木	土

74 64 54 44 34 24 14 04
庚 己 戊 丁 丙 乙 甲 癸
寅 丑 子 亥 戌 酉 申 未

午월의 寅시에 태어났고, 寅, 寅, 午, 午가 있어 팔자가 인수와 비인으로 구
성되어 하격에 속한다. 천간에 庚金 두 개가 의지할 곳 없이 붕 떠있어 곧
재성이 비겁들에게 겁탈 당한다. 財를 지켜줄 관살 壬水도 뿌리가 없어 격
이 낮다. 土 식상은 寅 생지가 있고, 己의 祿 午가 있는데 조열燥熱하다.

木火는 인성과 비겁의 기세이니, 곧 관살 水는 寅에서 절絕하고, 식상과 재
성은 인성과 비겁에 깨어지고, 또 土가 좀 두텁게 들어오면 金은 묻히니 좋
지 않다.

申酉운은 조열한 土를 식혀주고 식상, 재성의 기세를 이루어 발한다. 丙戌
운은 寅午戌 합국合局되어 비겁이 財를 겁탈한다. 丁亥운의 유년은 癸丑, 甲
寅, 乙卯, 丙辰으로 흐르는데, 甲寅, 乙卯년은 왕한 木이 식상 수명성과 財를
손상시켜 수명에 지장이 있다.

또 납음 木도 寅 건록이 두 개나 있어 년주의 납음 土를 극하여 수명에 문제
가 있는데, 丁亥운, 甲寅년, 乙卯년은 납음 木의 왕, 건록지가 되어 시의 납
음오행 木에 힘이 실려 년의 납음오행 土 身을 극하니 수명에 지장이 있을
수밖에 없을 것이다.

적천수 빈貧편의 명조로, 癸未, 甲申, 乙酉운은 의식이 풍족했고, 丙戌운은
비견겁국이 되어 처자를 형극하고, 수만의 재물이 동류에 다 떠내려갔고,
丁亥운에 고통을 참지 못하고 죽었다 하였다.

乾

時	日	月	年
壬	庚	乙	乙
午	寅	酉	卯
木	木	水	水

77 67 57 47 37 27 17 07
丁 戊 己 庚 辛 壬 癸 甲
丑 寅 卯 辰 巳 午 未 申

酉월의 午시에 태어났다.
비인은 월령에 酉 왕지를 얻어, 庚 일간이 통근하였다.
財는 乙 정재가 년월의 천간에 있고, 년지의 卯 왕지에 통근하였다. 두 개의
乙이 庚과 투합한다.
식상은 壬이 시간에 있는데 통근하지 못하여 허약하다.
인수 土는 午 왕지와 寅 생지를 얻어 약하지 않다.
관살은 시지에 午 정관이 있고, 일지의 寅과 반합 하여 강하다.

체상의 구조를 살펴보면 재관의 기세를 이룬다.
財와 官의 상호 역량을 비교하면 거의 같다고 할 수 있다.
기세의 구조는 좋은데, 식신 壬이 뿌리없이 천간 떠 있는 것이 좋지 않고,
乙庚 투합도 좋지 않다.
기세가 잘 이루어진 사주는 운에서 약한 오행을 강하게 하는 지지가 들어
올 때 비로소 발전한다.

운의 동향을 추론하면 甲申 운은 식신이 생지를 만났고, 庚의 록 申이 공부
에 좋지 않다는 재성寅을 충하여 재성의 욕망을 제어하여 공부에 전념하게
된다.

癸未 운은 卯未 합이 보이니 財가 왕해지고, 식신은 절絶되니 초반 金水 유년에서는 공부 좀 하다가 후반 木火운에서 공부에 손을 놓게 되었다 할 수 있다.

壬午 운은 재관의 기세를 이루지만, 午가 또 다시 합되고, 시주時柱와 복음(천동지동)으로, 비록 기세를 이루는 것에는 문제가 없지만 흉하다. 왕한 火에 財가 분소 되어 소멸되니 재물에 문제가 생긴다.

辛巳 운은 겁재가 巳酉 합하여 들어오니 좋지 않다.
이러한 운은 유년에 따라서 고저가 심하게 나타난다.

적천수 빈貧 편에 있는 명조인데, 초운에서 甲申으로 庚 일주日主의 록왕祿旺이 되어서 일찍이 공부를 하였지만, 그 후로 運이 남방으로 달리니 가난의 고통을 참을 수가 없었다 하였다.

- 재성운은 모든 방면의 욕망이 강하게 표출되어 나타나게 된다. 특히 10대, 20대에 재성이 식상으로 흐르는 기세는 이루면 공부에는 관심이 없고 물질적 욕망만 강하게 된다.
- 비인이 식상으로 흘러도 기세는 학업에 좋지 않다.
- 학업에는 관살과 인성이 좋다. 인성이 관성으로 흐르는 기세도 학업에는 좋다.

 많은 煞이 혼잡하여 行하면 一 仁(印)으로 化하면 좋고 一煞이 창광하면 오직 힘으로 사로잡아야 한다.

論命 33

乾

時	日	月	年
庚	癸	丙	辛
申	巳	申	丑
木	水	火	土

73 63 53 33 43 23 13 03
戊 己 庚 辛 壬 癸 甲 乙
子 丑 寅 卯 辰 巳 午 未

申월 申시에 태어났다.

인성은 金인데, 시간에 庚이 있고, 좌에 申으로 강왕한 주柱가 되었다. 년간에 辛이 있고, 좌에 丑 金의 墓를 좌했고 또 생지 巳도 있으니 인수가 크게 왕하다.

비인은 水인데, 申 생지가 2개 있고, 丑 水의 庫도 있어 강하다.

관살은 巳 록이 있고, 丑도 있어 약하지 않다. 그러나 金이 많으니 土가 변질되어 약한 편에 속한다.

재성은 일간 좌에 록이 있고, 월간에 있어 약하지 않은데, 丙辛 합하여 마음이 다른 곳을 향했다.

식상 木은 사주에 없는데 납음에 한 개 있으니 생색은 있다.

이제 체상의 구조를 살펴보자. 인수가 세력을 장악하였다.

우리들이 살아가는데 가장 긴요한 것은 의식주를 해결할 수 있는 재물이니, 이 또한 財는 命을 기르는 것이 아니겠는가?

그래서 먼저 財의 동향을 살펴본다. 정재 丙이 월간에 있지만 辛이 丙 정재를 합해가니 나를 외면하는 象이 되었다.

일지에 건록 巳가 있어 좋기는 한데, 金 인수의 세력에 밀려 역량이 발휘되지 못하고, 비인이 왕하여 財가 극당한다.

그렇더라도 식상이 받혀 주면 좋은데, 申월의 申시로 木이 절絶되어 역량이 없어 받혀 주지도 못한다. 그래서 식상과 재성이 다 약하여 흉하다.

운을 살펴보자 식상 운은 33세 辛卯부터 들어오는데, 이때 식상, 財의 기세가 형성되지만 전체 형세가 金에 밀려 도리어 木이 金에 역극 당하여 흉하게 된다.

예를 들어 추정하면 辛卯운 같은 경우는 유년에서 다시 甲午가 들어온다면 발한다. 또 운의 주柱가 丁卯, 甲寅, 乙卯, 丙寅등의 柱가 들어오고 유년에서 丙午, 丁巳의 종류가 들어오면 중화가 되어 크게 발달한다.

- 甲午 운은 천간에 식상이 있고, 지지에 財가 있어 좋은 경향의 운인데, 유년에서 乙卯가 들어오면 기세의 역량이 중화되어 좋다. 만약 丙午 같은 火가 강왕한 주柱가 되면 식상 木이 분소되어 도리어 흉하다.
- 癸巳 운은 일간과 천간과 지지가 같게 되는 복음인데, 巳는 火의 록이 되어 財의 역량이 증가하지만 木이 없어서 도리어 좋지 않고, 또 金의 생지가 되어 金의 역량이 증가하여 도리어 역효과가 발생한다.

적천수 빈貧에 있는 명조로 乙未, 甲午 운은 木火로 조상의 유업이 넉넉했는데, 癸巳 운에서 申金과 합하여 한 번에 깨어져 불 꺼진 재와 같게 되어 마침내는 거지가 되었다 하였다.

인수와 비겁이 팔자의 세력을 장악하여 크게 치우치면 10에 9는 결혼이 늦고, 배우자와 이혼하고, 가난한 편이다.

5. 오행이 편중된 체상의 길흉

허다한 사람들이 명리에 접근하여 공부하지만 기초만 공부하고서는 다음으로 진입하여 命을 추리하여 운명을 점단하지는 못하고 제자리에서 뺑글뺑글 맨 돌고만 있는 현상이 현실이다.

필자도 처음 입문하여 수년간 공부하여 주위 사람들의 命을 들여다보았지만 어떠한 것들도 간명이 되지 않았고, 또 간명할 수 없었다.

이러한 것들에 대해 고심이 심했는데, 삼명통회 논여명을 읽고 난후 비로소 공부해온 방향과 세상에 허다하게 깔려있는 이론들의 추구하는 방향이 잘못된 것을 알 수 있었다.

이 잘못된 방향의 결과는 상담자의 역량으로 나타나 피상담자에게 올바른 간명을 해주지 못하고, 올바른 점단을 해주지 못하니 결국 명리계가 침체되어 가는 현실로 나타나게 된 것이 아닌가 한다. 또한 이 문제는 더 심각하게 될 수도 있다. 이것이 문제다.

그래서 고심한 끝에 그동안 필자가 궁리한 이론으로 대중들이 좀 더 쉽게 접근하여 그래도 60~70%의 적중률은 되는 이 손쉬운 간명 방법을 본장에 추가하여 돕고자 한다.

앞에 서술한 내용은 좀 깊이가 있는 내용들인데, 아마도 와! 어렵구먼 하고 탄식이 나왔을 것 같아 본 장을 만들어 다시 기초부터 다지기를 바라는 마음이다.

쉽게 보는 이 법은 최대 70%의 적중률 이상을 올리기는 힘들 것이다. 그래서 이법을 먼저 강조하면 이법만 생각하고는 잘 안 맞구먼 했을 것이다.

자연은 항상 조화를 요한다. 이 조화 또한 중화中和라고 할 수 있을 것이다.
그러하니 命도 각 오행도 또한 중화가 되어야 하지 않겠는가?
잘 익은 과일은 음양의 중화가 잘된 것으로 이 또한 맛도 좋다.
가을의 이치가 이에 속한다. 음양이 조화롭게 중화를 이루면 만물이 소생
한다. 봄의 이치가 이에 속한다고 할 수 있다.
여러분 여기까지 읽어왔으니 음양오행, 10천간, 12지지, 사주세우는 법,
십성, 합, 충 등의 간명요소, 오행의 생왕고사절에 대해서 이해하였고, 또
어느 정도 외웠을 것이다!

> 命을 간명하는 기본적인 방법의 요소에서 가장 이해가 높아야 하는
> 것은 오행의 생왕고사절生旺庫死絶이다.

간편한 간법이라고 해서 앞에 설명한 방법과 다른 간명법은 아니다.
앞 편에 논한 통변通變에 앞서 본편의 간략 간명법을 익히면 한결 쉽게 높은
경지에 도달하게 되는 기초에 불과한 것이다.

그리고 전문상담의 길로 들어가지 않고, 자아실현하는데 필요한 분들에게
는 골치 아프게 많은 공부를 하지 않아도 충분하게 자기의 자아를 찾을 수
있는 단초를 제공하는 것엔, 이 이상이 없는 것은 명확하다.

한 오행으로 치우친 명조는 비교적 간명看命하기 쉽다. 먼저 치우친 사주를
추론하여 익힌 후 다음 단계로 나아가면 보다 쉽게 사주를 통변할 수 있을
것이다.

(1) 비견겁, 인수로 편중된 사주

❖ 비겁 인수의 가장 기본이 되는 요점

- 비인(비견과 비겁)이 많아 일간이 강한데 의지할 곳이 없으면 재물이 손상되고, 처가 상하고, 조상을 떠나 거주하고, 외지에서 사망한다. 또 스님 아니면 도道를 행한다.
- 건록이 충파를 만나면 고향을 떠나 떠돌아다닌다.
- 비견과 인성이 사주에 있으면 좋지 않다. 그 흉은 사주 지지에 얼마나 많이 있냐 또는 일간이 얼마나 강하게 되냐에 그 흉은 비례한다.
- 비인이 일지에 있으면 강왕한 주柱가 되어 다른 곳에 비인이 없다 해도 흉하게 될 소지가 아주 많다.
- 비인이 일지를 제외한 월령과 시지에 있고 천간에는 없어도 흉하다.

- 비인이 일지에 없고, 월주에 비겁의 강왕한 주柱가 되어도 흉하다.
- 예를 들면 일주가 甲戌인데, 월주 혹 년주에 乙卯가 있으면 많이 흉한 命에 속한다. 甲寅도 역시 흉한데 乙卯보다는 덜 흉하다. 하여간에 비겁이 일주보다 강한 지지에 앉아 있으면 좋지 않다.

- 인수는 식상을 극하니 재물의 원천을 깨고, 또 식상은 수명성일 뿐아니라 일간를 극하는 煞을 극하여 일간을 보호하는데, 이 식상을 극하니 생명에 지장을 초래하는 星이기도 하다.
- 비인과 인수가 팔자에 많으면 비인은 財를 파괴하여 재물이 손상되고, 인수가 많으면 식상을 파괴하여 재물을 얻을 수 있는 지식을 깨어버리니 처 혹은 남편을 잃고, 재물도 잃게 되니 고독하고 외롭게 된다.

坤

時	日	月	年
癸	辛	庚	丙
巳	酉	子	午
水	木	土	水

壬 癸 甲 乙 丙 丁 戊 己
辰 巳 午 未 申 酉 戌 亥

이 命은 일주日柱가 辛酉로 강왕하다. 월에 庚이 있는데 좌에 子가 있어 일간보다 약하여 일간 辛을 이기지 못한다.
그렇다고 하더라도 酉, 申운에는 흉하지 않을 수 없다.

다만 癸 식신이 왕지를 월령에서 얻었고, 정관 丙이 년에 있는데 巳 午을 얻어 강왕하여 식신에 극 받더라도 결딜 수 있다. 그래서 흉하다고 하더라도 그 흉은 크지 않다.

戊戌운에 결혼하지 못하면 결혼이 아주 늦거나, 戊戌운에 결혼 한다면 丁酉운, 丙申운에 남편과 불화하거나 이혼한다.

酉운, 申운이 되면 일간이 강하게 되어, 다시 식상의 유년이나, 비인의 유년이 들어오면 이혼하게 된다.
그리고 관성이 강하고 년에 있기 때문에 결혼은 비교적 일찍 한다.

비인은 고독한 성분으로 강하게 되면 홀로하게 되고 배우자가 상하고, 재물손상, 거주지를 떠나고, 사직하는 등의 일들이 발생하기 때문이다.

坤

時	日	月	年
壬	癸	壬	癸
子	巳	戌	未
木	水	水	木

庚己戊丁丙乙甲癸
午巳辰卯寅丑子亥

천간이 모두 水가 되고, 일간은 巳 절지絶地를 좌하여 약한데, 시간의 壬은 왕
지를 좌하였으니 즉 비겁에 빼앗길 징조가 매우 농후한 하격에 속한다.
초운이 癸亥 비인이고, 월령의 戌은 財의 묘墓가 된다.
팔자에 비겁이 많다.

비인이 강한 이러한 체상은 부친의 덕이 없다.
일찍 부친을 여윗거나 심하면 복중腹中에 있을 때 세상을 떠난 경우도 있다.
이 命은 삼명통회 논여명 편에 있는 팔자인데 壬水가 범람하고, 子水 도화
살이 있어 정착할 곳이 없다 하였다.

사주원국에 비인이 강한데, 초년의 운이 亥子丑으로 흘러 비인이 크게 왕하
게 되었고, 월지의 戌 재성火의 묘가 있어서 가난하고, 부친을 여위거나, 유
복자가 된다는 것이다.
비인은 재성을 깨니까…

무릇 命의 생시에 辰戌丑未가 있으면 부모에 해롭다.
辰戌丑未에 태어난 사람은 태양이 등져 부모가 일찍 사망한다.

乾

時	日	月	年
丙	癸	甲	癸
辰	丑	子	卯
土	木	金	金

79 69 59 49 39 29 19 09
丙 丁 戊 己 庚 辛 壬 癸
辰 巳 午 未 申 酉 戌 亥

水가 비겁에 속하는데, 월령에 子, 일지에 丑, 시지에 辰이 있어 비인이 왕하다.

庚申운, 辛未년에 이혼하였다 하는데, 운의 申이 申子辰 水국을 이루게 비인이 왕하게 되어 당연히 재물과 처에 문제가 있게 된다.
庚午년에 사주의 강한 水와 午가 충하여 깨어지고 辛未년에는 재성의 기운이 물러나고 金의 기운이 살아날 때, 즉 인성은 문서이니 서류 정리가 되었다고 할 수 있다.

 身에 비견이 좌하여 국을 이루면 몇 번의 신랑을 맞는다.
남자 사주에 양인이 많으면 반드시 거듭 결혼한다.
남男이 비겁 상관을 만나면 처를 극하고 자식에 해롭다.

坤

時	日	月	年
丁	庚	辛	己
丑	子	未	亥
水	土	土	木

78 68 58 48 38 28 18 08
己 戊 丁 丙 乙 甲 癸 壬
卯 寅 丑 子 亥 戌 酉 申

일간 庚의 좌에 子 상관을 좌했고, 시지에 丑 상관 고庫가 있고, 년지에 식상의 록이 있어, 록왕묘가 있어 식상이 크게 왕하다.

• 乙亥 운, 辛巳 년에 이혼했다 한다.

여명이니 官을 상하게 하는 식상이 왕성할 때인 乙亥년에 氣가 응하게 된다.

사주에 亥子丑 북방이 이루어져 식상이 왕하고.

辛巳년의 앞은 庚午년으로, 비견 庚이 정관 午를 끌고 들어와 지지 곧 남편궁, 상관 子와 충한다. 이 징조는 남편과의 큰 불화가 있었다고 해석할 수 있다. 곧 비인이 상관으로 흐르는 기세가 관성 즉 남편성을 깨었다.

그런데 辛巳년에 이혼 서류를 정리했다는 것인데, 辛 겁재가 巳 생지를 좌했고, 또 巳 중에는 戊 인수가 있고, 丙 편관도 있다. 이혼에 관한 성분이 다들어있다.

필자가 하고 싶은 말은 식상이 왕하고, 설사 일간이 약하다고 하더라도 겁재나 비견이 들어오면 뭔가를 하게 되는 주체가 생겨 좋게 되기보다는 도리어 불행을 조장하게 된다는 것을 말하고 싶다.

특히 비인比刃이 운에서 강하게 되어 식상 기세를 탈 때 강하게 일어난다. 뭐가? 도장을 찍는 일이.

乾

時	日	月	年
丙	戊	甲	己
辰	寅	戌	巳
土	土	火	木

79 69 59 49 39 29 19 09
丙 丁 戊 己 庚 辛 壬 癸
寅 卯 辰 巳 午 未 申 酉

戌월의 辰시에 태어나 土가 강한데, 다시 일간 좌에 土의 寅 생지가 있고, 년주年柱가 己巳이니 土 비인이 매우 왕하다.
이렇게 비인으로 강왕하게 편중되어 있으면 하천한 격으로 바로 판단하여도 무리가 없다.

적천수 논지지에 있는 명조로 壬申운에 급제는 하지 못했지만 한 자락은 얻었다 하였다. 유년은 戊子, 己丑, 庚寅, 辛卯, 壬辰, 癸巳, 甲午, 乙未, 丙申, 丁酉로 흐르는데 관인으로 흘러 한자락 얻었다 할 수 있다.
중운에 또 土金을 만나 자식과 처를 극하고, 가업이 소진되고, 巳 운에 세상을 떠났다 하였다.

壬申은 식상, 財의 기세가 이루어진 운이지만 사주에 火土의 기세에 눌려 역량이 나타나지 못하여 겨우 말단의 직위 밖에 얻지 못하는 것은 당연지사 일 것이다.
중운은 火土 운이니 火土로 심하게 편중되어 비인이 강왕하게 되었으니 어떻게 살아갈 수가 있겠는가!

乾

時	日	月	年
癸	癸	壬	甲
亥	巳	申	寅
水	水	金	水

78 68 58 48 38 28 18 08

庚 己 戊 丁 丙 乙 甲 癸

辰 卯 寅 丑 子 亥 戌 酉

申월의 亥시에 태어나고, 천간에 水 3개로 水 비인이 강하다.

식상은 木인데 년주에 甲寅이 있고, 시지에 亥 생지가 있어 약하지 않다.

財는 火인데, 일지 좌에 巳 록이 있고, 년지에 寅 생지가 있어 약하지 않다.

관살은 土인데, 巳 록과 寅 생지가 있어 약하지 않다.

인수는 金으로, 월령에 申 록이 있고, 巳 생지가 있어 약하지 않다.

체상을 살펴보면 寅申巳 삼형이 년에 걸려 형성되어 있지만 년의 납음오행 신身이 극을 받지 않아 그 역량은 크지 않다. 寅申巳亥 4개의 생지가 다 있다. 오행이 모두 생지에 뿌리를 얻었지만, 金水가 팔자의 세력을 장악하였다. 납음에도 水가 3개나 있다.

水는 재물을 깨는 비인에 해당하고, 金은 효효梟로 변하여 재물의 원천인 식 상을 깨니 기본적으로 흉하다.

운의 흐름도 28세부터 亥子丑 곧 비인으로 흐르니 매우 흉하다.

적천수 논지지에 있는 명조인데, 용신用神은 반드시 巳火가 된다. 巳亥 충이 되어 비겁이 재를 약탈해가는 구조로, 소이 3명의 처를 연이어 극하고, 자 식도 없다 하였고.

겸해서 운도 북방 수지水地로 흘러 평상보다 고생이 심하였고, 庚 운에 상관을 제어하고, 겁재를 생하고, 다시 酉년이 되어 희용喜用 둘 다 손상되어 운명殞命하였다 하였다.

TIP

적천수에서는 처음과 끝까지 용신이 주체가 된다.

그러나 용신을 찾게 되면 큰 흐름을 넓게 읽지 못하여 단편에 치우치는 결과를 낳게 되어 명을 올바르게 추론할 수 없게 된다.

실제 용신이란 놈은 찾을 수 없는 놈이다.

용신이란 것이 한 개로 결정되어 있지 않기 때문이다.

용신 찾다가 세월만 보낼 것이고, 또한 결국 찾지 못할 것이다.

고정된 한 개의 용신이 없으니까 찾지 못하는 것을 알아야 한다.

자연이 추구하는 것은 모든 오행의 중화에 있는 것이지 한 개 혹 두 개의 오행에 의지하려 하지 않는다.

 食이 많은 印을 만나고 다시 劫이 衝하면 반드시 요절한다.

乾

時	日	月	年
辛	丙	辛	庚
卯	寅	巳	寅
木	火	金	木

73 63 53 43 33 23 13 03
己 戊 丁 丙 乙 甲 癸 壬
丑 子 亥 戌 酉 申 未 午

巳 월의 卯시에 태어났고, 일지에 寅, 년지에 寅으로 인성과 비겁이 꽉 차 있다.

이 정도 되면 다른 오행을 살펴보지 않아도 사주에 비겁과 인성이 많아 등급이 낮다는 것을 알 수 있다.

財가 천간에 3개 있고, 월령의 巳 생지에 뿌리를 내렸다.

식상 土는 寅과 巳에 있어 약하지는 않다.

관살은 없으니 무관無官 사주에 속한다.

체상의 구조는 비인이 세력을 장악하여 있고, 또 납음도 木火가 많다.

하고자 하는 일의 방향은 식상이 財를 타는 기세가 있다.

운을 살펴보면 23세 甲申, 33세 乙酉 운에 財가 들어오니 식상, 財의 기세가 이루어져 좋다.

丙戌운은 寅戌 합이 되고, 운의 천간 丙까지 있어 비인이 왕하게 되고, 겸해서 식상도 왕한데 재성은 약하여 흉하다.

적천수 29번째에 있는 명조로,

초운 壬午, 癸未 운은 뿌리가 없는 水가 金의 기운을 설洩하고, 지지는 午未 남방으로 왕한 火를 돕는다. 그래서 財의 기운은 겁탈되고, 설洩하여 조업祖業은 비록 풍부하였지만 좋지 않았다.

甲申운의 초반은 유년은 壬子, 癸丑, 甲寅, 乙卯, 丙辰, 丁巳, 戊午, 己未, 庚申, 辛酉으로 木火로 인하여 처와 자식을 극하였고, 가계도 쓸쓸하였다가 후반에 들어 土金에 도달하자 메마른 싹에 단비가 내린 것과 같아 돌연 흥하여 乙酉 운 중반까지 조업祖業이 배가 되었다.

식상에서 재성으로 흐르는 기세가 잘 이루어졌기 때문이다.

申 운은 역마가 곧 財가 되니 밖에 나가 큰 이득을 얻었고, 경영이 뜻하는 바를 따랐다.

申 중의 壬 관살도 비인比刃을 억제 시켜 財를 보호한다.

丙戌운, 丙子년은 흉이 많고, 길흉은 적었고, 풍담風痰으로 일어나지 못했다.

丙子년 절지絶地에 임한 비겁 丙이 財를 두고 다투는데, 子水는 火를 헤하기 부족하여 도리어 火에 말라 버려 비인이 더 발광한 연유다.

(2) 관살로 편중된 사주

◆ 관살의 가장 기본이 되는 요점

- 관살이 혼잡하고 상관이 모여있으면 남자는 주색에 빠지고 여자는 중매 없이 시집간다.(정조貞操에 약하다)

- 관살이 혼잡하면 음란하여 색을 좋아하고, 약삭빠르고, 가난하고 천하다.

- 煞과 刃이 교차하면 병권을 장악한다.

- 財가 煞의 바탕이 되면 권력과 위엄이 있어 만인을 제압한다.

- 관살이 혼잡한데 신약하면 가난하고 천하다.

- 관살이 혼잡하면 기예技藝의 직업을 가진다.

- 관살이 혼잡하면 특히 여명은 음란하다.

- 煞이 印과 화化하면 일찍 등과하여 귀하게 된다.

- 일간이 약한데 관살이 혼잡하면 빈천하게 된다.

- 관살이 왕하면 매서워 두려워하니 따돌림을 당한다.

- 煞刃을 制하지 못하면 女는 산액産厄이 많고 남은 형명刑名을 범한다.

- 煞은 刃이 없으면 위엄이 없고 刃은 煞이 없으면 명성이 없다.

論命 41

坤

時	日	月	年
壬	丁	壬	癸
寅	丑	子	亥
金	水	木	水

辛 庚 己 戊 丙 乙 甲 癸
申 未 午 巳 辰 卯 寅 丑

지지에 亥子丑으로 관살이 혼잡하고 천간에 3개의 관살이 있어 관살혼잡이
되었다. 음란하고 부끄러움을 모르는 여자다.
특히 金水가 많은 사주는 음란한 象이 타 오행보다 심한 편이다.

論命 42

乾

時	日	月	年
庚	乙	辛	乙
辰	酉	巳	未
金	水	金	金

癸 甲 乙 丙 丁 戊 己 庚
酉 戌 亥 子 丑 寅 卯 辰

지지에 巳酉 합이 있고, 천간에 庚辛이 있으니 관살이 혼잡하다. 납음에도
3개의 金이 있고, 일간이 辰, 未 고묘에 겨우 뿌리를 내렸다.
巳酉丑 합하는 丁丑운, 丁丑년, 金이 왕하다. 간肝에 해당하는 木이 극되고,
또 일간도 극되어서 결국 간암으로 사망하였다.

乾

時	日	月	年
甲	己	癸	丁
戌	未	卯	卯
火	火	金	火

72 62 52 42 32 22 12 01
乙 丙 丁 戊 己 庚 辛 壬
未 申 酉 戌 亥 子 丑 寅

일간의 좌에 未 양인을 좌하였고 시지에 戌이 있어 일간이 강하다.

년월에 卯 煞이 있고, 戌未 刑이 있다. 甲己 합이 있지만 卯 월이 되고 일간의 좌에 未土가 있어 서로 역량이 있어 합하지 못한다.

卯未 합하여 관살이 왕하다.

재성은 水인데, 癸가 월간에 있고, 지지에 뿌리내릴 곳이 없어서 외롭게 떠있다.

인성은 火로, 丁이 년간에 있다. 戌未 묘고墓庫에 뿌리는 내려 약하다.

체상의 구조는 卯 煞과 未 刃이 합하여 유정하고, 일간도 강하다.

煞과 刃이 교차하면 병권을 장악한다 하였으니 필히 무武에 강한 재능이 있지 않을 수 없을 것이다. 이 명조는 주먹대장으로 고교시절 12개의 짱들과 대결에서 전부 이겼다 한다.

煞과 刃이 교차하면 병권을 장악한다 했지만 자연은 절대적인 값이 될 수가 없다. 비록 병권을 장악하지 못하더라도 무武는 곧 싸움이다. 같은 상象이 아니겠는가?

坤

時	日	月	年
辛	乙	戊	壬
巳	巳	申	申
金	火	土	金

71 61 51 41 31 21 11 01
庚 辛 壬 癸 甲 乙 丙 丁
子 丑 寅 卯 辰 巳 午 未

이 명조는 지지에 申이 두개 있고, 巳 金의 생지가 2개 있다. 또 시간에 辛이 있으니 관살혼잡이 아닐 수 없다.

일간도 약하다.

癸卯 운, 壬戌 년, 己酉 월에 음독자살했다.

관살만의 징조가 자살에 이른 것으로 볼 수는 없다.

煞이 혼잡하고, 申申, 巳巳 복음이 되고, 申巳 삼형이 되어 흉하고 또 납음에도 金이 두 개 있어 煞에 힘을 보태니 크게 왕하다.

또 식상인 火는 가을 金에서 사절되지 않는가?

식상의 수명성이 크게 약하게 되었으니 수명에 지장이 있지 않겠는가?

자살에 대한 또 다른 암시는 현침살이 申申辛로 3개 있고, 癸卯운은 또 현침살 卯가 들어와 매우 흉하다.

巳는 겁살이고, 또 천을귀인이지만 巳巳 복음(자형), 申申복음(자형), 申巳(형합), 申巳로 얽혀 천을귀인의 역량이 없는 것과 마찬가지다.

乾

時	日	月	年
癸	丁	癸	癸
卯	卯	亥	亥
金	火	水	水

80 70 60 50 40 30 20 10
乙 丙 丁 戊 己 庚 辛 壬
卯 辰 巳 午 未 申 酉 戌

월주와 년주에 癸亥가 있고 시간에 또 癸가 있으니 관살이 혼잡한 것이 분명하다.

그러나 인수도 왕하여 官이 印을 생하는 기세를 이루고, 다시 亥卯 木국으로 官이 印으로 흐르는 기세가 유창하고 유정하다.

辛酉운은 재관의 기세와 관인의 기세가 같이 이루어지지만, 財와 印이 싸우는 구조가 되어 직職을 옮기는 등 파란이 발생한다.

己未운은 亥卯未 木국을 이루어 서로 생이 잘 이루어져 좋고, 戊午, 丁巳, 丙辰 운은 왕신충발이 일어나지 않고 좋게 작용된 것은 木국을 이루어 인수의 기세가 비겁의 기세를 타 서로 생한 결과이다.

적천수 관살편에 나오는 명조로 庚申, 辛酉운에 공명이 어정거렸고, 형모刑耗를 아울러 봤다. 己未운에 干이 煞을 제制하고 지지에 印을 만나 공명이 위로 겹겹이 쌓였고, 戊午, 丁巳, 丙운에 벼슬이 관찰에 올라 명리가 쌍휘雙輝하였다 하였다.

관살혼잡 되었지만 화해하여 기세를 이루면 충분히 좋은 命이 된다. 그렇다고 하더라도 운에서 다시 들어오면 흉한 작용이 있다.

卯천을귀인의 역할이 좋게되어 관찰사까지 올랐다.

(3) 식상으로 편중된 사주

◆ 식상의 가장 기본이 되는 요점

- 상관이 官을 보면 모든 재앙의 실마리가 된다.
- 여명女命에 상관이 많으면 남편이 상하고, 또는 백년해로 하지 못한다.
- 상관은 예술에 능하고, 오만 도도하다.
- 일간이 강한데, 다시 식상이 강하고, 財가 없으면 성취는 적고 재주를 피우다 일을 망치고, 약한데 상관이 크게 왕하면 평생 고달프다.
- 상관의 체상은 火土 상관, 土金 상관, 金水 상관, 水木 상관, 木火 상관의 특성이 각각 다르니 꼼꼼히 살펴야 한다.

論命 46

乾

時	日	月	年
丙	庚	癸	壬
戌	寅	丑	午
土	木	木	木

辛庚己戊丁丙乙甲
酉辛未午巳辰卯寅

육오 선생의 명조인데, 丁巳 운의 癸亥 유년 파직되었고 모친이 사망하여 가장 참혹한 재해를 입었다 하였다.

사주에 상관이 官을 상傷하게 하는 징조가 있는데, 다시 운에서 丁巳가 들어오고 유년에 癸亥 식상이 들어와 천충지충天衝地衝 한다. 상관이 官을 충하여 날려버리기 때문에 재앙이 있게 되었다고 할 수 있다.(앞에 거론했지만 이에 해당하여 다시 올렸다.)

坤

時	日	月	年
丁	丁	辛	甲
未	丑	未	寅
水	水	土	水

79 69 59 49 39 29 19 09
癸 甲 乙 丙 丁 戊 己 庚
亥 子 丑 寅 卯 辰 巳 午

지지에 未丑未로 식상이 왕하고, 시주와 일주가 천동지충天同地衝한다.

일간은 火인데, 寅 생지가 있고, 未월 未시로 약하다고 할 수 없다.

戊辰운에 식상이 크게 왕하니 이때부터 부부 사이가 나빠져 丁卯운, 丁酉년에 이혼하였다.

그렇다 상관이 왕하면 부부 사이의 문제가 언제든지 폭발되어 나오게 될 징조가 존재한다.

丁酉년에는 丁 비견이 총 4개나 되어 겁재로 돌변하여 부추기고 酉 재성이 卯 인성을 충하니 도장이 깨어져 이혼하게 된다.

사주에 식상이 크게 강하고 일간도 약하지 않는데 또다시 戊辰 운에서 식상이 더 강하게 되었으니 남편 성星이 극되지 않을 수 없고, 그로 인해서 丁卯운에 인성 卯가 丁酉년에 재성 酉에 깨어지니 인증된 결혼 증명서가 깨어져 서류 정리가 되었다. 인성은 증명서 도장이니 그렇다.

 정미론에 印이 깨어지고 傷이 왕하면 재앙이 있고 사망한다.
간명구결에 양인이 생을 만나면 흉이 많고 또는 사망한다 하였다.

乾

時	日	月	年
己	丙	戊	辛
亥	辰	戌	卯
木	土	木	木

77 67 57 47 37 27 17 07
庚 辛 壬 癸 甲 乙 丙 丁
寅 卯 辰 巳 午 未 申 酉

천간에 戊己가 있고 지지에 辰戌이 있으니 식상이 크게 왕하여 세력을 장악
했다. 財는 년간에 辛이 있고, 월령에 戌이 있는데, 퇴기退氣로 약하다. 비인
은 戌 묘墓에 있어 뿌리를 두지만 약하다. 인성은 木은, 亥 생지, 卯 왕지가
있고, 辰 고庫도 있어 강하다.
관살은 水인데, 시지에 亥가 있고, 辰 묘墓가 있어 약하지 않지만 식상이 왕
하여 위축되었다.

체상의 구조를 보면 식상이 왕하여 관살이 억제된다.
財가 운에서 강하게 들어와야 관살도 좋고 식상도 좋아 길하게 된다. 또 차
선책으로 인성이 운에서 들어와 관살을 보호하여야 한다.
곧 亥卯가 있어 식상을 극하여 관살을 보호하는 기역氣逆의 체상의 구조를
이룬 팔자다.
운을 살피면 乙未 운은 亥卯未 합국合局되어 식상을 제어하여 관살을 보호
하는데, 곧 관인의 기세를 이루어 길하고, 午, 巳 운은 비인이 식상으로 흐
르는 기세가 되어 財와 官이 깨어지니 흉하다. 특히 午는 일간의 양인이 아
니겠는가?
이 명조는 적천수 제살태과 편에 있는 명조로, 乙未 운에 木국으로 암회暗會
하니 급제하여 한림원에 이름이 자자했고, 甲午운에 부친상을 당했고, 己巳
年에 亥水를 충沖하여 세상을 등졌다 하였다.

乾

時	日	月	年
辛	戊	丁	辛
酉	午	酉	酉
木	火	火	木

75 65 55 45 35 25 15 05
己 庚 辛 壬 癸 甲 乙 丙
丑 寅 卯 辰 巳 午 未 申

식상인 金이 꽉 차있고, 인성 火가 일간의 좌에 있고 월간에도 있다. 午 천을귀인이 있다.

체상의 구조가 기역氣逆으로 흐른다. 火 인성이 식상을 극제剋制하여 관살을 지키는 체상의 구조를 이루고 있다.

그래서 火木 운이 좋다. 원래 상관이 크게 왕하여 木이 들어오면 흉하지만, 火가 강하여 木을 지킬 수 있어 흉하지 않다. 만약 火가 위축된 경우에 도달하면 재해가 따를 것이다.

적천수의 상관 편에 있는 명조로, 이 명조는 土金 상관이 중첩되었다. 좋은 것은 사주에 財가 없어 상관을 제어하는 인수를 극하지 않아 기상氣象이 순수하고 맑다.

초운 木火에 체용體用이 마땅하여 소이 장세壯歲에 장원급제하고, 소년에 봉황지鳳凰池에 도달했고,

癸巳, 壬辰 운은 金을 생하고, 火를 극하여 소이 평생의 뜻이 꺾였으니 어디에 원망하겠는가? 반생을 힘겹고 가련하게 살아갈 뿐이다 하였다.

사주의 구조가 그렇게 좋지 않은데 천을귀인의 영향으로 봐야 하겠다.

坤

時	日	月	年
庚	戊	庚	丁
申	辰	戌	亥
木	木	金	土

坤

時	日	月	年
丙	甲	丙	乙
寅	子	戌	亥
火	金	土	火

삼명통회 여명편에 있는 명조인데, 戊辰 일주의 명조는 土金 식상이 되고,
甲子 일주의 명조는 木火 식상이 크게 왕하고, 둘 다 일간이 왕하고 관살은
약하다. 창기娼妓의 命이다.

현기부에 상관이 印을 사용하면 財를 제거하는 것이 좋고 상관이 財를 사용하면 印
을 제거하는 것이 마땅하다 하였다.
육신편에 印이 財를 만나면 파직된다 하였다.

(4) 財로 편중된 사주

◆ 재성의 가장 기본이 되는 요점

● 財는 성실하고, 검소하고, 총명한데 인색하다.

● 財는 旺하고 主는 쇠약하면 처가 나를 휘어잡고, 나무줄기의 벌레같이 가정을 유지하고, 유희로 재산을 탕진한다.

● 支에 財가 엎드려 있으면 애인을 총애한다.

● 財가 득위하고, 財가 장생長生을 만나면 전원이 만경萬頃이 된다.

● 남녀 모두 애인을 쉽게 만들고, 술을 좋아하는 경향이 있다.

● 남명의 경우 여자가 많고, 욕심이 많고 집착성이 있다.

● 財가 많아 印을 깨면 일찍 모친을 잃는 경우가 많다.

● 印이 財를 만나면 파직되고, 財가 印을 만나면 관직이 바뀐다.

● 財가 많은 여명은 남편을 휘잡아 장악한다.

● 財가 官을 生하는 자는 뇌물로 벼슬을 산다.

● 재원財源이 피겁(被劫)되면 부친의 수명이 일찍 기운다.

● 財가 있는데 누릴 수 없는 것은 겁재가 분탈하기 때문이다.

● 財를 탐하면 印이 깨어지지만, 고과高科에 발탁 되기도 하는데 이는 印의 경중 여하에 따른 것이다.

乾

時	日	月	年
癸	乙	癸	庚
未	未	未	辰
木	金	木	金

72 62 52 42 32 22 12 02
辛 庚 己 戊 丁 丙 乙 甲
卯 寅 丑 子 亥 戌 酉 申

未월 未시에 태어났다.

지지에 土가 4개 있어 財로 크게 편중된 사주로 보인다. 그러나 잘 살펴보면 그렇지 않다.

未가 4개, 辰이 1개 있는데, 未 중에는 乙일 들어있고, 辰도 木의 퇴기退氣인데 乙이 들어있다.

또 3개의 未는 火의 퇴기 이지만 3개가 있어 식상도 약하지 않다.

癸 인수는 辰은 水의 묘墓에 뿌리를 두었지만 좀 약한 편이다.

관살 庚은 未월의 未시로 당시當時는 약하지만 진기進氣로 밀리지 않는다고 할 수 있다.

운의 흐름이 金水木으로 흘러 좋다.

이 명조는 적천수 팔격편에 있는 명조로, 과갑科甲 출신으로 번얼에 올랐고, 벼슬도 평온하였다 하였다.

천을귀인 未가 3개 있어 흉하지만 일지의 천을 귀인이 천간에 乙을 실어 년간 庚과 합해서 체상이 상급에 해당한다.

論命 52

乾

時	日	月	年
甲	甲	癸	丁
戌	辰	丑	未
火	火	木	水

75 65 55 45 35 25 15 05
乙 丙 丁 戊 己 庚 辛 壬
巳 午 未 申 酉 戌 亥 子

丑월의 戌시에 태어났다.

癸 인수가 월간에 있고, 辰과 丑에 있어 크게 약하지 않다.

비인은 木으로 甲이 시간에 있고, 辰未 묘고墓庫에 뿌리를 내렸다.

財는 辰, 戌, 丑, 未를 다 갖추었으니 크게 왕하다.

관살은 金인데 丑 묘墓가 있기는 한데 약하다.

식상은 년간에 丁이 있고, 丑월 한겨울의 戌시로 약하다.

체상을 財가 장악했고 타 오행은 모두 약하니 財로 편중된 사주인 것이 분명하다.

운을 살펴보니 壬子운은 子辰 합하여 인수 水가 왕하니 나쁘지는 않고, 亥는 甲의 생지가 되어 財에 대응할 만하다.

이 명조는 적천수의 팔격 편에 있는 명조로, 초운 壬子, 辛亥는 水가 왕한 地로 음덕이 많았고, 庚戌운은 財와 殺이 아울러 왕하여 부모가 죽고 처자가 형극刑剋되고, 己酉, 戊申운에 가업이 깨어져 다 없어지고 자식도 없을 뿐 아니라 자신도 사망했다 하였다.

財가 官을 묻어버려 흉하게 되었다. 운의 천간에 己, 戊가 있어 그렇다.

乾

時	日	月	年
丙	壬	癸	丙
午	午	巳	午
火	木	水	水

75 65 55 45 35 25 15 5
辛 庚 己 戊 丁 丙 乙 甲
丑 子 亥 戌 酉 申 未 午

壬 일간이 巳월 午시에 태어났다. 지지가 전부 火로 채워져 財가 크게 왕하다. 비인은 水로 癸가 있는데 뿌리가 없이 떠있다. 인성은 金인데, 巳 생지가 있지만 火가 많아 역할을 하지 못한다. 관살은 土로 巳, 午 록이 있지만 조열하다.

체상이 財로 편중된 명조가 분명하다.

丁酉운 戊子년에 이권 다툼으로 동료를 살해한 명조인데, 酉子 곧 인성과 비겁인 金水가 火와 子午 충하여 왕한 午가 발광하여 발생된 것이라 할 수 있다.

기상편에 조열燥烈이 과하면 水는 결렬하게 되어 도리어 재앙이 발생한다 하였다.
적천수의 논지지에서는 왕한 자가 쇠약한 를 충하면 쇠약한 자는 뽑히고,쇠약한 자가 왕한 자를 충하면 왕한 자가 발한다 하였다.
水火가 서로 갈마들어 손상이 되면 시비가 있는 날이다.
종격을 판단하는데 중요한 하나는 납음오행이다. 상기 사주는 납음오행에 水가 많아서 종하지 않는다.

坤

時	日	月	年
丁	壬	丙	壬
未	子	午	午
水	木	水	木

77 67 57 47 37 27 17 07
戊 己 庚 辛 壬 癸 甲 乙
戌 亥 子 丑 寅 卯 辰 巳

午월의 未시에 태어났다.
재성은 火인데 천간에 丁丙이 있고 지지에 午午未가 있으니 財가 왕하다.
일지에 子가 있어 일간도 강왕하다.
관살은 土인데 未가 있고, 午가 있는데 좀 약하다.
식상은 未는 木 묘墓가 되지만 약하다.
인성은 없다.

체상의 구조는 일간도 강하고, 財도 강하다.
癸卯운, 壬寅운은 水 식상이 木으로 木이 다시 火로 흐르는 3수의 기세가 이루어져 많은 재물을 얻었고, 辛丑운에 힘들기 시작하여 庚子 운에는 子午 충하는데, 양인이 충하는 것으로 水火가 싸워서 크게 흉하다. 유년에서 午나 子 어느 것이 들어와도 흉하다.
요즘 이야기하는 논리로 卯운 寅운은 子午 충을 卯. 寅木이 통관시켰기 때문이다.

▶ YouTube 131,132,133강

제7장
성격 간법

1. 성격 요결要訣

사람의 생활에서 능력 있고 힘이 있는 사람이 사회를 장악하게 되지 능력 없어 힘이 없는 사람은 명함도 내밀지 못하고 뒷전에 웅크린다.

사주팔자도 이와 매한가지로 세력을 장악한 오행이 행위로 나타나니 사람의 심리에 작용한다.

그리고 또 사람도 가까이 있는 친한 사람에게 마음을 열듯이 사주팔자도 마찬가지로 일간과 가까이 있는 십성의 영향력이 크게 나타난다.

그러하므로 일간과 가까이 있고 가장 왕성한 세력을 가진 십성이 심리로 나타난다.

그러나 본질은 일간 자신으로, 일간이 가지는 오행의 성정을 십성으로 환원하여 사용한다. 각 10干의 십성적 특성은 팔자심리 추명학에 발표한 하건충 선생의 궁성이론을 소개한다.

실제 임상하여 보면 십간의 심리 특성은 그 경향이 매우 뚜렷하게 나타나니 귀중한 자료다.

(1) 궁성의 배치 - 『하건충 선생의 이론』

```
시   일   월   년
戊   庚   壬   甲
癸   乙   丁   己
```

① 십간의 심리적 특성표

십간	甲	乙	丙	丁	戊	己	庚	辛	壬	癸
특성	편재	정재	편관	정관	편인	정인	비견	겁재	식신	상관

상기 팔자에서 庚이 주체가 되어 甲은 편재, 乙은 정재, 丙은 편관, 丁은 정관, 戊는 편인, 己는 정인, 庚은 비견, 辛은 겁재, 壬은 식신, 癸는 상관의 심리 특성이 나타난다.

각 궁에 있는 십성의 특성이 그 궁의 심리가 된다.
년간은 편재의 심리, 년지는 정인의 심리, 월간은 식신의 심리, 월지는 정관의 심리, 일간은 자기 자신, 일지는 정재의 심리, 시간은 편인의 심리, 시지는 상관의 심리가 나타난다고 했는데, 실제 십간의 심리 특성은 거의 적중하는데, 궁은 그렇게 적중되는 편은 아닌 것이 임상 결과다.

즉 일간이 월지 丁으로 진입하여 들어가면 정관의 심리를 행하고, 시지 癸로 진입하면 상관의 심리 특성을 행하게 된다.
그러나 일간이 아무 곳이나 진입을 하지 않고, 일정한 규칙을 따른다.
먼저 일간 자신의 십성이 바탕이 되고, 또 일지에 있는 십성의 지장간地藏干에 진입한다. 다시 일간과 가장 가까이 있는 가장 강한 십성으로 진입한다.

즉 甲寅 일주이면 甲은 편재의 특성을 가지니 편재의 심리가 바탕이 되어 지장간에 있는 寅의 비견, 丙 식신의 심리 특성이 1차적으로 나타나지만 실제는 잠재되어 있고, 표면상으로 강하게 나타나는 심리는 세력을 장악하고 일간과 가장 가까운 십성의 심리 특성이 나타난다.

시	일	월	년
○	己	甲	○
○	巳	寅	○

己의 심리는 정인이 되니 정인의 심리가 바탕이 되면서, 일지의 지장간 戊 겁재와 丙 정인의 심리가 상존하여 다소 잠재되어 있다가 운에서 힘이 보강되면 튀어나와 정인의 심리가 다소 많이 나타난다.

실제는 월주가 甲寅으로 강왕한 주柱가 되고, 일주와 甲己 합하니 곧 정관의 심리가 대세를 장악하게 된다.
그렇지만 타 십성의 심리가 없어진 것은 아니다. 전부 존재하는데 다만 잠재되어 있을 뿐이다.

만약 해당 일에 해당하는 사건을 행하고자 하면 사용되게 된다. 뭔 말인가 하면 정관의 심리가 그 사람의 대표적인 심리가 되었지만, 노래를 부를 일이 생겨 노래방에 가서 노래를 한다면 식상의 심리가 정관의 제약을 받으면서 나타나게 되는데, 그 실력은 식상의 힘에 의해 나타나게 된다.

식상의 세력에 힘이 있으면 식상의 우수한 능력이 정관의 심리를 제압하여 식상의 빼어난 심리를 발하게 된다.

만약 식상의 힘이 약하면 정관의 심리에 제압되어 정관의 심리가 식상의 심리를 제압한 심리로 나타나게 된다.
물론 이러한 현상은 운의 동향에서 결정한다고 할 수 있다.

시	일	월	년
癸	己	○	○
○	亥	申	○

이렇게 된다면 일간의 십성 특성은 정인의 성품이니 정인을 바탕으로 하여, 사주에서 기세를 장악한 재성의 심리가 이 사람의 스타일이 된다.
특히 주의할 점은 천간에 있는 십성이 주된 심리로 작용한다. 만약 庚 일간에 천간에 乙이 있고, 지지에 寅이 있으면 乙 정재의 심리가 寅 편재의 심리보다 강하게 나타난다는 것이다.

2. 십성의 스타일

인성의 스타일은 인상이 인자하고, 중후하고, 듬직하고, 좀 유연하고, 수용을 잘하고, 말도 많이 하지 않는 심리로 보통 사람들이 인상이 좋다고 하는 스타일이다.

이 성분이 사주에 많으면 소극적이고 우유부단하고, 묘하게 남에 의지하는 맛이 있는 경향의 소유자가 되고, 적당하면 아이디어가 특출한 직관력과 이해력이 매우 좋고, 후덕하고, 많으면 언어 표현을 잘하지 못하여 말을 잘하지 못하고, 재물을 얻는 능력이 약한 특성도 있다.

재성의 스타일은 청중을 장악하고, 박력이 있고, 화통한 편이고, 목소리도 기어들어가는 그러한 목소리보다는 우렁차고 박력이 있고, 가장 남성다운 성격이 되고, 여자도 재성이 많으면 마치 남자같이 박력이 있고 화통하고 남편도 장악하여 자기가 좌지우지하는 그러한 스타일이다.

식상의 스타일은 다정다감하고 사람들에게 대접을 잘하고 명랑하고, 예를 들면 식사를 같이 하면 이것 먹어봐 맛이 매우 좋아하면서 젓가락으로 음식을 집어서 입에 넣어주는 스타일이고, 잘 웃는 편이고, 말도 많고, 나들이도 쉽게 하는 그러한 스타일이다.

상관은 예술에 능하고, 오만 도도하고, 음흉, 꺼리는 것이 없고, 꾀가 많지만 성취는 적고, 재주를 피우다 일을 망치고, 항상 천하의 사람을 자기같이 여기지 않는 스타일이다.

관성의 스타일은 보수적인 면이 강한데, 위엄이 있고, 단호하고, 냉정한 맛이 있고, 겁이 있는 것 같으면서도 청중 앞에서는 위엄이 있고 단호하고 카리스마가 있고, 煞이 심하게 작용하면 못됐고, 쌀쌀 맞고, 졸렬하여 왕따적인 경향도 있고, 정신은 강한데 육체적인 면에서는 겁이 있는 스타일이다.

비겁의 스타일은 충동 돌발적인 면이 있고, 우유부단하고, 몸으로 행하는 것에서는 용감한데, 실제 청중 앞에서는 자기를 나타내는 표현에는 꽁무니를 빼어 겁을 낸다.

자신감이 충만하여 솔직한 면이 강하고, 자만이 강하고, 자립, 자조, 감당, 감내하여 손해를 보고, 충동적이지만 마음은 여리고, 혼자 여행을 하고, 홀로 하는 독단이 있는 스타일이다.

보통 비겁을 고집이 있다고 하는데 실제 그렇지 않다 혼자, 홀로 하는 즉 여행을 가도 혼자 가는 이러한 것인 외골수적인 경향에서 잘못 알려진 것으로 보이는데, 실제는 수용도 잘하는 편이다.

임상하여 보면 가장 고집이 세고 단호하고 남의 것을 수용하지 않는 성정은 煞이다.

이러한 성정은 스타일이 되고 또한 고저대소가 있는 법이니 단정을 하지 말고 경향으로 보아야 하고 이 심리는 연구하고 임상하는 벙법은 TV드라마에서 각 사람의 심리를 적용하여 연구하면 빠르게 익힐 수 있다.

필자의 경우에는 사랑과 야망이라는 드라마에서 각 출연자의 특성을 십성으로 파악 적용하여 익히게 되었다.

TIP　　陰이 강한 사주와 陽이 강한 사주의 심리

유약하고 편고하면 소인의 象이고, 강건하고 중정하면 군자의 풍이다. 사주에 水가 많아 음유陰柔하면 심기가 음독한 象이고, 火가 많아 양명陽明하면 군자의 象이 된다.

3. 십성의 세부 심리

▶ YouTube 81강

(1) 정관의 세부 심리

- 순종적이다. 법을 잘 지킨다.
- 자아自我에 강박强迫 관념이 있다.
- 규정을 항상 지킨다.
- 항상 경험을 토대로 일에 임한다.
- 합리적이다. 나를 구속하려 한다.
- 남이 말하는 대로 자기도 따라 한다(부화뇌동).
- 근심이 많다. 반성. 책임감, 헐뜯음을 당한다.
- 충忠하는 마음이 강하다.
- 열등감을 가진다. 이성적이다.
- 어떤 일을 중복되게 한다.
- 융통성이 없다. 양심적이다.
- 사회적 공론을 중요시한다. 단체 결정을 중요시한다.
- 많은 사람의 의견을 따른다. 염려한다.
- 법규 규정을 잘 지킨다. 명령을 잘 따른다. 나의 육체가 손상된다.
- 여자에게는 남편, 남자에게는 자식(딸)이 이 성星에 속한다.
- 즐기고 노는 것을 잘하지 못한다.

> 직속기관, 법관, 교사, 자기를 관리하는 부모, 가정에 대한 책임, 충성, 준법, 학력, 해당 관청, 업무에 대한 임무, 만성병.

(2) 편관(칠살)의 세부 심리

- 명령에 대해 거부하는 마음이 있지만 호응하여 거부하는 마음을 거둔다.
- 충성은 하지만 적극적이지 않다.
- 한 마리의 야생마 같은데 터무니없는 행동은 하지 않는다.
- 곤란한 일을 많이 당한다.
- 나쁜 세력에 압력을 받아도 굴복하지 않는다.
- 대중성적 관념이 완전하게 갖추어지지 않아도 탄복한다.
- 권위적이지만 겉으로는 아닌척한다.
- 진취적이지만 배타적인 마음도 있다.
- 기백이 있어 당당하다.
- 인정하면 서도 시기하고 의심이 많다.
- 실패를 인정하지 않는다. 고집이 세다.
- 독단적이다. 절제한다.
- 법칙, 규율을 지키기는 하는데 눈치를 보면 어기기도 한다.
- 매섭다(못됐다).
- 일에 부지런한데 남에게는 그렇지 않게 보이기를 원한다.
- 굳게 참고 견딤. 자기를 압박한다.
- 도리를 바꾼다.
- 민첩하다. 힘이 있다.
- 난폭하다. 좌절한다. 억울함을 당하기도 한다. 누명.
- 자제, 절제를 잘한다.
- 의협심이 있다.
- 까칠하고, 카리스마가 있다.

> 심한 통증, 원수, 위험한 물건, 엄한 상사, 선배, 위험한 상태.

(3) 정재의 세부 심리

- 사람과 사물을 제압, 제어하여 부린다.
- 성욕, 물욕이 강하고 집착한다.
- 사물과 사람을 장악 통제하는 능력이 뛰어나다.
- 재물 집착하고 통제한다.
- 현실적이다.
- 감각이 뛰어나고, 관찰력도 우수하다.
- 신비스러운 것과 종교도 믿지 않는 경향이 강하다.
- 자신의 신체를 중요하게 여긴다.
- 안위적이고 쾌적한 것을 추구한다.
- 음식을 중히 여긴다.
- 내 신체를 관리하는데 적극적이다.
- 대인관계는 친밀하다.
- 박력이 있고, 과감한 심리가 높다. 그런다고 크게 용감하다고는 할 수 없다.
- 정당하게 사리에 맞게 사람, 사물을 지배한다.
- 신체를 중히 여기기 때문에 신체적 힘든 일을 좋아하지 않는데,
  그 대신 타인을 부려먹는다.
- 인색하고, 아낀다. 인성도 인색한데, 정재의 인색은 이기적이 인색인
  반면에 인성의 인색은 타인 자신이 노력해서 대가를 얻으면 되지 하는
  심리에서 일어나는 인색이다.

가옥, 토지, 가구, 재산, 재물, 식품, 금전 등.

(4) 편재의 세부 심리

- 어떤 사건이나 또 물건, 사물, 사람을 제어하고 장악하는 능력이 탁월하다.
- 성격이 화통하고 박력이 있는 사람이다.
- 정재는 적극적인 행위로 사물, 인물을 통제 장악하는데,
- 편재는 튕기는 행동을 보이고 집착하지 않아 소극적인 면이 많이 나타난다.
- 편집, 제도 도면, 조각, 물건 수리 등 신체로 조작하는 능력도 능하다.
- 그렇지만 신체를 마구 사용하지 않는다.
- 즉 정재는 신체를 아끼는 반면 편재는 신체를 사용하는 경우가 많다.
- 무술, 체조 등에 거리낌이 없고, 연출 같은 것도 잘한다.
- 또 마음을 감추지 않고 마음에 있는 소리를 하는 편이다. 즉 화통하다.
- 일상적인 집안일, 공구 등에 대해 그다지 중요하게 생각하지 않는다.
- 처와 자식도 그다지 중요하게 생각하지 않는다.
- 비록 재정을 관리하지만 재물을 정재만큼은 중요하게 여기지 않는다.
- 그러나 재물에 집착하지 않는다는 것은 아니다.
- 공간 공간 개념이 뛰어나 입체도면, 설계도면 전개도에 대한 능력도
  우수하다.
- 배우자가 획득한 재물은 내 것으로 생각하지 않는데, 다만 이용은 한다.
- 자신의 재산도 정재만큼은 크게 중요시하지 않는다.
- 십성 중에서 가장 현실적인 경향의 성격이 편재의 심리다.

(5) 상관의 세부 심리

- 나 자신을 밖으로 나타내는 것으로 발표하여 표현한다.
- 자기표현하는 것을 좋아하여 주제넘게 나서는 것을 좋아한다.
- 자기 말의 논리를 고수하여 성취감을 얻고, 명성을 얻기 원한다.
- 타인에 대해 자기 말에 긍정하여 박수받기를 원한다.
- 자기가 다른 사람에게 주기를 좋아한다.
- 사람에게 은혜를 베풀어주고 나서는 상대방이 감격하기를 희망한다.
- 정관을 극하는 것이 상관으로 정관과는 반대의 성정이 나타난다.
- 창의적, 법칙 규정을 어긴다.
- 신선감이 있다. 승부욕이 강하다.
- 구속되는 것을 싫어한다.
- 위세를 부린다. 반역, 배반한다.
- 생동감이 있다. 한 가지 생각에 멈추지 않는다.
- 주관이 있다. 과장이 심하다.
- 세계에서 자기가 가장 잘 났다고 생각한다.
- 사람과 사람 사이의 승부에 관심이 많다.
- 연애를 해도 이성을 무릎 꿇린다.
- 정통적인 것에 배타적이고 새로운 것을 원하고, 생뚱맞은 것에 집착하기도 한다.
- 오만하고 예의가 없다.
- 자기보다 현명하고 능력 있는 사람을 시기하고 질투하며, 별것 아니라고 폄하한다.

예술, 변호사, 노동운동, 변호사, 프리랜서 등.

(6) 식신의 세부 심리

- 표현은 잘하는데 자기 자신을 강하게 나타내지 않고,
- 주제넘는 행동과 언어로 나서지 않는다.
- 참가는 하는데 서열은 계산하지 않는다.
- 베풀어 주는데 염두에 두지 않는 편이다.
- 사랑하는 마음이 있지만 이성에 집착하여 취하려 하지 않는다.
- 사람, 동물 등을 배려하는 마음이 크다.
- 남산을 보는 것이 유유자적하여 나와 물건 쌍방의 사이를 망각한다.
- 식신은 칠살의 못땜, 전횡, 의지, 냉혹한 것을 극하니 곧 독재, 전횡을 싫어하여 유유자적한 심리가 된다.
- 어떤 일을 하는데 강박관념을 가지지 않는다.
- 말과 글이 유창하고, 뛰어나다.
- 이해력 및 예술의 표현력이 뛰어나다.
- 언어, 운동, 여행, 저작, 무용, 변호사, 프리랜스 등으로 상관과 유사한데, 상관은 집착, 고수固守하는데 식신은 집착하지 않는다.
- 고집을 부리는 경향이 있지만 상관보다 유연하다.
- 변화를 하고자 하여 잘 추구하는데 남은 약간 의식한다.
- 생동감이 있다.
- 상관은 새로운 것을 추구하는, 시작하는, 움직임의 색채인데 반해, 식신은 유창하고, 깨끗하고 산뜻하여 순수한 바탕의 색채를 가진다.
- 타인의 생각을 의식하여, 함께 하고자 하고 자기 자신을 상관만큼 나타내려 하지 않는 심리가 있다.

(7) 정인의 세부 심리

- 상관을 극하니 상관과 비교하게 되는데, 번잡하지 않으면서 추론, 추리를 좋아한다.
- 사물의 공동관계를 구하는데, 얻는 것이 많지 않다.
- 세밀하고 세분화하지 못한다.
- 명성에 대해 담백하다.
- 마음속에 머금어 어떤 것을 잘하지 못한다.
- 결정은 온당하게 한다. 평소의 방법을 고수한다.
- 정서력이 부족하다. 감촉력이 부족하다.
- 유창성이 부족하다. 느리다. 의지성이 있다.
- 분수를 지켜 만족할 줄 안다. 생기 활기가 적다.
- 후중하다. 의견이 없다. 수양한다. 자비롭다.
- 사회성이 결여된 편이고 남과도 잘 어울리지 않는 경향이 있다.
- 온화 온유하고 인상이 부드럽고 인자하게 보인다.
- 중후한 스타일이다.
- 일을 크게 떠벌리지 않는다. 고수한다.
- 언어 행동이 공격적이지 않고 자상하다.
- 타성에 젖어 들어 대세에 따르는 경향이 있다.
- 자신이 일을 추구하고 장악하여 추진하기보다는 인자하고 부드럽고 온후한 것에 타인이 배타적으로 내치기보다는 이끌려 돕고 따르는 경우가 많다. 즉 재성을 사람을 장악하여 따르게 만들지만, 인성은 종교적인 어떤 덕에 의해 사람이 따른다는 것이다.

> 관용, 인내, 하늘의 도리를 신임한다. 종교심이 있다.
> 나의 스승. 가옥. 모친, 공기. 음식 등 나를 살아가게 하는 것.

(8) 편인의 세부 심리 ▶ YouTube 118강

- 생기, 활기가 없고, 침체한데 이에 대해 불만을 가진다.
- 분수를 알아 지나치지 않게 욕심을 채운다.
- 큰 욕심이 없지만 다소의 좋은 평판이 있기를 원한다.
- 폐쇄한 중에 표현하여 나타내는 것을 적지만 한다.
- 사고력 이해력이 뛰어나다. 기지機智가 있다.
- 고독을 지향하여 다른 사람이 침범하는 것을 원하지 않는다.
- 다른 사람이 관심을 갖는 것도 좋아하지 않는다.
- 또한 다른 사람의 일을 침범하여 간섭하지 않고, 타인에 관심을 갖지 않는다.
- 다른 사람의 의견에 직접적인 반박하지 않지만, 그 의견을 따르지 않는다.
- 종교심이 있다. 머리가 좋다. 창의력이 있다.
- 영활靈活*하다. 직감력, 직관력이 뛰어나다.
- 엄숙하고 남과 어울리기 보다 고독을 지향한다.
- 다소의 망상을 하고, 인정이 통하지 않고, 동정심이 많지 않다.
- 자연을 한가롭게 즐기지 않는다.
- 개인주의적이다. 정인의 자상함에 비해 냉담한 편이다.
- 담화談話를 좋아하지 않는다.
- 곧 식신을 극하니 식신과 반대되는 성정이 나타난다.
- 내 육체의 생장生長이 되어 내 육체를 사용하는 것이 둔하다.
- 식신은 내 육체를 친근하게 사용하는 운동을 잘하지만 편인은 그렇지 않다.

영활靈活 : 지략智略, 행동 등이 뛰어나고 민활함.

(9) 겁재의 세부 심리 ▶ YouTube 52강

- 정재는 내 육체가 되고, 겁재는 내 육체를 제어 규제하는 것이 된다.
- 또 나의 기세를 증가시키는 힘이 된다.
- 어떠한 일을 하는데 절박, 급하게 하고, 강렬하게 하려는 욕망이 심리로 나타나니 운동의 종류가 된다.
- 육신肉身의 욕망을 중요하게 생각하지 않아 유혈도 두려워하지 않는다.
- 독립, 자립성이 강하고, 어떤 일의 해결에 대한 행동이 빠르다.
- 정관은 공법公法이 되어 심사숙고하는데, 겁재는 이러한 것에 대항하여 정관의 기세를 억제 시키니 사회의 제도, 규범을 중요하게 생각하지 않는다.
- 업무를 마음 상에 두는 것이 길지 않아, 즉 뒤끝이 없다.
- 내심은 억압에 대해 반항하게 되고, 사색을 하지 않는다.
- 마음이 굳세고 강하다. 그렇지만 사람을 장악하여 관리하지 못한다. 그래서 혼자 행하는 경우가 많다.
- 행동이 단순하고 거칠어 야생마 같은 경향이 있고, 공격성이 있다.

> 건강기구, 의족과 의수, 골격, 근육.

(10) 비견의 세부 심리

겁재와 비교하면 쉽게 찾을 수 있는데

- 강건한데 행동이 단순하다.
- 겁재는 무모한 경향이 강한데 비해 경솔하게 행하지 않는다.
- 일에 대한 능력이 풍부하고 크게 조급하지 않다.
- 일에 대한 조작성이 풍부하고 행동이 겁재보다 느리다.
- 일에 대해 두려워하지 않고, 성격이 사납지 않다.
- 자립, 자조가 강한데 이에 대해 불만을 가진다.
- 남의 일에 침범하지 않고자 하지만 비겁보다 다소 침범한다.
- 주동, 자주적이다.
- 타인을 장악하여 관리 제어하는 능력이 떨어져 일을 스스로하고 해결한다.
- 여행을 가도 친구들과 같이 가기보다 혼자 간다.

> 형제, 친구, 의수, 의족 등 보조기, 골격, 근육 등.

 TIP 비교적 십성의 성격은

십성의 기운이 어그러지지 않아 서로 정이 있으면 성품이 바른데 비해 혼란하고 치우치면 성품이 좋지 않다.

세력을 장악한 십성이 주체적인 성격이 된다.

십성이 한쪽으로 과하게 치우쳐 편중되면 각 십성의 특성적 성품이 나쁜 쪽으로 강하게 나타난다.

심리로 직업을 판단하면 큰 틀은 체상을 장악한 오행에서 나타나고, 그 하고자 하는 심리적 직업은 십성에서 나타난다.

세부적인 종목은 오행보다 십성으로 판단하면 된다.

4. 사주 심리의 실전응용

乾

時	日	月	年
戊	甲	丙	己
辰	子	寅	丑
木	金	火	火

75 65 55 45 35 25 15 05
戊 己 庚 辛 壬 癸 甲 乙
午 未 申 酉 戌 亥 子 丑

재성 戊도 힘이 있고, 일간도 寅 록이 있어 약하지 않다.
관살은 丑 묘墓중에 있어 약한데 재성 속에 있어 보호된다.
식상은 월간에 있고, 자기 자리에 생지가 있어 강하다.
인성은 子辰 합하고, 丑 고庫가 있어 왕하다.

어느 한 십성으로 편중되지 않았다.
그래서 사람이 구차하지 않았으며 거만하거나, 아첨하거나, 각박하지 않아
품행이 항상 겸손하고, 공손하며 어질고, 후덕하다 하였다. 적천수의 성정
편에 있는 명조다.

각 십성이 충극되지 않고 혼란되지 않고, 화애롭다.
이러한 사람은 각 십성의 장점이 두루 나타나는 능력 있는 사람이다.

乾

時	日	月	年
乙	己	丁	己
丑	卯	卯	酉
金	土	火	土

75 65 55 45 35 25 15 05
己 庚 辛 壬 癸 甲 乙 丙
未 申 酉 戌 亥 子 丑 寅

卯卯 煞이 있고, 시간에 乙이 있어 칠살이 세력을 장악했고, 卯酉 충도 있다.
편인 丁이 있지만 뿌리가 없어 酉를 제어하지 못한다.
煞과 印의 기세도 이루지 못했다.
또 陰으로 편중되었다.

이러한 팔자는 煞의 까칠하고, 못됐고, 냉엄 냉정하고, 시기하고, 자기 잘못
을 인정하지 않는 관살의 나쁜 성격이 나타난다.
특히 팔자가 전부 음으로 되어 있어서 더욱 폭력적이고 강압적으로 나타나
게 된다.

적천수 성정편에 있는 명조로 예의와 의리가 없고, 이기적이고, 남의 잘못
을 즐기려는 의도가 있다 하였다.

乾

時	日	月	年
丙	戊	丙	丙
辰	寅	申	戌
土	土	火	土

72 62 52 42 32 22 12 02
甲 癸 壬 申 庚 己 戊 丁
辰 卯 寅 丑 子 亥 戌 酉

申戌에 酉 상관이 공협되어 있고, 寅辰에 卯 정관이 공협되었다.

그래서 木과 金이 서로 싸우고 있다. 申은 金이 왕성해져가고, 辰은 木이 쇠
퇴해져 가니 종내 金이 승리한다.

비록 일간 좌의 寅중에 편관 甲, 편인 丙이 있고, 천간에 丙 편인이 있어 官印
의 기세를 타서 법과 인연을 맺지만, 그러나 진보 형태로 심리가 흐른다.

식상, 재의 기세가 이루어진 庚子운의 辛酉년에 인권 변호사로 전향하는데,
火 인성이 절지를 만나 어두워질 때가 된다.

- 壬寅운의 壬午년에 대통령에 당선, 寅午戌 火국을 이룰 때 당선된다. 火는
  문명의 상象으로 정계에 진출하는 경우가 많고, 타 대통령도 火운에 당선
  되는 경우도 매우 많다. 이명박, 박근혜 전 대통령이 火운에서 정계에 진
  출하고 당선되었다.

- 노무현 전 대통령은 식상이 강한 庚子운의 辛酉년에 인권 변호사를 시작하
  였고, 壬寅운의 壬午 인성 년에 대통령 당선되었다.

- 팔자에 식상이 강하지만 그 세력이 팔자를 완전히 장악하지 못하여 官印의
  심리가 운에 따라 상당히 나타났고, 가만히 사색해 보면 특히 편인의 심리
  가 많이 나타난 것을 확인할 수 있다.

坤

時	日	月	年
甲	戊	辛	辛
寅	寅	丑	卯
水	土	土	木

71 61 51 41 31 21 11 01
己 戊 丁 丙 乙 甲 癸 壬
酉 申 未 午 巳 辰 卯 寅

재성이 약하다. 丑이 있지만, 당령이 己가 되니 완전한 퇴기가 되어 좋지 않다.

이외 오행은 그런대로 힘이 있다.

사주의 체상 세력은 관살이 장악하였다. 天干에 甲 칠살이 있어 煞의 심리가 강하게 나타난다고 할 수 있다.

삼명통회 적요의 고인이 세운 재관인식명의 부분에 관살에 대한 설명이 떠오른다. 자신의 몸이 속해있는 공가公家로 임무를 맡으면 말을 몰아 부탕도화赴湯蹈火도 감히 어기지 못하여 관의 덮개가 될 뿐이라 하였다.

선거 때마다 손이 부르터져 붕대를 감을 때까지 공公을 위해 몸을 던진다든가 또 냉정하고 까칠하고, 권위적, 독단적, 고집 등 그분의 행보를 보면 우리들은 칠살의 매서운 심리를 알 수 있게 된다.

丁未운의 壬辰년에 대통령 당선되었고 癸巳년에 취임. 戊申운의 丁酉년, 곧 식상이 들어와 관살과 전쟁하나 煞에 패하여 구금되었다.

乾

時	日	月	年
丙	甲	甲	癸
寅	申	子	亥
火	水	金	水

80 70 60 50 40 30 20 10
丙 丁 戊 己 庚 辛 壬 癸
辰 巳 午 未 申 酉 戌 亥

癸酉시, 辛未시 이라고도 한다.

인성과 비겁이 강하니 부친과 처덕이 적다고 할 수 있다.

특히 초운이 癸亥이니 더욱 그렇다.

음습한 사주가 되고, 상관을 깨는 사주로 정도正道 보다는 이면裏面을 사용
한다고 할 수있다.

역시 火와 관련된 丁巳운의 丙子년에 대통령 당선되었다.

그런데 戊午운의 壬申년에는 낙선되었다.

유년은 천간이 중요하다고 했는데 그 말이 틀림없다.

乾

時	日	月	年
辛	辛	庚	辛
卯	丑	子	巳
木	土	土	金

83 73 63 53 43 33 23 13 03
辛 壬 癸 甲 乙 丙 丁 戊 己
卯 辰 巳 午 未 申 酉 戌 亥

癸巳운의 丁亥년에 대통령에 당선되었다. 역시 火가 있다.

金水가 세력을 장악하여 陰이 강하고, 金水 상관의 기세를 하고 있다. 삼명통회 적요의 상관 체상에 보면 金水 상관은 官을 좋아한다 하였고, 木火 상관, 火土 상관, 土金 상관, 金水 상관, 水木 상관의 조건이 다 다르다.

陰이 강하고, 상관이 강하다. 독자 여러분이 실제 이명박 대통령의 성품을 다시 한번 잘 관찰하여 陰이 강하고, 상관이 강한 사주의 특성을 象적 개념으로 파악하여 익혀야 할 것이다.

글로서 허구한 날 말해 봐야 탁상공론에 지나지 않을 것이니, 독자 여러분도 관찰이 가능하고, 필자도 관찰이 가능한 공유 된 대상은 대중성이 있는 연예인 정치인이라고 생각되어 본 편에 수록하여 여러분의 이해를 높이고자 하였다.

혹 시時가 틀릴 수 있으나 대세는 그르치지 않는다.

또 이 명조는 비견이 많다. 비견이 많은 명조는 기본적으로 혼자가 되는 즉 고독한데 이러한 것도 관찰 대상으로 삼으면 좋다.

각 대통령에 모여들고 있는 사람을 인성과 비견에 견주어 살펴도 도움이 된다는 것이다.

乾

時	日	月	年
己	庚	戊	壬
亥	戌	申	申
木	金	土	金

79 69 59 49 39 29 19 09
丙 乙 甲 癸 壬 辛 庚 己
辰 卯 寅 丑 子 亥 戌 酉

癸丑 運, 丁卯 년에 대통령에 당선되었다.

재관 년에 당선되었다.

비인, 인성, 식상이 강하다.

財는 亥 생지가 있어 약하지 않다.

官은 戌 묘墓에 있으니 상관이 진력되었다.

일간은 庚은 비견의 성정을 가지고, 양쪽에 인성이 있어 편인의 성정이 성격의 스타일이 된다.

이명박 전 대통령은 辛 일간으로 천간에 비겁이 3개나 있고, 丑, 巳가 있어 약하지 않다.

본 노태우 전 대통령은 申이 2개나 있다. 퇴임 후 측근의 협조도를 살펴도 또한 쏠쏠한 재미가 있을 것이다.

金은 무인武人의 성정을 갖는다.

역시 노태우, 전두환, 박정희 전 대통령의 팔자는 金이 다른 명조 보다 특히 강하다.

乾

時	日	月	年
壬	庚	庚	辛
午	申	寅	未
木	木	木	土

80 70 60 50 40 30 20 10
壬 癸 甲 乙 丙 丁 戊 己
午 未 申 酉 戌 亥 子 丑

이 명조는 특이하게 천을귀인 午寅이 있다.

또 납음오행이 身 土를 극한다. 표준적인 좋은 명조에 속한다.

역시 庚申 일주日柱로 강왕한 金 일간이 된다.

술살지기肅殺之氣로 무인武人의 상象이다.

그렇다고 金이 있다고 전부 무인이 되는 것은 아니다.

말할 때 위터가 있는데, 역시 시간에 식신이 있다.

일간이 강한데 寅午 재관이 손잡았고 또 천을귀인에 속한다.

인성 土도 약하지 않다.

월간과 년간에 庚, 辛 비겁이 있는데, 비겁의 좌가 휴수가 되고, 일간은 申에 뿌리를 두고 있어 비겁이 일간의 도움을 원하는 구조를 하고 있다.

납음오행도 혼잡하지 않고 木土로 전일하여 좋다.

丙戌 운의 庚申년 말에 대통령에 추천되었다. 운에서 寅午戌 화국을 이루어 역시 화가 강하게 되었다.

甲申 운의 丙子 년에 구속 식상이 강왕할 때 구속되었다.

[김종필 전 총리]

乾

時	日	月	年
庚	丙	己	乙
寅	申	丑	丑
木	火	火	金

70 60 50 40 30 20 10 0
辛 壬 癸 甲 乙 丙 丁 戊
巳 午 未 申 酉 戌 亥 子

己丑, 丑 상관이 월령을 차지하였으니 예술에 뛰어나다.

역시 庚, 申, 丑, 丑인 金이 있어 군인의 길을 택하였는가 보다.

일간 丙도 시지에 丙 생지가 있어 강하다. 申 천을귀인이 있다.

[문재인 대통령]

乾

時	日	月	年
丙	乙	癸	壬
戌	亥	丑	辰
土	火	木	水

74 64 54 44 34 24 14 04
辛 庚 己 戊 丁 丙 乙 甲
酉 申 未 午 巳 辰 卯 寅

癸, 壬의 왕지 亥와 丑, 辰은 水의 묘고墓庫가 되어, 水 인성이 체상을 장악한 구조를 이루었다.

곧 乙의 자기 성정인 정관의 성정을 기본으로 하여 체상을 장악한 인수의 성정이 나타나게 된다.

인성의 성정은 온화하고 과격적이지 않고, 우유부단하고 느리고 말의 표현력이 비교적 떨어지는 편이다.

乾

時	日	月	年
庚	丁	戊	壬
戌	丑	申	子
金	水	土	木

78 68 58 48 38 28 18 08
丙 乙 甲 癸 壬 辛 庚 己
辰 印 寅 丑 子 亥 戌 酉

戊, 丑, 戌이 있어 상관이 강하고, 정관의 기세도 왕하다.
財의 기세도 왕하다. 印은 없는 사주다. 정관이 있어 크게 튀어나지 않고 매너가 있고 표현을 잘하는 팔자다.

乾

時	日	月	年
己	乙	癸	庚
卯	未	未	戌
木	金	木	金

88 78 68 58 48 38 28 18 08
壬 辛 庚 己 戊 丁 丙 乙 甲
辰 卯 寅 丑 子 亥 戌 酉 申

卯未未로 일간이 강하고, 未未戌로 편재가 강하다. 흔한 말로 신강재강身强財强한 사주다. 乙은 정관의 성정이 있어 규정을 이탈하지 않으면서 재성이 있어 화통하면서 박력이 있는 성정을 가진다.
개그맨의 특성은 卯 도화살에 있다. 특히 년의 납음오행 金이 도화살의 납음오행 木을 극해서 살이 변하여 권력이 되는 사주다.
丁亥 운의 辛卯 年에 잠정 은퇴했는데, 인성과 비겁이 왕하여 財와 식상을 깬 년이다.

乾

時	日	月	年
辛	戊	庚	庚
酉	辰	辰	戌
木	木	金	金

76 66 56 46 36 26 16 06
戊 丁 丙 乙 甲 癸 壬 辛
子 亥 戌 酉 申 未 午 巳

33, 34세에 20명을 살해한 유영철의 사주이다.

時는 정확하지 않을 수 있다.

그렇다고 하더라도 괴강살이 3개나 있고, 金氣 역시 강하고, 辰戌 충한다.

또 戊, 庚, 庚, 戌 장형살이 있다. 괴강은 소송을 좋아하고, 싸움을 좋아하고, 법을 어겨 형책을 당하는 命이 된다.

金은 살기가 있는 성정도 된다.

납음오행도 金과 木이 교전을 한다.

TIP

삼명통회 논천간음양생사 중에서 "經云. 死水橫流 경운사수횡류" 경에 이르기를 "사수死水는 횡으로 흐르지 않는다."하였다.

이 내용은 水는 卯에서 절絶하고, 巳에서 사死하게 된다.

水는 사절死絶하게 되면 공기 중에 증발하여 흩어진다.

증발하여 공기 중에 흩어진 것이 사절死絶한 것이 된다는 말이다.

물이 겨울에 밑으로 내려와 모여 있다가 양력 2, 3, 4월이 되면 양기陽氣를 타서 증발되어 온 세상에 흩어지게 된다.

이것이 곧 사수死水가 된다. 그래서 이것을 두고 사수死水는 횡류 한다고 한 것이다.

원래 물은 밑을 향해서만 흐르는, 곧 木氣를 따라서만 한 방향으로만 흐르지만 死하게 되면 흩어질 수밖에 없으니 횡류하게 된다.

TIP ▶ YouTube 139강

◆ 한박寒薄이 과하면 화난和暖의 처에서도 분발이 어렵고, 조열燥烈이 과하면 수격水激 처에서 도리어 흉재凶災가 발생한다.

해석 : 사주가 순음純陰으로 된 것은 10월에 생한 것으로, 오행의 근根이 절絶되어 공허하고, 일간도 쇠약하여 강건한 氣가 없는 것이다.그래서 설령 화난和暖한 곳을 만난다고 하더라도 발달이 어렵다.

사주의 순화純火는 하지 전에 생한 것으로, 인성人性이 조열하고, 운에서 돌연히 水가 부딪쳐 들어오더라도 제어하지 못할 뿐만 아니라 도리어 해롭게 되어 이것을 사용하는 자는 요절하거나 고빈孤貧하고 범법을 행하여 형벌을 받게 된다.

** 과過 : 분수를 잃다.

◆ 용력用力이 과하면 이루는데 어려움이 많다.

해석 : 무릇 사주 중에 얻은 자연의 물물物이 뛰어난데, 다시 사용하는 물이 돕게 되면 끝내 좋지 않게 된다. 또 가령 財를 사용하는데, 사주 중에서 보지 못하였다면 반드시 傷官, 食神이 소생시켜야한다. 또 가령 食傷이 실시失時하여 무기無氣하면 또 比肩이 도와주어야 한다.

혹 외충外衝, 요합遙合하면 모두 사용하는 힘이 분수를 잃게 된 것으로, 그 성취는 반드시 어렵게 된다.

부　록

❖ 하도河圖낙서洛書

하도〈기氣〉[낙마洛馬]

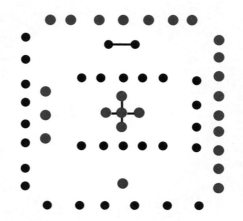

낙서〈체體〉[하용부도河龍負圖]

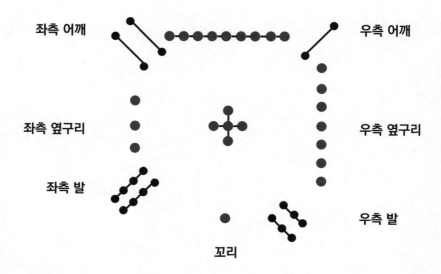

무릇 낙마洛馬가 출서出書한 초에는 백점이 한 개 있었고, 6개의 흑점은 좌측 등의 꼬리 근처에 있고, 7개의 백점과 2개의 흑점은 좌측 등의 머리 근처에 있고, 3개의 백점과 8개의 흑점은 등의 좌측에 있고, 9개의 백점과 4개의 흑점은 등의 우측에 있고, 5개의 백점과 10개의 흑점은 등의 중앙에 있었는데, 대요大撓가 위치를 정함으로.

1과 6은 밑에 있고 북에 모여 水를 생하니 亥, 子의 무리가 되었다.
2와 7은 위에 있고 남에 모여 火를 생하니 巳, 午의 무리가 되었다.
3과 8은 좌에 있고 동에 모여 木을 생하니 寅, 卯의 무리가 되었다.
4와 9는 위에 있고 서에 모여 金을 생하니 申, 酉의 무리가 되었다.
5와 10은 가운데 있고 중앙에 모여 土를 생하니 辰戌丑未로 4개의 밧줄이 되었다.
이것은 지地의 氣로써 어찌 중탁重濁한 것이 아니않겠는가!

무릇 하용부도河龍負圖는 용龍이 아니고 큰 거북이다.
그 등에 있는 문양은 하나의 긴(━) 무늬와 두 개의 짧은(- -) 무늬로 이루어졌다.
1개의 백점은 꼬리 근처에 있고, 6개의 자색 점은 목 근처에 있고 4개의 푸른 점은 좌측 어깨에 있고, 2개의 흑점은 어깨의 우측에 있고, 6개의 백점은 우측 발 근처에 있고, 8개의 백점은 좌측 발 근처에 있고, 3개의 녹점은 좌측 옆구리에 있고, 7개의 붉은 점은 우측 옆구리에 있고, 5개의 황점은 등 중앙에 있다. 모두 9곳과 7색이 어찌 아니겠는가!

복희 황제가 아홉 곳의 위치의 방향을 결정하였다.
하나의 긴(━) 문양과 두개(- -)의 짧은 문양으로 효爻를 나타내어 삼재三才*를 설립하게 되니 역도易道가 이렇게 하여 탄생하게 된 것이다.
삼재三才 : 음양설에서 만물을 제재制裁한다는 뜻으로, 하늘(天)과 땅(地)과 사람(人).

내가(육오 만민영) 역易의 말들을 살펴 생각해보니 하河는 도圖에서 나오고, 낙洛은 서書에서 나온 성인의 법칙인데, 세간에서 말하는 도서圖書*에 대한 논리는 분명한 맛이 없다.

가령 한나라 선비가 칭하는 바에 따르면 복희가 정한 획서畫書,괘卦를 보고, 대우大禹가 제주第疇함으로써 첫 오행이 만들어졌다고 술가에서는 곧 이것을 들어 설명하고, 게다가 낙서의 수數도 술가들은 대요大撓가 정한 것으로 간주하고 있다.

도서圖書 : 하도 낙서의 문양과 글

그러나 나와 선비들은 이 설명과 썩 다른 견해를 가지고 있다.

송나라 때 정주가 1과 6이 북에 거주하는 것으로써 하도가 된다고 하였고, 구재리일載九履一로써 낙서가 된다고 하였다.

또한 이전의 한나라 선비도 이같이 말하였다.

준천왕자浚川王子는 복희에 의해서 역易이 만들어 졌는데, 음양이 처음 만들어졌을 때는 2획일 뿐이라 하였다.

그래서 설명하면 역에는 태극이 있고, 이것에서 양의兩儀가 생생生하고, 양의兩儀에서 사상四象이 생하고, 사상에서 팔괘가 생하는이 선후는 자연의 순서로 사람의 힘이 아무리 강하다 하여도 이것은 배척할 수는 없다.

요즘은 하도의 수에서 易이 만들어졌다고 하여 易이 되는 태극의 이치를 따르지 않고 있는데, 어찌 공자가 말한 "易에는 태극에 있다는 논리"에 어긋나는 것이 아니겠는가!

역계易繫(주역의 계사전)에 하河가 도圖로 나타나고, 낙洛은 서書가 나타나는 것이 성인聖人의 법칙으로, 이 이치에서 연유되어 팔괘의 획이 만들어진 것이다.

천지에 보이는 것을 자연의 문양으로 나타낸 그 실實은 성인이 신神의 도道를 설교하고자 하는데, 그 의미가 있다는 것을 한나라 선비들은 알지 못한 것이다.

그래서 복희의 획괘는 하도 문양의 뿌리가 되고, 대우大禹의 연주衍疇*가 낙서 문양의 법칙이 되었다는 것은 왜곡된 것이다.

연주衍疇 : 우임금 때 백성들의 논밭 주거지 경계를 즉 토지 구획 같은 것을 나누어서 기록해서 백성들의 민원을 다스리고 한 것이 시초라고 함, 후에 물론 더 구체화되고 여러 분야가 추가되었을 것이다.

易에 이르기를 天1 地2, 天3 地4, 天5 地6, 天7 地8, 天9 地10이라 하였다. 이것에 말미암아 天은 陽으로 1, 3, 5, 7, 9가 되고, 地는 陰으로2, 4, 6, 8, 10이 된다. 이 수를 오직 올바른 설시(揲蓍:점치는 도구)의 의미로 논하여야 한다.

먼저 천지의 홀수 짝수를 논하고, 50에 5가 있는 것을 성인이 점치는 수로 세워, 대연大衍의 50수를 사용한 것이다.

그리고 보는 법은 천지 홀짝 수의 상象이 되고, 더불어 하상下象, 사시상四時象, 이재二才 등의 象으로 동일한 의미가 되는 것이다.

하도의 수가 어떻게 영향이 미치게 되었겠는가?

게다가 天1이고 地2라고 말하지 않았는가!

易이 세워진 후에 점치는 수를 세웠다는 말인데, 易이 만들어진 처음에는 점치는 수가 만들어지지 않았을 것인데, 어떻게 易이 만들어진 이전의 도圖를 취할 수가 있겠는가?

성인의 모든 획괘, 도서圖書의 법칙에 대해 의심이 가는 바이며, 대우 禹의 명주明疇*법은 아닌게 분명하다.

명주明疇 : 구주(九疇)의 이치에 밝다는 뜻으로, 천하를 다스리는 법에 정통함을 이르는 말.

홍범구주洪範九疇*를 관찰하여 보면 天下를 다스리기 위한 대경대법大經大法*으로 주관구량周官九兩의 의미가 있는 것이니 수가 될 수 없다.

기자箕子의 수언천석首言天錫에 水가 지나치게 되지 않게 土로써 가지런하게 하듯이 오행으로 정치를 옳게 손질하고, 오행으로 정치를 바로잡아 천하의 여러 정사를 바르게 일으켜 地를 편정하여 天을 이룬 시기이다.

천내석天乃錫은 대우의 대법大法으로 천자天者를 일컬어 즉 天이 내가 되어 천하를 다스려 떳떳한 윤리를 펼치는 것으로 이 9자 者가 하나라도 결함이 있어서는 안 된다는 것이다.

홍범구주洪範九疇 : 기자箕子가 주(周) 무왕(武王)이 선정 방안을 물었을 때 하도와 낙서의 이 치를 적용하여 교시한 9가지.

대경대법大經大法 : 공명정대한 원리와 법칙.

홍범구주의 차례를 보면 처음은 오행이고, 다음은 오사五事, 다음은 팔정八政으로 하늘을 근본으로 하여 사람을 천거하고, 다음은 오기五紀, 다음은 삼덕三德, 다음은 계의稽疑, 이러한 것에서 인간이 하늘과 하나가 되고, 다음은 서징庶徵, 다음은 오복五福 육극六極으로 인간이 하늘에 감응하여 그것에 응하니 지극한 황제가 되어 주主가 된다는 것이다.

그래서 곧고 바르게 하는 것이 아니겠는가!

그 선후차서先後次第, 경중완급輕重緩急, 이와 같은 것을 스스로 담당하여 짊어지는 것이다.

생각컨대 대우大禹의 필필筆이 후세에 서書로 전하게 된 것은 기자其子가 홀로 전한 것이다.

획괘의 어긋난 논리를 헤아려보니 이것은 홍범구주 중에 있는 일의 하나일 뿐이지 낙서에 있는 수數의 밑바탕이 되었다고 할 수 없다.

해기자가 말하기를 성인이 하도를 보고 건곤의 상象을 깨우쳐서 괘를 만들고 낙서에서 天의 수數를 깨우쳐서 점치는 것을 퍼트렸다고 하였는데, 이를 어찌 알지 못하고 엉뚱한 말을 하는가!

▶ 육오 선생의 견해를 보면 하도와 낙서가 신화적, 혹은 홍범구주에서 비롯되었다는 말들을 부정하였다. 당시 수많게 떠도는 음양오행과 점법의 논리를 인정하지 않고, 오직 옛 성인들의 글을 근거로 하여 이 논리에 접합한 것만 인정하고, 또 그 이치를 성인의 논리를 근거로 하여 이야기하고 있다. 즉 풍문이나, 신화적, 설화적인 측면은 버리고 현실적이고 과학적인 내용을 취하였다.

종교도 사이비가 많듯이 명리도 역시 그러하니 새겨들어야 할 말이지 않나 한다. 삼명통회는 사이비적인 논리는 바로잡기 위하여 육오 선생께서 집필한 책이라고 하여도 과언이 아니다. 차후 전개되는 본문도 사이비적인 논리는 바로잡기 위하여 수많은 의견을 제시하는데, 전부 고대 성인들이 말한 음양오행의 논리를 근거로 하여 기존 사이비 세력을 질타하고 있으니 새겨들어야 할 것이다.

그 당시 홍범구주에서 五行이 나왔다고, 하도와 낙서에서 역이 비롯되었다는 등 세간에서 떠들고 다니니 이를 보다 못한 육오 선생이 삼명통회를 통해서 이 글을 남기게 된 것으로 볼 수 있겠다.

❖ 간지원류干支源流

무릇 干은 마치 나무줄기와 같이 강하여 陽이 되고, 支는 마치 나무 가지와 같이 약하여 陰이 된다.

옛적에 반고씨盤古氏가 천지의 도道를 밝힐 때, 음양이 화化하여 변화를 이루게 되는 처음에 삼재三才를 주체로 삼았다.

천지가 이미 나누어진 후 먼저 天이 있고 후에 地가 있게 되었다. 이와 같은 연유에서 氣가 화化하여 사람이 생기게 되지 않았겠는가!

그래서 천황씨天皇氏는 그 성姓이 30인에 달하였데, 반고씨盤古氏가 이어 다스렸다. 이것을 말하여 천령天靈*이라 하였다.

그 통치의 정신이 담박하고 욕심이 없고 마음이 깨끗하였으므로 속세의 사람들이 감동 받아 스스로 교화되기에 이르러 게 되었던 것이다.

그때 처음 干支의 이름을 제정하게 되었고, 세歲의 소재所在도 정하게 되었다. 그때 제정한 10干은 알봉閼逢, 전몽旃蒙, 유조柔兆, 강어疆圉, 저옹著雍, 도유屠維, 상장上章, 중광重光, 현묵玄黙, 소양昭陽 이었고, 12支는 곤돈困敦. 적분약赤奮若, 섭제격攝提格, 단알單閼, 집서執徐, 대황락大荒落, 돈장敦牂, 협흡協洽, 군탄涒灘, 작악作噩, 엄무閹茂, 대연헌大淵獻이 된다.

천령天靈 : 한울님의 신비로운 기운. 한울님의 영기

채읍독단에 이르기를 "干은 줄기(뼈대)로 그 이름은 10개가 있고 10모母라고"하였다.

이것이 지금의 甲, 乙, 丙, 丁, 戊, 己, 庚, 辛, 壬, 癸가 되었다.

支는 가지다.

천황씨天皇氏는 "天은 子에서 개開한 의義를 취한다" 하였다.

지황씨地皇氏는 "地는 丑에서 벽闢의 의義를 취한다" 하였다.

인황씨人皇氏는 "人은 寅에서 생生한 의義를 취한다" 하였다.

그러므로 각 干支의 이름은 천황씨 때 처음 제정하였고, 지황씨는 이에 삼진三辰을 정하여 이를 근본道으로 주야로 나누었고, 이로써 30일을 한 달로 정하여 처음으로 干支를 각각 배정하였다.

인황씨人皇氏는 주인인 왕王이 약하면 안되고, 신하는 귀貴가 허약하면 안되니 정치적에 필요성을 느낀 임금과 신하로 하여금 스스로 일어나게 하였고, 또 사람들이 생활에 대한 모든 일들에 각성이 생겨 스스로 일어나게 되니. 비로소 天地 陰陽의 기운을 깨우쳐 얻게 되어 이를 바탕으로 윤리 도덕을 구별을 할 수 있게 되었다.
이러하므로 인해서 비로소 干支의 각 소속이 있게 된 것이다.

복희伏羲에 이르러 하늘의 형상을 우러러 관찰하고, 땅의 법을 구부려 관찰하고, 만물과 사람을 치우치지 않게 살펴, 비로소 팔괘八卦를 세웠으니 신명神明*의 덕德과 통하고, 만물의 무리들에 정情이 되어 갑력甲歷을 만들게 되고 문자도 만들어지게 된 것이 아니겠는가!
신명神明 : 하늘과 땅의 신령神靈.

황제에 이르러 하도河圖를 수여하여 일월성신日月星辰의 象을 관찰하여 이것으로 별을 관리하는 글을 처음 만들게 되고 대요에게 명하여 오행의 정(情: 뜻. 본성)을 찾게 하고 점두의 중심이 되는 것을 세우니 이것에서 甲子를 만든 시작이고, 납음오행五行納音의 소속이 배정된 것이다.

노사路史에 이르기를 "복희가 잠용潛龍씨에게 명하여 점대를 세우고, 이에 태양을 맞이하고, 그 방법을 꾀하게 되니 甲子를 만들어 세시歲時로 규정하여 天은 간幹으로 배정하고, 地는 지枝로 배정하여 지간枝幹으로 짝을 짓고, 사상四象은 강유綱維로 하고, 진실과 거짓을 상감相感하고, 성진星辰으로 순칙順則을 삼았다"하였다.

황제黃帝가 대요大撓에게 명하여 오행의 정情을 탐구하여 천서天書 삼식三式을 참고하여 10干 12支를 확충하여 60을 이루게 하고, 납음성納音聲을 취하여 납음을 정하게 되니 甲子, 乙丑 해중금海中金의 종류들로 황제의 지침風后에 의해 그 용도를 풀어 삼명三命을 행한 것이다.

그런데 저 술가들은 天干 10자를 황제가 정한 것으로 하도河圖에 속한다 하고, 12地支는 낙서洛書에 속한다 하였고, 귀곡자가 납음을 이루었다 하는데 모두 그 원류가 없는 망령된 것이다.

준천왕씨浚川王氏가 이르기를 "옛날 대요大撓가 甲子를 만들었고, 그 이름수가 충분하게 된 후에 甲子를 역曆에 적용할 때를 우발적으로 정하였다"하였다. 만약 그 원류의 추정한다면 반드시 일월이 처음 운용되는 날이 지난 후에 甲子가 만들어진 것이다.

天은 열렸지만 아직 地는 생기지도 않았는데 어찌 사람이 생기게 되어서 기록하여 전해져 내려 올 수 있겠는가?

이러하니 12辰의 근본 뿌리는 통상적인 근본 이치를 인정할 수밖에 없는 것이 아니겠는가?

천지 운행은 고리 같아 끝이 없고, 운행하는 주기는 일원一元*으로 맷돌이 회전하는 것 같아 장차 시작에 두 번 없다.

하루는 12시진으로, 天의 운행에 어찌 子가 두 번이 되겠고, 일원一元의 위에 어찌 또 一元이 있겠는가!

게다가 역원歷元의 법도가 우두牛斗의 변화와 그 세차歲差는 어긋나지 않는가?

일원一元 : 같은 본원, 사물(事物)의 근원(根源)이 오직 하나임.

후세에서 역歷을 각자에 의거하여 그 時에 부합한 시時를 구하여 사용하게 되었고, 고대 역법歷法을 따르자고 하나 소실되어 없어졌는데 어찌 헤아려 부합하다고 하겠는가!

요즘에 甲乙을 말하는 자, 반드시 말하기를 실제로 木氣가 있어서 주체가 된다 하여 금일이 木이면, 명일은 火, 후일은 土이라고 말하는데, 아니다 이 또한 왜곡된 것이 아니겠는가?

간혹 말하기를 "대요大撓가 두병斗柄*을 점占*하여 甲子를 만들게 되었다"하였다.
그러나 반드시 天地의 시초로 아득하게 거슬려 올라가서 이로써 年을 甲子, 月을 甲子, 日을 甲子, 時를 甲子로 하여 역원歷元이 된 것이고, 두병斗柄으로 점占하지 않아도 또 12개월도 정할 수 있다.

즉위卽位 : BC 2696년, 오성연주五星連珠
두병斗柄 : 북두칠성을 국자 모양으로 보았을 때 그 자루가 되는 자리에 있는 세 개의 별. 표(杓)
점占 : 점치다. 자세히 살피다. 엿보다. 헤아리다.

천지가 처음 개벽開闢하여 日月이 비로소 열리고, 오성五星이 같이 연주連珠하고, 견우성의 초初가 갖추어져 발생하고, 이후 야반夜半과 동지冬至가 정해지게 되었다 하는데 이러한 것은 곧 사법死法인 것이다.

그러한 고로 맹자도 천세千歲의 역歷을 인정하였는데, 올바른 이치가 되어 지금까지 잘 지켜져 내려왔기 때문이다.

그래서 설명하면 어찌 천지개벽天地開闢도 수數가 아니겠고, 이것이 어찌 천지의 시작이 아니겠고, 일월이 처음 운행한 시작이 아니겠는가!
문자도 일어나지 않았을 때는 천운天運을 헤아릴 수가 없을 것이고, 또 어찌 추정하여 완성을 할 수가 있었겠는가!

王씨가 설명한 그 내용도 견해가 없지는 않다.
고금의 도통한 선비들은 지나간 천수天數에 대한 생각을 갖고, 음양을 미루어 살펴 태을太乙의 수數로 천운天運과 길흉을 추리하였고, 육임六壬으로 인사人事의 길흉을 추리하고, 기문奇門으로 지방의 길흉을 추리하고, 연월일시로 인생의 길흉을 추리하였다.

천강天罡, 순풍淳風, 일행一行, 허중虛中등의 무리도 기이한 것이 없지 않으니 어찌 배척할 수가 있겠는가!

이와 같으니 왕씨가 앞에 설명한 것들을 다 믿기는 부족하다.

그러하나 어찌 그러할 수가 있단 말인가!?

❖ 천간음양생사와 물성物性

十干을 음양, 강유, 생사가 있는 것으로 나누는데, 그 설명이 그러한가 그렇지 않은가?

답은 十干은 오양五陽과 오음五陰으로 陽은 강하고 陰은 부드럽다.

역에 이르기를 "陰과 陽으로 나누어져 번갈아 강하고 부드럽게 운용된다" 하였다.

그것을 生과 사死로 나눈 것은 가령 어미가 자식을 生하고 자식이 성장하면 어미는 늙어서 사망하게 되는 것과 같은 것으로, 이 이치가 자연으로 자연이 그러한 것이다.

부에 이르기를 "陽이 生하면 陰이 死하고, 陽이 死하면 陰이 生하여 곧 순환循環, 역순逆順의 변화가 나타난다"한 것이 이것이다.

甲木은 十干의 맨 처음으로 사계절을 주재主宰하고 만물의 생육生育이 된다. 天에 있어서 뇌雷, 용龍이 되고, 地에 있어서는 대들보梁, 용마루棟가 되는 일컬어 陽木이 된다.

록祿은 寅에 있고 寅은 土를 떠난 木으로 그 뿌리는 이미 끊겼고 그 가지도 이미 끊어졌다. 그래서 사목死木으로 일컫는다.

사목死木은 강목剛木으로 모름지기 도끼와 같은 연장으로 깎아서 그릇을 만들어야 한다.

亥가 장생長生이 되고, 亥는 강, 못, 호수, 못, 소의 물이 된다. 이 물들은 사수死水로 死木을 死水 중에 넣으면 모름지기 오랜 세월 동안 잠겨도 썩어 손상되지 않는다.

비유하면 삼춘 나무는 水 중에서 도리어 견고해지게 되는 것과 같은 것이다.

만약 水와 헤어져서 해안에 이르면 癸水를 만나게 되는데, 癸水는 활수活水로 천지 사이의 우로雨露가 된다.

해안에서 햇볕에 말려졌다 다시 장마가 되면 건습乾濕이 고르지 않게 되어 마르기도 하고, 썩게 되기도 한다. 그래서 火도 生할 수 있는데, 火가 왕하면 木은 반드시 분소焚消되어 재가 되고 연기가 날리게 되는 근심이 있게 된다.

午는 이화離火이 속하는데 火는 木에 힘입어 生하게 되니 木은 火의 어미가 되고, 火는 木의 자식이 된다.

자식이 왕하면 어미는 쇠약해지니 어찌 끝이 있지 않겠는가? 이것이 자연의 이치이니 甲木은 午에서 사死한다.

경에 이르기를 "木은 남방으로 달리지 않는다"하였다 바로 이것 甲木은 午에서 死하는 것을 말한 것이다.

甲은 陽으로 강하게 일어나 움직이는 木으로 원래 뿌리, 잎, 가지가 없다. 그래서 그릇을 만들 수 있는데, 그릇을 만들어 사용하자면 필히 金의 힘을 빌려야 하고, 단련되어 견고한 金을 사용하여야 한다.

水의 도움도 받아 火의 초初에 水와 배합되어 짝을 이루면 문명의 상象을 이루게 되고, 火가 과다過多하고 남방을 만나면 숯과 재가 되어 도리어 해롭게 된다.

무릇 甲木은 춘추에 따라서 무성해지고 시들게 되지 않는다.

물物에 닿게 되면 변하게 되는, 정형定形이 없는 것이니 모름지기 火, 金, 水의 여하를 살피고 또 화합化合의 여하를 살펴야 한다.

그러므로 한 가지 이론에 집착하여 논하지 말아야 할 것이다.

乙木은 甲의 뒤를 잇고 만물의 발육이 되어 生하고 生하여 그치지 않고 자란다.

하늘에서는 풍風이 되고 땅에서는 나무가 되어 일컬어 陰木으로 록祿은 卯에 있다.

卯는 수목樹木으로 뿌리가 깊고 가지가 무성한 일컬어 활목活木으로 부드러운 木이다. 그래서 陽金으로 베어지는 것이 재앙으로 두려워한다.
가을에 이르면 木이 시들어 떨어지게 되어 두려워, 윤택한 토로 뿌리를 배양하기를 원한다.
활수活水는 가지와 잎을 배양할 수 있어 이롭고, 활수活水는 癸水로 즉 天에서는 우로雨露가 되고, 地에서는 샘의 근원이 된다.
윤택한 土는 己土가 되고, 밭 갈고 김매는 土가 되어 가색(稼穡:곡식농사)의 공을 이룬다.

己土의 록祿은 午에 있다. 午는 곧 6陽이 소진되어 一陰을 복생復生시키는 곳이 된다. 그래서 벼꽃이 午시에 피고, 午의 땅에서 乙은 生하게 된다.

10월은 亥가 세워지고 亥는 순음純陰이 사령司令하고, 壬이 祿인 亥에 이르면 권력을 맡게 된다. 壬 死水가 범람하면 土가 엷어져서 뿌리가 허하게 되어 乙을 배양되지 못한다. 그래서 乙은 亥에서 死하게 된다.
경에 이르기를 "水가 범람하면 木이 뜬다"하였다. 바로 乙이 亥에서 死하는 것을 일컬은 것이다.

또 乙은 가지와 잎이 번성한 木으로 따뜻한 태양이 비쳐 온화하게 하면 발영發榮하게 되어 크게 좋게 되고, 음냉陰冷하면 말라죽어 비참하게 된다.

水가 많으면 뿌리가 기우려져 무너지고, 金이 왕하면 살아가고자 하는 마음
에 상처를 입어 죽게 된다.

또 몸(身)이 쇠약한데 다시 火가 왕하고, 또 남방으로 나아가면 재앙이 크게
발생하고, 서방으로 나아가는데 또 土가 겹쳐 있으면 土가 煞 金을 도와서
몸에 손상이 있게 된다.
종격이 아닌 자는 그 재앙이 더욱 깊어지게 되는 것이다.
활목活木은 뿌리가 있는 木이니 어찌 동량목인 甲과 비교하겠는가!

丙火는 중천中天의 고운 것으로 천지 사방을 두루 비추고, 天에 있어서는
태양과 전電이 되고, 地에 있어서는 노치爐治의 火가 되어 일컬어 陽火라고
하고 祿은 巳火에 있고 巳火는 노치爐治의 火로 일컬어 死火가 된다.
死火는 강한 火가 된다.
死木은 불꽃을 발생시켜 좋아하고, 土金은 빛이 가려지게 되어 싫어한다.

死木은 甲木으로 甲木의 祿은 寅에 있고, 寅木은 陽木의 울타리가 되고, 木
이 성盛하면 火가 발생한다.
태양은 나무와 돌 사이에 숨게 되면 생발生發이 불능不能하여 사람이 사용하
지 못하게 된다.
그래서 五陽은 모두 자연에서 나타나서 선천이 되고 五陰은 모두 인간의 일
들을 잇게 되니 후천이 된다.

丙火는 寅에서 생한다는 이치는 매우 명확하다.
가령 丙火는 태양의 火로서 동쪽에서 올라오고 서쪽으로 사라진다. 또 서쪽
는 태兌로 兌는 못澤이다.
己土는 金을 生하고 金이 성盛하면 丙火의 빛은 가려져 현휘顯輝하게 되지
못하게 되니 어찌 어두워지지 않겠는가?

그러한 고로 丙火는 寅에서 生하고 酉에서 死한다.

경에 이르기를 "火는 서쪽을 나아가면 없어진다"하였다. 이것을 올바르게 일컬은 것이다.

또 丙火는 태양의 상象으로, 상하를 크나큰 덕德으로 비치지 않는 곳이 없다. 그러나 水가 木에 영향을 끼치어 木이 뜨게 되면 모母가 되지 못하고, 불꽃을 발생시키지 못한다.

水가 土에 영향을 끼치어 습하게 되면 자식이 되지 못하여 陽火는 생산하지 못하게 된다.

설령 강과 호수의 死水를 만난다 하더라도 합하지 않고, 충하지 않으면 파도가 없어 충격이 없는데 어찌 火를 剋하는 해害가 있겠는가!

꺼리는 것은 번화繁華*한 木과 젖은 木으로 이는 도리어 火의 빛을 어둡게 한다.

가령 오성五星과 태양은 木의 기운으로 인하여 어렵게 되는 의미가 있다는 뜻이다.

번화繁華 : 번창하고 화려함.

丁火는 丙火의 뒤를 잇고, 만물의 정精*이 되고, 문명文明의 상象이 된다. 하늘에 있어서는 별들이 되고, 땅에 있어서는 등불이 되고, 陰火가 된다. 祿午火에 있고 6陰의 우두머리이다.

정精 : 만물을 생성하는 음양의 기.

丙火가 있으면 乙木은 능히 丁火를 생한다. 乙木은 활목活木이 되고 丁火도 활화活火가 된다. 활화活火는 부드러운 火이다.

丁火는 乙木의 生을 기뻐하는데, 이는 陰이 陰을 생하는 것이다.
가령 인간의 세상에서 채소와 마에서 기름을 채취하여 등불을 밝히는 것과
같은 것이다. 기름은 乙木에서 채취한 지방이 되는 것이기 때문이다.

酉시에 이르면 네 개의 陰이 권력을 맡아서 등불이 빛날 수 있고, 별의 빛도
찬란하게 빛난다. 그래서 丁火는 酉에서 生한다.
寅시에 이르면 3陽이 맡아서 陽火와 합하여 生하게 되니 陰火는 물러가게
된다. 가령 태양이 동쪽에서 올라오면 별들의 빛은 숨고 등불의 빛도 태양
의 빛에 가려서 나타나지 않는다. 그래서 정화는 酉에서 生하고 寅에서 死
하게 된다.
경에 이르기를 "火가 밝으면 멸한다"했는데, 바로 寅에서 死하게 된다는 것
을 두고 한 말이다.
또 이르기를 丁火는 陰으로 부드러워서 득시得時하여 국국을 얻게 되면 사
방을 찬란하게 비추고, 비록 金이 완고하여도 단련할 수 있다.
만약 실시失時하여 국국을 잃으면 빛이 어두워져서 자취를 감추고, 연기가
없어지면 비록 아주 적은 찌그러진 金일지라도 제어를 하지 못한다.

그러나 건조한 木은 비록 적을지라도 오히려 발화하여 충분히 작용하게
된다.
습목濕木은 많을지라도 또한 火의 밝음이 나타나기 어려운데 그것의 강약에
따라서 다르니 한 가지에 집착하지 말아야 한다.

戊土는 홍몽洪濛*하여 구별이 없을 때 오직 절개를 가져 가운데를 지키고,
천지가 나누어진 후는 만물을 두텁게 실어 중앙에 모여 네 개의 밧줄로 산
재하여 존재한다.
홍몽洪濛 : 천지의 기운이 나누어지기 전의 혼돈 상태.

天에 있어서는 안개가 되고, 地에 있어서는 山이 된다.

陽土에 해당하고, 그 祿은 노치爐治의 火인 巳에 있다.

단련하여 그릇을 이룰 때 두드리는 소리가 나고, 그 性性은 강맹剛猛하여 거슬리게 하지 못한다.

陽火는 상생相生하여 좋은데, 陰金은 氣를 훔쳐가 두려워한다.

陽火는 丙火가 된다.

丙은 寅에서 生하고, 寅은 간艮에 속하고, 간艮은 산이다. 산은 강토剛土로 즉 戊土가 된다. 그래서 丙火에 의존하여 生하게 되지 않겠는가!

酉의 地에 이르면 酉는 태금兌金에 속하고, 戊土의 氣를 훔쳐 가니 氣가 줄어 金이 왕성하면 土는 허虛하게 된다. 그래서 모母는 쇠약해지고 자식은 旺해지게 되는 것과 같다.

金이 공격하면 돌도 깨어지는데 어찌 목숨을 부지할 수 있겠는가!

그래서 戊土는 寅에서 生하고, 酉에서 死한다.

경에 이르기를 "土가 허虛하면 붕괴된다."하였는데 바로 酉金에서 死하는 것을 두고 한 말이다.

또 戊는 깊고 두터워 그 상象은 성벽과 같다.

사계절의 각 마지막 달(辰未戌丑)에 生을 원하고, 또 지하支下에 통근通根되기를 원한다.

그러면 바야흐로 강과 바다가 떨쳐 일어나도 새지 않게 된다.

또 상하에서 합하면 그 형形은 견고하여 뚫려 샐 근심이 없게 된다.

신身에 水木이 타오르면 허약해져서 그 세력이 기울게 되어 위태롭고 붕괴의 근심이 있다.

가령 土가 실시失時했다면 金이 많아 누설되는 것을 크게 꺼린다.

또 이미 성벽이 이루어졌으면 木의 소통은 불가하다.

동남으로 행하는 것은 기쁘다. 그렇지만 사주에 인수印綬가 왕한데 다시 印綬 운으로 나아가면 火가 身을 生함이 과중하게 되어 도리어 흉하게 된다.

己土는 戊土의 뒤를 잇고, 天의 원기元氣가 되고, 地에서는 진토眞土가 된다.

청기淸氣가 상승하여 천지를 부드럽게 조화하고, 탁한 기운은 하강하여 만물이 生을 갖추게 하는 것으로 일컬어 陰土가 된다.

天, 地, 人 삼재三才는 모두 이 土가 어그러지는 것을 불가하다.

가령 건곤乾坤을 가운데에서 하나가 되게 중매하는데, 음양이 이 己土를 잃게 되면 천지 즉 음양이 어떻게 짝이 되겠는가! 그러한 고로 사행四行(辰未戌丑)이 있지 않을 수 없고, 또 사계절도 계절 사이의 열결 고리로 중매자인 己土에 의지하여 유지되어야 하니 왕하지 않을 수 있겠는가!

丁火의 生을 기뻐하고, 陽火에 의해서 달구어지는 것을 두려워한다.

祿은 午火에 있고 午火 중의 丁火는 능히 己土를 生한다.

乙木은 재배하여야 하니 氣을 도둑질 당할 뿐이다.

酉地(저녁)에 도달하면 丁火(별, 달, 등불)가 나타나서 丁火가 이윽고 生하니 己土도 또한 生하게 된다.

寅에 이르면 용사用事*하게 되어 木火가 권력을 맡아 己를 단련하여 자석磁石으로 만들어 도리어 중화의 氣를 잃게 되니 어찌 손상당하지 않겠는가!

그래서 己土는 酉에서 生하고 寅에 死한다.

경에 이르기를 "火는 조燥하여 土를 갈라지게 한다"하였는데, 己土가 寅에서 死하는 것을 일컬은 것이다.

용사用事 용권用權 : 사실을 인용하다. 권력을 장악하다. (감정에 맡겨)일을 처리하다.

또 己土는 넓고 두텁고, 그 형상은 논밭의 상象을 가진다.

다합多合과 생부生扶는 귀하지 않고, 오직 형충刑衝은 좋아 유용有用하게 되는데, 이것은 확고한 생물生物의 체體가 되기 때문이다.

만약 실령失令하면 천박하고, 또 실령失令의 천시天時에 불리하여 가색稼穡의 공을 베풀기 어렵다. 또 검과 창의 金을 묻을 수도 없다.

만일 다시 金과 水가 왕한 곳을 겸행兼行하면 곧 身이 더욱 약해져서 더 불리하게 된다. 그러나 火土를 만나서 生이 이루어지면 가색稼穡의 공이 뛰어나게 된다.

庚金은 숙살의 권력으로 천지를 장악하고, 인간의 병혁兵革의 변화를 주관한다.

天에 있어서 풍상風霜이 되고, 땅에서는 금철金鐵로 일컬어 陽金이 된다.

祿은 申金에 있고, 申은 강금剛金으로 戊土의 生을 좋아하고 癸水에 잠기는 것을 두려워한다.

장생長生은 巳가 되고, 巳중의 戊土가 庚金을 生할 수 있어 곧 陽이 陽을 生하는 지지가 된다.

巳火는 화롯불로서 庚金을 단련하여 종과 솥인 그릇을 만들 수 있고, 두드리면 소리가 난다. 그러나 만약 水에 잠기고, 土에 묻힌다면 소리가 나지 않는다.

子에 이르면 水가 왕한 장소가 되어 金이 차갑고 水가 냉하니 자식이 왕하고 어미가 쇠약하게 된다.

또 빠져 가라앉는 재앙이 발생하는데 어찌 거듭 살 수 있겠는가!

그래서 庚金은 巳에서 生하고 子에서 死한다.

경에 이르기를 "金은 물밑에 가라앉는다."하였는데 바로 이것이 庚은 子에서 死한다는 것을 두고 한 말이다.

庚金은 완둔頑鈍하여 火를 얻어서 制하여야 그릇을 만들 수 있고, 만들어진 金은 火를 만나면 도리어 파괴된다.

여름에 태어나서 뿌리가 없고, 또 동남의 地로 행하면 곧 용화鎔化*될 뿐으로 종래 아무것도 이루지 못한다.

가을에 태어나서 火가 없는데 다시 서북으로 나아가면 쉬려淬礪*되어 몹시 맑고 깨끗하여 그 빛이 반짝반짝 현란하게 된다.

쉬려淬礪 : 칼·도끼 따위의 날을 달구어서 물에 담궜다가 숫돌에 갊.

용화鎔化 : 열로 녹여서 모양을 변화시킴. 또는 열에 녹아서 모양이 변함.

물밑에 가라앉으면 종내 그 기회를 사용할 수 없게 되어 도리어 金이 水에 손상을 받게 된다. 얇은 철로 무성한 숲을 벌목하면, 木을 절취하지 못할 뿐만 아니라 도리어 金이 木에 손상 당한다.

설사 土가 중重하여 금金이 감추어진다 해도 형충극파刑衝剋破되면 좋은데, 그러나 형충극파刑衝剋破가 없으면 종내 金은 매몰되어 사용할 희망이 없어진다.

辛金은 庚金의 뒤를 잇고, 五金의 우두머리가 되고, 팔석八石의 근본元이 된다. 天에 있어서 달月로 달은 곧 태음太陰의 정(精:근본)이 되고 地에 있어서 金으로 金은 곧 산에 있는 돌, 광석으로, 일컬어 陰金이 된다.

그 祿은 酉에 있고 酉중에 있는 辛金을 己土가 生하게 되고, 이것은 陰이 陰을 生하는 것이다. 부드러운 金이 라고 일컫는다.

태음太陰의 정精으로 중추中秋에 이르러 金水가 상정相停하여 회합會合하면 머금은 빛이 원융圓融*하고 교결皎潔*하게 된다.

소자가 말하기를 "8월은 십오완섬十五翫蟾한 빛"이라고 하였다.

원융圓融 : 원만하여 막히는 데가 없음.

교결皎潔 : (달이)밝고도 맑음. (마음씨 등이)조촐하고 깨끗함.

子에서 장생長生한다.

子는 감수坎水의 별垣이 되고, 감중坎中의 一陽은 金에 속하고, 외에 二陰은 土에 속한다.

土는 金을 生하는데, 자식이 아직 모태母胎에 숨어 있어 체體로 나타지 못한 상태이다. 즉 보석이 흙 속에 묻혀 있어 子水가 탕양蕩漾*하여 모래를 씻어 제거하면 바야흐로 색色이 나타나게 된다. 이것이 水가 金을 구제하여 빛나게 하여 빛깔이 영롱하게 되는 것이다.

감坎 : 방위도에서 해자축에 속하는 방위

항垣 : 자미 태미 천시의 세 별자리 구역.

탕양蕩漾 : 물결이 넘실거려 움직임.

巳에 이르면 巳는 노야(爐冶 화로)의 불이 되어 辛金을 불리면 오히려 사용할 수도 없는 그릇이 만들어지게 된다.

또 巳中의 戊土에 그 형形이 매몰埋沒당하여 원석을 가공하지 못하게 되는데 어찌 다시 아름다운 보석으로 태어날 수가 있겠는가!

그래서 辛金은 子에서 生하고 巳에서 死한다.

경에 이르기를 "土가 많으면 金이 매몰된다"한 것이 이것이다.

또 辛金은 습윤濕潤한 물질로 완둔頑鈍 경강堅剛한 물질이 아니기 때문에 화염으로 단련하면 그 성질이 도리어 손상되는데 어찌 아름다운 용도로 사용이 가능하겠는가!

마땅히 水土로 자부資扶하여 우유優柔* 협흡浹洽*하게 하여야 그 몸은 비로소 윤이 나게 되는 것이다.

우유優柔 : 마음이 부드럽고 약함. 마음이 부드러워 끊고 맺는 데가 없음.

협흡浹洽 : (물이 물건을 적시듯이) 널리(고루) 전해짐. 화목하게 사귐.

만약 사주에 火가 크게 번성하면 서북으로 행하여 火를 제거하여 金이 존재하게 되어야 아름답게 된다.

만약 金이 크게 차가우면 도리어 丙丁을 사용하여 金을 온화하게 하여 차가움을 제거하여야 기쁘게 된다.

만약 좌록坐祿에 통근通根하면 신왕身旺한 地가 되어 비록 두터운 土가 더해질지라도 골몰汨沒하여 지지 않는 까닭에서 陽金과 차이가 나는 것이다.

골몰汨沒 : 물속에 잠김. 벽지(僻地)에 파묻혀 세상에 나오지 않음.

壬水는 陽土인 戊의 제방 언덕의 도움을 기뻐하고, 陰木인 乙이 기운을 훔쳐 가는 것을 두려워한다.

天에 있어서 구름이 되고, 地에 있어서 못이 되니 일컬어 갇힌 물이 되는 것이다.

祿은 亥水에 있고 亥水는 지소池沼의 멈춘 물로 일컬어 死水가 되고 死水는 강수(剛水:왕성한 수)가 된다.

庚金에 힘을 입어 生하고, 庚金의 祿은 申에 있으니 능히 壬水를 生할 수가 있다. 그래서 오행이 전양轉養*하는 氣가 되는 것이다.

전량轉養 : 金이 水로 바뀌져 자란다.

卯에 도달하면 卯는 꽃, 과수의 木으로 木은 卯에서 왕하여 土를 剋하게 된다. 土가 허虛하게 되면 곧 제방이 붕괴되어 壬水가 세어나가 달아나서 사방의 들로 질퍽하게 흩어지고, 흘러나가면 되돌릴 수 없고, 또다시 陰木이 기운을 훔쳐 가면 어찌 존재하여 살 수 있겠는가!

그래서 壬水는 申에서 生하고 卯에서 死한다.

경에 이르기를 "사수死水는 횡橫으로 흐른다"한 것이 이것이다.

壬水는 아주 넓어서 끝이 없고, 발원지가 있는 水로, 수많은 하천의 물과 천하에 흩어진 물이 土가 바탕이 되어 제방에 의존하게 된다.
만약 干支에 土가 없으면 표류하여 사방으로 넘치고, 신쇠身衰한데 火土를 많이 만나면 도리어 원천이 막혀서 흐름이 인색하게 된다.

또 壬水는 남쪽으로 나아가는 것을 좋아한다. 未와 午가 태胎와 양養의 지地로, 재록財祿이 화난한 곳이 되고, 장생長生, 귀록歸祿인 申, 亥의 곳에서 허물이 없다. 무릇 모든 원천이 되는 水의 줄기를 모아 곳집에 모이게 되어 좋다. 水가 되돌아와 모일 견고한 곳을 얻게 되기 때문이다.

만약 財가 많고 身은 약하다면 이것은 복이 모여들고, 身이 왕한데 財가 가벼우면 이것은 도리어 재앙이 발생하게 된다. 설령 건장한 소년일지라도 이 재앙을 이길 수 없다.

癸水는 壬水의 뒤를 잇고, 天干 陰陽의 氣가 일주一週한 마지막에 이루어지고 다시 시작하여 점차 나아가게 되는 연유의 水가 된다.

청탁淸濁으로 나누어져 사방으로 흩어져 윤하潤下하게 되는데 土가 돕는 공이 있어야 만물을 자라게 하는 덕이 있다.
天에 있어서 우로雨露가 되고 地에 있어서 샘의 맥이 되니 일컬어 陰水라고 한다.
그 祿은 子에 있고 子는 陰이 극極에 달해서 陽이 生하는 地가 되고 辛은 장생長生하고, 庚은 死하는 곳이 된다.

癸는 활수活水로 활수는 부드러운 水가 된다.
陰金의 生을 좋아하고, 陽金은 막아 체류하게 되어 두렵다.

陰木의 뿌리를 따라서 나아가고자 하는데, 즉 陰木이 陰土를 소통疏通하기 때문이다. 陰土가 이미 통해져 있으면 지맥을 따라 유창하게 흐르게 된다.

2월은 卯가 세워지는데, 꽃과 과수 木이 되고, 木이 왕하여 土가 허하게 되므로 癸水가 방향을 얻어 통달한다.

申에 이르면 三陰이 용사用事되어 맑은 권력이 통하지 못한다. 그래서 천지가 교류하지 않아 만물이 통하지 못한다.

申 곤토坤土중의 庚金은 언덕을 이루기 때문에 癸水가 유창하지 못하여 못과 소 등에 물이 부족하게 되면 어떻게 생물이 생존하겠는가!

그래서 癸水는 卯에서 生하고 申에서 死한다.

경에 이르기를 "水는 서쪽으로 흐르지 않는다 하였다." 바로 이것을 두고 한 말이다.

癸水는 우로雨露와 음택(陰澤:그늘진 늪)의 습기가 된다.

만약 亥子에 통근하면 구멍을 가득 채운 뒤 흘러 강과 하천을 이룬다.

주柱에 감곤坎坤(申)이 없으면 생왕의 근본을 잃게 되니 종래 신약身弱하게 된다.

국局에 있는 財官은 비록 내가 사용하는 물건이지만 크게 많으면 좋지 않다. 가령 申子辰이 완전하게 있으면 水가 모여 일가一家를 이룬 것이 되는데, 寅午戌 火와 암충暗衝하면 사용하게 되어 도리어 상격이 된다.

만약 만약 寅午戌火를 천간에서 사용하면 겉과 속이 약하지 않아 얻을 수 있어 아름답게 된다.

한 여름에 태어나서 財官을 사용하게 되면 의지하는 궁인 감곤坎坤을 잃지 않아야 대부귀大富貴하게 된다. 다시 운이 서북으로 향하게 된다면 火가 태과한 것도 싫어하지 않는다.

論曰

오행서五星書의 말을 빌리면 "申은 陰陽 궁이 되어 水土는 같이 申 곤위坤位에서 生한다. 水土는 원래 서로 떨어져 존재할 수 없는 것이다"하였다.

土는 水의 발원지를 따른다는 말인데, 이 또한 이치가 있는 설명이다.

4행四行(木火金水)은 한 개의 생지가 있는데, 오직 土는 寅에서 장생長生하고, 또 申에서도 生한다. 한 물건에 生이 2개 있게 된다.

곤, 간토坤土, 艮土의 방향, 구곤九坤은 서남에 속한다.

土가 이곳에 이르면 벗을 얻는다. 그래서 이형利亨이라고 한다.

호중자가 이르기를 곤坤이 후중 한 것은 土가 쌓여 공을 이룬 것이라 하였다.

土는 申에서 生한다는 것은 이러한 것이다.

戊土는 寅에서 生하고, 건록은 巳가 되는 것은 어미를 따라 가정을 이룬 의미가 된다. 그러므로 土는 올바른 위치가 없는 것이다. 여러 방면의 물질을 생하는데 어찌 믿지 아니하겠는가!

곤토坤土, 간토艮土 : 24괘 방위도에서 곤坤은 未申, 간良은 丑寅이 된다.

주자朱子가 말하기를 "陰氣가 유행하면 陽이 되고, 陽氣가 응취凝聚하면 陰이 된다는 것은 본질이 아니다. 이 두 물건은 서로 마주 보고 있을 뿐이다." 하였다.

채씨蔡氏가 말하기를 "동방 寅卯木과 辰土는 亥에서 생하고, 남방 巳午火와 未土는 寅에서 생하고, 서방 申酉金과 戌土는 巳에서 생하고, 북방 亥子水와 丑土는 申에서 생한다."하였다.

또 金, 木, 水, 火, 土는 각 그 내에는 一陰, 一陽이 같이 존재한다.

가령 甲은 나무(木)의 陽, 乙은 나무(木)의 陰일 뿐이고, 乙을 질質, 甲은 氣일 뿐이란 말이다. "陰은 모이는 것으로, 거두어 모아 저장하는 자로 곧, 乙이 이에 속한다."하였고, 陽은 열리는 것으로, 솟아올라 햇빛과 같이 흩어지는 자로 甲이 이에 속한다."하였다.

이것을 생각해 보면 반드시 甲을 주체로 할 필요가 없고, 반드시 乙의 생이 된다고 도모할 필요가 없다는 설명이다.

이 말은 앞의 甲은 亥에서 생하고, 乙은 亥에서 死한다는 말이 잘못되었다는 설명으로 충분하다. 그것은 기울어진 설명이다. 이것이 고인이 원래 논한 십간의 의미가 된다.

▶ 12운성은 각 오행의 체에 흐르는 음양을 양간과 음간으로 칭하여 설명한 것뿐이란 말이다.

그렇지만 관·살, 식·상, 인수·효신, 겁재·비견 등도 하나에서 2개로 구분하여 간명하니 필요하지 않는가 하는데 삼명명리에서는 과소하면 正으로 과대하면 偏으로 규정하기 때문에 어긋나지 않는다.

▶ 일부 내용이 삼명명리의 주된 논리와 간격이 있어 부록 편에 배정하였습니다.

❖ **24괘 방위도**

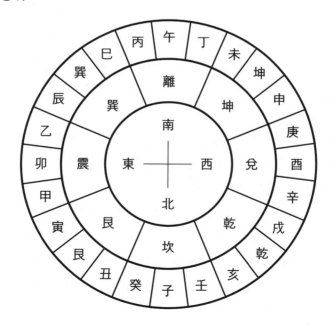

❖ 십간 분배천문天文

甲木은 뢰雷가 되고 雷는 陽氣를 불어 내놓는 곳이다.

甲木은 陽에 속하여 雷로 象을 취한다.

모두 월령에서 헤아려 중춘(仲春:卯월)의 달에 雷가 발성發聲하고, 甲木이 왕하면 그러한 징조가 있다. 雷는 땅에 떨어지지 않는가.

그래서 地에서 木이 태어나게 되는데 그 이치와 같지 않을 수 없다.

소자가 이르기를 "地가 雷를 만난 곳에 천근天根을 보게 되어陽木이 생하는데, 그것 때문에 아무것이나 천근天根이 움직은 것은 아니다"하였다.

甲木이 申에 이르면 절絶하게 되어 뇌성이 申에 이르면 점차 거두어진다.

무릇 命이 甲日에 속하면 봄을 좋아하고, 유상격類象格, 추건격趨乾格, 요사격遙巳格, 공귀격拱貴格은 모두 크게 길하고 운은 서방을 좋아하지 않는다.

경에 이르기를 "木이 봄에 태어나면 처세處世가 편안하고 수명도 길다" 하였다.

乙木은 풍風이 되고, 乙木의 장생長生은 午火, 패敗는 巳火가 된다.

乙木이 午에서 生하는 것은 乙木은 산림의 활목活木으로 여름이 오면 펼쳐져 무성해지기 때문이다.

시詩의 모든 문장에서 "여름의 木은 푸르다"하였다.

巳에서 패敗가 되는 것은 무엇인가?

巳는 바로 손巽의 地에 해당하고, 손巽은 풍風이 되고, 木이 왕성하면 바람이 일어나고, 바람은 木에서 생하여 도리어 木을 꺾어 버린다. 마치 화가 木에서 生하여 木을 태워버리는 것과 같아 패敗가 된다.

소위 乙木이 바람이 되는 것은 木에서 스스로 바람이 생하게 되기 때문이다.

사주에 乙일이 된 자가 가을에 태어나면 크게 길하고, 가을은 乙木이 化할 수 있고, 종從 할 수 있다. 그리고 어려운 일이 많게 된다.

재배되지 못하면 그릇에 이롭지 않아 만들 수 없게 된다. 亥를 만나면 死하는데 낙엽이 떨어져 기운이 뿌리로 되돌아갈 시기이기 때문이다.

丙火는 태양으로 설괘전說卦傳에 말하기를 "이離는 火가 되고, 태양도 된다" 하였다.

태양과 火는 모두 문명文明의 象이다. 이와 같이 丙火는 그 이름이 태양이 되어 다른 이름으로 바꿀 수 없는 것이 아니겠는가!

태양은 아침에 떠서 저녁에 지게 된다. 그래서 陽火는 寅에서 生하고, 酉에서 死한다. 어찌 이것에 어긋나겠는가!

만기진보부萬騏眞寶賦에서 "丙日의 丑時는 태양이 지상으로 나오는 격의 뜻이 있다" 하였다.

무릇 6丙이 겨울과 여름에 태어난 것은 봄과 가을에 태어난 것만 못하다.

봄에는 만물을 따뜻하게 하는 공이 있고, 가을의 陽은 만물을 말리는데 사용하고, 겨울은 음회陰晦하고, 여름은 찌는 더위가 되니 마땅히 상세히 살펴야 한다.

丁火는 별이 된다. 丙火가 死하면 드디어 丁火가 생하여 뒤를 쫓아 나타나게 된다.

하늘에 태양이 희미해지면 별이 다시 되돌아오게 된다. 이와 같은 별들의 상象은 밤이 깊을수록 빛이 찬란하게 된다. 그러한 고로 陰火는 오로지 어두워져야 휘황輝煌하게 된다.

그러하니 丁火를 별로 말하지 않을 수 있겠는가.

진보부眞寶賦에 이르기를 "陰火의 亥 시는 貴가 넉넉하다 하였다."

이것은 財, 官, 印이 있어 삼기三奇가 되기 때문이다. 이 또한 옳은 말이다. 어찌 亥를 알 수 있는가! 亥는 북방에 있고, 천문天門이 되고, 또 별은 북과 두 손잡는 것이라고 하지 않는가? 그래서 丁일에 태어난 사람이 밤에 태어나면 기쁘고, 가을에 태어나면 좋은 것은 찬란한 별빛을 얻은 때가 되어서 그러한 것이다.

또 신약身弱의 地로 행하면 좋은데, 가령 돌 속에 丁火가 소장되어 있어, 돌에 비록 물이 묻어있다 하더라도 다른 돌로 치면 스스로 불꽃(火)이 발생하니 신약해도 무방한 것이다.[물 묻은 부싯돌]

丁巳 일은 부모, 처자가 훼剋되는 경우가 많은데, 어찌 巳중의 庚金 財가 비겁을 꺼리지 않겠는가? 또 형을 굽혀 아우같이 여기는데, 巳中에 戊土 상관傷官이 있기 때문이다.

戊土는 노을이 된다.

土는 전일한 氣가 없어서 火에 의거하여 生하게 되니 노을도 정해진 氣가 없이 태양의 힘을 빌려서 나타나게 된다.

丙火는 태양이 된다는 것은 알고 있으니 즉 丙火가 戊土를 生하니 노을이 되는 것이다. 노을은 태양이 남기는 것으로 태양이 소진되면 노을은 없어지니 火가 없어지면 土의 생의生意가 없어지는 것으로 그래서 일컬어 노을은 土가 된다.

대효씨大撓氏가 만든 납음오행의 상象에서 戊午가 천상화天上火인 것이 이러한 의미에 의한 것이다.

가령 戊土 일주日主의 사주 상에 水가 있으면 상격이 되는데, 노을에 水가 서로 비치어 문채를 이루기 때문이다.

다시 년월의 천간에 癸를 보면 기쁜데, 癸는 비가 되고 비가 온 후에 노을이 나타나 보이는 것이 문명文明이 되는 것으로 예견할 수 있기 때문이다.

己土는 구름이다.
己土는 酉에서 생하여 거주하고, 酉는 태兌의 방향이 되고, 또 그 象은 택 (澤:못)이 된다.
선정先正에 말하기를 "하늘에서 비가 내릴 때 산천에 구름이 출몰하고, 그 구름은 산택山澤의 氣가 된다"하였다. 己土는 비록 土에 속하지만 이와 같이 논한다. 그래서 己土를 구름이라 하는 것은 마땅하다.
이러한 연유에서 甲己합은 土로 화化하게 되는 것이다. 그 氣가 상승하여 구름이 되고, 구름(己土)과 우레(甲木은 雷)가 교류하여 비를 만든다. 이 택澤 에 대한 것을 궁구해보면 土를 윤택하게 할 수 있는 물이 된다. 이렇게 조화 가 지고지순至高至順하여 더불어 하는 자가 곧 자연이 아니겠는가!

무릇 身이 己土에 속하여 酉를 좌하면 貴하게 되고, 봄에 태어나도 貴하고, 甲을 봐도 貴하게 된다.
亥를 좌하면 乙木을 보는 것은 좋지 않다. 구름이 상승하는데 하늘에서 바람 을 만나니 낭자狼藉*하게 휘날리게 되어 어찌할 수가 없게 되기 때문이다.
낭자狼藉 : 여기저기 흩어져 어지러움.

庚金은 달이다.
庚은 서방으로 陽金인데 어떤 이유에서 달에 걸맞는 가를 알 수 있는가! 말 하면 오행에 있어서 庚은 마치 사철 어느 달이나 볼 수 있는 달과 같다. 庚 은 가을이 오는 것을 기다리지 않고 장생長生하여 반드시 가을이 되면 비로 소 왕성하게 된다.
달은 가을 저녁이 아니더라도 떠서 지고, 가을이 된 후 더욱 밝게 빛난다.

색으로 논하면 달의 색은 확실한 백색이 되고, 庚金도 그 색이 백색으로 같은 것이 아닌가!.

氣로써 논하면 金은 水를 생한다. 그런데 조수潮水도 달의 영향을 받아 움직이니 그 氣는 한 가지로 동일하고, 고갑자古甲子에서 "庚을 상장上章*이라" 하였는데, 태양이 평명平明*할 때 달이 보이고, 경에 이르기를 "金은 子에서 가라앉는다"하였는데, 이것은 물속에 비친 달이 흡사 잠겨있는 것 같게 보이지 않는가! 그래서 역시 경금은 달이라고 할 수 있다.

상장上章 : 天干 庚의 고갑자(古甲子) 이름인데, 밝다 밝히다로 쓰였음.

평명平明 : 아침 해가 뜨는 시각. 해가 돋아 밝아올 무렵. 평이平易하고 명석함.

또 3일의 달은 경방庚方에 보이고, 또 달이 뜰 때도 庚과 같은 위치에서 뜬다. 그래서 庚金은 달이 된다.

가령 사람이 庚日에 태어났고 사주에 乙과 己가 나타나 있으면 월백풍청月白風淸*으로 일컫는다.

가을은 상이 되고, 겨울은 다음이고, 봄과 여름은 취하지 않는다.

월백청풍月白風淸 : 흰달과 청(淸)한 바람.

辛金은 서리霜다.

8月은 辛金이 건록建祿의 地가 되는 월로 天氣가 숙숙*하고 백로白露는 서리가 되니 초목이 황색으로 변하고 약하게 되어 떨어지게 된다. 그래서 乙木이 절絶이 되는 地에 해당한다.

또 木을 도끼로 참벌斬伐하여 다스리면 소생所生하지 못하는데, 왜 그러한가? 도끼를 들고 사람이 산림으로 들어갈 때는 초목을 죽이는 엄한 서리가 내리는 시기에 해당한다. 이러한 천도天道인 법도를 사람들의 일과 참고하면 辛金이 서리가 된다는 것을 믿을 수 있을 것이다.

혹 말하기를 서리는 항상 태양에 의해 없어지는 것이 丙과 辛이 합하는 것이라 말한다. 이것 또한 상극相剋하는 이치가 되는 것이다.

火는 金을 극하는 연고로 합하여 水로 화化하게 된다.

서리도 태양을 보면 자취를 감추게 되니 즉 서로 만나게 되면 빙冰이 사라져 水로 된다. 이것을 가지고 같은 象으로 취할 수 있다.

가령 辛 일간이 卯未를 좌坐하고, 乙이 투출하면 큰 부자가 되고, 亥에 좌하여 丙이 투출되면 귀하게 된다. 그래서 辛은 겨울에 태어나는 것을 좋아한다.

숙肅 : 오그라지다. 추위에 오그라지다. 죽이다. 상하다. 엄해지다. 엄숙하다.

壬水는 가을이슬이 된다.

봄에도 또한 이슬이 있는데 어찌하는 가을만 이슬이 있다고 할 수 있는가!

대개 봄의 이슬은 비의 상象으로 된 이슬이 되고, 가을의 이슬은 서리가 이미 내린 후에 이슬이 된 것이다.

하나의 이슬이 봄에서의 주체는 生이 되고, 가을에서의 주체는 살殺이 된다. 공히 사용하는 용도가 같지 않은 이유에서 그러한 것이다.

그래서 나는 壬이 가을 이슬이라고 주장한다.

대개 이슬은 水에 속하고, 壬水는 申에서 생하고, 水는 원래 木을 생하는 자다. 이렇게 水가 木을 생하게 되는데, 木이 어떻게 申에서 절絶하게 되는가?

그래서 壬이 이슬이지만 가을 이슬에 속한다는 것을 깨달아야 하는 것이다.

가령 壬日이 가을에 태어나면 丁火를 보는 것이 가장 귀하게 된다.

丁火는 은하수가 되고, 壬은 가을 이슬이 되어 더운 증기를 한꺼번에 싹 제거하여, 위緯의 형태가 확실하게 나타나기 때문이다.

위緯 : 별 28수가 왼쪽으로 도는 것을 경(經)이라고 하고, 이에 대하여 五星이 오른쪽으로 도는 것을 위緯라고 한다.

癸水는 봄의 장마 비다.

癸水는 卯月에 生하한다. 이름을 춘림(春霖:봄장마)이라고 한다.

대개 陰木은 비를 얻으면 발생하고, 申에 이르면 死한다.

7, 8월은 가물어 건조하고, 또 卯 앞의 일위一位는 辰으로 辰은 용궁龍宮이 되고, 卯는 용궁에 가까워 水를 生한다.

용龍이 한번 떨치면 변화되어 비가 되고, 卯는 뇌문雷門으로 뇌雷가 한번 진동하면 용은 반드시 흥興하게 된다.

이와 같은 관점에서 癸水는 춘림春霖이 되는 것이다.

가령 癸卯일에 巳가 있으면 구름이 있고, 비가 내리는 象으로 그 사람은 필히 경제에 재능이 있다. 봄과 여름은 길하고 가을과 겨울은 불길하게 된다.

시에 말하기를 "癸日 생이 己巳를 만나면 살성煞星으로, 木이 거동하기를 원한다."하였다. 비록 명리는 높게 나타나지만, 어찌 수명은 길겠는가!

▶ 일부 내용이 삼명명리의 주된 논리와 간격이 있어 부록편에 배정하였습니다.

❖ 12지 분배 지리地理

子는 흑지(黑池:검은 못)가 된다.

子는 정북正北에 존재하여 水에 속하고 색은 흑黑의 상象이 된다.

무릇 命에서 子 년에 生한 자는 시에 癸亥를 보면 좋다. 일컬어 수가 대해大海에 되돌아가는 것이다. 또 두 마리 고기가 먹墨에 노는 것으로 일컫는, 반드시 문장文章이 있는 선비가 된다.

午는 봉화대가 된다.

午는 남쪽의 정위正位가 되고 火土에 속한다. 그 색은 적황赤黃색이 되니 이름이 봉화대라고 한다. 또 午는 말馬이 되고, 봉화대는 병장기, 말, 병사가 있는 곳이 된다. 午에 生한 사람은 시에 辰을 보면 이롭다. 참된 용龍이 나타난 것이 되기 때문이다. 무릇 준마가 용마龍馬로 변화하는 것이다.

卯는 옥림(瓊林:옥빛의 숲)이 된다.

卯는 乙의 혈통이 된다. 거주하는 위치는 정동正東이 되고, 중춘仲春의 계절로 만물이 生하는 때가 된다. 색은 낭간琅玕의 색이 된다. 그래서 경림瓊林이라 한다.

卯年에 己未時인 者는 토끼가 월궁이 드는 상象이라서 대귀한다.

랑간琅玕 : 중국에서 나는 경옥의 한 가지. 어두운 녹색 또는 청백색이 나는 반투명의 아름다운 돌로, 예로부터 장식에 많이 쓰임.

酉는 절의 종鐘이 된다.

酉는 金에 속하고, 戌과 亥와 가까운 위치에 있고, 戌亥는 천문이 된다. 종은 金에 해당하고, 절에 있는 종은 두드려 나는 소리는 천문을 관통한다. 또 酉는 정서正西에 거주하고 사찰은 서방의 불계가 된다. 酉는 寅이 길한데 일컬어 종소리가 계곡에 응應다고 하는 것이다.

寅은 넓은 계곡이 된다.

寅은 간艮의 방향이 되고, 간艮은 산이 된다. 寅은 戊土의 장생長生이 되어 넓은 계곡의 뜻을 나타낸다. 그래서 寅에는 호랑이가 있다. 寅에 生한 사람이 戊辰 시에 출생하면 일컬어 호소虎嘯*로 계곡에 바람을 일으킨다고 하여 위엄을 만리에 떨치게 된다.

호소虎嘯 : (범의 휘파람이란 뜻으로) 범이 으르렁거림, 또는 그 울음. 영웅이 세력을 떨쳐 활
　　　　약함을 비유하여 이르는 말.

申은 이름난 도읍이 된다.

坤은 地가 되니 그 체體는 무강無疆*하다. 이름난 큰 도읍에 비유하기 부족하지 않다. 申은 곤坤이 되고, 도읍은 제왕이 거주하는 곳이다.

申궁은 壬이 生하고, 또 간선艮山과 대칭이 되어 있다. 이것은 水가 산 둘레를 에워싼 것이 된다.

무릇 命에서 申이 年에 있고, 亥시에 있으면 좋다. 이는 천지가 크게 교류하게 되는 것으로 좋은 명이 된다.

무강無疆 : 한이 없음. 끝이 없음.

巳는 큰 역驛이 된다.

큰 역은 사람과 먼지가 모이고, 도로가 뚫여있는 곳이다. 巳중에는 丙火와 戊土가 있는데 이것이 그 상象이 된다. 巳火 앞에는 午 말이 있으니 그래서 역驛이 된다.

巳에 태어난 사람이 辰시를 얻으면 좋다. 뱀이 청용으로 되는 격으로 천리를 달리는 뛰어난 말이 된다.

亥는 현하懸河*가 된다.

천하天河(은하수)의 수가 되고, 분류奔流*하여 되돌아오지 못한다. 그래서 현하懸河라 말하고, 亥는 곧 천문天門으로, 또 水에 속하니 현하懸河의 象이 되

지 않겠는가?

亥년에 태어난 사람은 일시에서 寅辰의 두 글자를 보면, 이것은 水와 뇌문雷門이 손을 잡는 것이 된다.

현하懸河 : 경사가 급하여 세차게 흐르는 하천.

분류奔流 : 내달리듯 빠르고 힘차게 흐르는 물줄기. 내달리듯 빠르고 힘차게 흐름.

辰은 초택草澤*된다.

좌전左傳*에 말하기를 "깊은 산의 큰못에서 용과 뱀이 산다"하였다. 무릇 택(澤:못)은 물이 고이는 곳이 된다.

辰은 동방의 다음에 있는 수고水庫가 되어서 풀이 되고 못이 되는 것이다.

辰이 壬戌, 癸亥를 만나면 용이 큰 바다로 되돌아가는 격으로 크게 귀하다.

초택草澤 : 풀이 있는 연못.

좌전左傳 : 춘추좌씨전春秋左氏傳.

戌은 소원燒原*이 된다.

戌월은 9월 가을이 되어 초목이 시든다. 농가는 잡초를 분소焚燒하고, 밭을 간다. 또 戌은 土에 속하니 戌의 명칭이 소원燒原이 된다.

그래서 戌과 辰의 地는 모두 귀인에 임臨하는 자리가 없다. 戌生이 卯를 만나면 말하는 이름이 춘입소흔春入燒痕*이라 하여 귀하게 된다.

소원燒原 : 불태우는 근원.

춘입소흔春入燒痕 : 봄에도 남아있는 불탄 흔적.

丑은 버드나무 언덕이 된다.

丑 중에는 水, 土, 金이 있고, 언덕은 土가 되어 水가 머무르는 곳이 된다. 그래서 유안柳岸이라고 한다. 시에 말하기를 "버드나무 색깔은 엷은 황금이라"하였다.

丑년지의 사주가 시에 己未를 보면 달이 버드나무 끝을 비추는 격으로 매우 귀하게 된다.

未는 화원花園이 된다.
화원은 未에 속하고 卯에 속하지 않는다. 어찌 그런가! 卯는 木이 旺하니 스스로 산기슭에 숲을 이루고 未는 목고木庫가 된다.
가령 사람이 담을 쌓아서 백화百花를 보호하는데, 백화란 말은 未중의 잡기 雜氣일 뿐이다.
未년에 쌍비격雙飛格이 들어오면 최고로 묘妙하다. 가령 辛未가 戊戌을 보면 두 개의 干이 잡雜하지 않아 쌍비격이 되어 귀하게 된다.

십간의 취상取象은 그 배합을 가지고 설명하고, 그 생극을 가지고 설명하고, 그 방위를 가지고 설명하고, 그 시령時令을 가지고 설명하고, 그 시종始終을 가지고 설명하여야 하므로, 어찌 견해가 한 가지에 국한되겠는가?
그래서 한구석만 들추어내어서 설명하면 모순이 있을 수밖에 없으니 학자들은 이러한 류類들을 숙고하여 추리를 하여야 한다.
곧 십간의 각 소식消息의 영허盈虛한 징조, 조짐에서 각 응기應氣를 밝혀 구 求하여야 묘하게 된다. 이것이 그 도道가 된다.
조화는 자연의 도道가 된다. 어찌 한 사람의 사견私見에는 모순이 없겠는가!

12支에서 辰戌丑未는 네 모퉁이에 거처하게 되고, 상호 마주 대하여 있는 체體가 된다. 간지로써 논하면 소위 支(가지)가 되고, 물상으로 논하면 다시 地(땅)에 속한다. 又 地는 정靜하여 동動하지 않는다.
戊己는 중앙에 거주하여 유행流行하는 것이 그 용도가 된다.
소위 干은 天에 속하여 天은 동動은 가능한데 정靜은 가능하지 않다. 그러므로 地支의 네 土는 더해져 늘어나지 않아 전일한 氣일 뿐이고, 천간의 戊己 土는 증가하고, 손상되지 않는다. 정위定位가 없기 때문이다.

干支 數數의 차이를 구분할 수 없는데, 어찌하여 변화를 이룰 수 있어 귀신鬼神이 행하게 되겠는가!

▶ 토는 생왕고사절이 없다 그래서 증손增損이 없고, 전일한 氣가 된다. 또 사철 끝자락 4곳에 있어, 즉 일 년 내내 있으니 정해진 위치가 없다.

무릇 천원天元의 수는 10이 있어 천문天文으로써 분배함에는 이미 모순이 있고, 또 지원地元의 수는 12가 있으니 또한 지리地理로써 분배하는 것도 모순이 있다.
그러나 이치에 맞지 않는 것을 억지로 끌어들여 위태롭게 한 것은 아니다.

예전의 성인聖人이 易을 만들어 팔괘의 상象으로써 멀리 있는 모든 물건을 취하고, 가까운 身에서 모두 취하여 중복하여 밝혔지만 그런데도 정확한 값이 되지 못한 바가 있다.
이러한 간지의 이치는 오로지 역서易書의 이치가 기준이 되어야 한다. 그러나 이것이 술가術家에 퍼졌고, 술가에서 역서의 기준이 되는 어수語數*의 이치를 어기는 자가 많아, 규범과 내놓은 것에 모순이 있게 된 것이다.
어수語數 : 헤아린 말씀. 세운 이치.

부에 이르기를 "용신用神을 논하고, 일주日主를 논함은 각 마땅한 바가 있고, 지맥地脈을 취하고, 천원天元을 취하는 것도 하나의 도道가 있다는 것을 알아야 한다."하였다.
모두 반드시 이와 같은 묘妙를 겸하게 된 연후에 이르게 되는 것으로 그렇지 않으면 이것 또한 하나만 얻어 어리석게 될 뿐이다. 또 천원天元은 분배 순환하는 차례가 있는 것이고, 지지는 사생四生, 사패四敗, 사고四庫의 위치로써 착종錯綜*된 것으로 보아야 하는 것이니 학자들은 앞에 설명한 것들을 합당하게 보는 생각을 가지게 되면 과반을 깨달았다고 할 수 있다.
착종錯綜 : 여러 가지가 뒤섞여 모임. (여러 사물 현상이)뒤섞여 있음.

취성자가 이르기를 "간지는 위대한 것으로 생물生物의 근본이 비롯되는 것이로다! 天地 만물의 근원이 어찌 아니겠는가!"하였다.

음양은 변화하는 징조(시기)가 있어 그 시후時候의 심천을 사용하게 된다. 그러므로 金, 木, 水, 火, 土는 주된 형形이 없어 생극제화의 이치를 전부 다 갖추어 설명할 수가 없다.

가령 사목死木은 활수活水의 물로 기르는 것이 옳지 않고, 완금頑金은 용광로에서 火로 정제하는 것이 가장 좋고, 태양 火는 숲이 원수로 꺼리게 되고, 동량梁棟의 재목은 도끼가 친구로 구원이 되고, 火와 水에 장애가 있으면 金을 녹이는 것이 불가능하고, 金이 水에 잠기면 어찌 木을 극할 수 있고, 활목活木은 뿌리에 철鐵이 묻혀 있는 것을 꺼리고, 사금死金은 진흙이 꼭대기까지 덮이는 것을 싫어한다.

甲乙은 한 덩어리의 흙을 좋아하여, 반드시 뚫고 들어가는 공적을 이루게 되고, 壬癸는 능히 오호五湖에 도달하기 위해 아울러서 흐르는 성性이 있고, 통나무는 도끼가 이로워 도리어 삼가지 않고, 진주는 화로를 가장 두려워하고, 약한 버드나무와 아리따운 소나무는 때에 따라 쇠약하고 왕성함을 논하여야 하고, 한마디의 金과 한 장의 철은 그 氣의 강하고 부드러움을 사용하고, 고갯마루의 土는 작은 나무로는 다 뚫어 소통하기 어렵고, 화로 내의 金은 진흙으로 덮어 가릴 수 있고, 우로는 木을 썩게 하고, 성벽은 보석을 생산하지 못하고, 만들어진 검과 창은 火을 만나면 도리어 허물어지고, 쌓여진 성벽은 木地에 이르면 기울어질 근심이 있게 된다.

癸, 丙이 봄에 태어나면 비는 오지 않는 흐린 상象이 된다.
乙, 丁이 겨울에 태어나면 춥지도 않고 따뜻하지도 않은 天이 된다.
天의 날카로운 金이 水를 품으면 극히 날카롭고 칼날이 된다.
화로에 있다 떠난 철鐵은 가장 무디다.
甲乙이 강한 金을 만나면 서태西兌로 혼이 되돌아간다.

庚辛이 왕한 火를 만나면 氣가 남방에서 흩어진다.

土가 화염火炎으로 조열하게 되면 金이 의지할 곳이 없게 된다.

木은 水가 범람하면 뜨게 되어 火를 生하지 못한다.

여름철은 金이 녹으니 어찌 단단한 木을 制할 수 있겠는가.

겨울의 습토濕土는 범람하는 파도를 막기 어렵다.

가벼운 먼지로 취합된 土는 끝까지 살 수 있는 木의 터전이 못된다.

폐철된 쇄금鎖金이 어찌 자류滋流의 근본이 되겠는가!

木이 성하면 金이 도리어 부서진다.

土가 허하면 도리어 水에 속임을 당한다.

木이 없는 火는 그 빛은 끝내 소멸된다.

火가 없는 木은 시들어진다.

乙木이 가을에 태어나면 썩어 부서지고 말라 부러진다.

庚金은 겨울에 死하는데, 비유하면 모래가 바다에 떨어져 가라앉으면 어찌 재난이 되지 않겠는가!

서리가 풀에 응결하면 金을 만나도 어찌 사용할 수 있겠는가.

土에서 나타난 金은 木을 이기지 못한다.

火에서 불꽃이 일어나기 전에 미리 연기가 나고, 水가 떠난 후에 오히려 습하다.

무릇 水가 얼면 흐르지 못하고, 木은 추우면 발發하지 못하고, 土가 한寒하면 生하지 못하고, 火가 한寒하면 세차지 않고, 金이 한寒하면 녹지 않는 것은 모두 천지의 올바른 기운에는 어긋나는 것이다.

자연의 만물은 처음 생하였다 하여 성장이 완료되는 것은 아니다. 성장되어 시간이 지나면 멸하게 된다.

범인凡人을 뛰어넘어서 성인聖人되면 죽음을 벗어버리고 회생하는 묘妙가 있어서 모습 없이 성취하고, 형체 없이 잘 이루어지게 된다.

쓰임用이 견고한 것은 근본이 굳건한 것보다 못하다. 꽃이 번성한 것은 어찌 뿌리가 깊지 않겠는가!

또 가령 북방의 金은 水를 그리워하면 형形이 가라앉는다.

남방의 木은 재로 날리어 체體를 벗어버린다.

동방의 水는 왕한 木을 만나면 근원이 말라 버린다.

네 개의 土가 실한 金을 만나면 체體가 허약하게 된다.

火는 土로 인하여 어둡게 된다.

이 모든 것은 모두 태과太過한 것이 원인이다.

오행의 貴는 중화中和에 이치가 있는 것이다.

그러하니 연구하고 연구하는 것을 구차하다 생각하지 말고 차가운 연못이 다 없어질 때까지 움켜쥐어 모름지기 밑바닥을 보아야 하지 않겠는가!

▶ 일간의 중화도 아니고, 격국의 중화도 아닌 오직 각 오행이 중화를 이루어야 한다.

부록 편은 아름다운 말과 아름다움 글로 치장된 이론이 많다. 그래서 부록 편에 수록하였다.

육오 만민영 선생께서 각 편의 글 뒤의 그에 대한 비평글을 올렸다.

독자 여러분은 배울 것만 취하고 허황된 말은 버리는 것이 실용적일 것이다.

　　　　　　　　　　　　　　　　　　　　　　　　　　　　　　-자평법 끝 -

육오育吾 만민영萬民英(1523년~1605년)

선조先祖는 강하江夏(지금의 호북 무한주 일대)의 사람, 명 영락(1403~1424)때 조부 만의유萬義由 어사禦史를 대녕도사위大寧都司衛로 폄하되어 있지만 역주성易州城 내에 거주하였다.

명 가정 28년에 향시에 급제하였고, 29년(1550년) 경술년庚戌年에 진사에 급제하고, 이때 쯤에 하남도 감찰어사監察禦史, 복건성福建에서 병비참의兵備參議등의 관직을 역임하였다. 관직의 최고는 대략 종3품에 해당한다.

丁巳 운, 癸亥 유년에 파직과 모친상을 당하는 가장 참혹한 재해를 당했다. 성정性情은 절개가 곧고, 직언을 서슴지 않아 권문귀족에 있는 모함에 빠지게 되었다. 그래서 파직되었고, 때 마침 모친상을 당하여 핑계삼아 고향으로 되돌가 벼슬길에서 벗어났다.

30년 긴 기간 은거하게 되었으며 향학을 세워 제자를 거두었다. 또 자선과 교육에 성의를 다하여서, 이시신李時新 등 20여명의 제자가 있다.

도읍에서 매년 가난한 백성을 구제하기 위해서 누각을 세워 음식을 제공하는 등, 공공을 위한 많은 일들을 하였다.

편저編著한 서적은 역경회해易經會解, 삼명통회三命會通, 성학대성星學大成, 난대묘선蘭台妙選, 음부경蔭符經, 상자심경相字心經을 간행하여 세상에 내놓았다.

이 외에도 도덕경해道德經解, 종교역간록宗教易簡錄, 언지만고言志漫稿, 국화보菊花譜 등을 저작하여 가문에 보관되어 있다.

명 만대(명 신종의 연호 1573~1620) 癸卯 년 향년 82세에 불록하였다.

서고촌서西高村西에 장례지냈고, 상원狀元 주지번朱之蕃(임평인 茌平人)이 비문을 썼고, 탐화探花 조장趙鏘(역현인易縣人), 방안榜眼 류사중劉思中(청원인淸苑人)이 비碑에 적혀있다.

역현易縣 박물관博物館에 묘지명墓志銘이 보관되어 있다.

점성과 관상에 대한 것만 아니고 명리 연구에도 조예가 매우 깊었다. 성학대성星學大成과 삼명통회三命通會는 중국 사고전서四庫全書에 보관되어 있다.

육오 선생의 생신을 5천년 만세력에서 찾아 보니 양력 1523년 01월 14일(음력 1522.12.18) 壬午年, 癸丑日, 庚寅日, 丙戌時

사고전서四庫全書 : 중국 청(淸) 시대 1773년부터 1782년에 걸쳐서 기균(紀昀)을 총찬관(總纂官)으로 하여 칙명에 의하여 편집된 대총서(大叢書).

수록된 서적은 대략 3,500여 종, 3만6천여 권. 경(經: 고전) · 사(史: 역사) · 자(子: 사상 · 기술) · 집(集: 문학)의 4부로 분류되어 있으므로 4고(四庫)라고 한다.

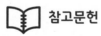 **참고문헌**

삼명통회 만민영   알기쉬운 척천수 이종학

연해자평 서승   맹파명리 박형규

팔자심리추명학 하건충   간지오의 박형규

천고팔자비결총해 하건충   자평진전 심효첨

적천수징의. 천미 임철초   궁통보감 서락오

팔자명리신해 진춘익